冠元大師學經歷

學歷:

國立台北大學研究所榜首

國立台南大學研究所榜首

國立台南大學MBA碩士

冠元大師擁有 IQ162

經歷:

1.冠元派紫微斗數創派宗師

2.全國熱門網站紫微斗數版第一名師 (網友指名超過2千篇)

3.中華職能教育學會講師

4.命理網知名駐站名師

歡迎洽詢：紫微斗數論命服務、陽宅風水、問事、擇日

(冠元大師個人命理工作室)　　粉絲團:(紫微斗數最年輕大師冠元大師)

《本書與眾不同的特色》

★書中提到的斗數學理皆有**(邏輯與科學根據)**
★以**時事和實例**為分析根據，令讀者完全認同!!
★除了教你斗數還教你如何**(思考斗數)**
★本書為**一系列有系統有架構**的系列叢書，使學習斗數不會見樹不見林~!!
★每個章節最後都有**(思考題)**，讓讀者腦力激盪~同時更能深入思考斗數~!!
★綜合分析各門各派的論點讓讀者全盤了解斗數
★畫龍點睛的分析斗數論命精華讓你進步神速!!
★帶給讀者全面的斗數思維，**體驗斗數的神準~!!**

個人命理工作室網站: **冠元大師個人命理工作室**
FB 命理教學粉絲團: **(紫微斗數最年輕大師 冠元大師)**

(P.S:雖然老師是七年級中段班，但總有一天會老，所以粉絲團將於創立 10 年後改名為~『斗數界最帥氣大師』)

(冠元大師個人命理工作室 QR 碼)

(FB 粉絲團 QR 碼)

《自序》

冠元大師

學習斗數至今十多年，從對斗數一知半解到後來成一家之言，花費了不少工夫與心血，在古代，命理師經常被冠以九流術士、江湖術士等貶抑的稱呼，甚至被斥以怪力亂神、迷信，蒙受神怪旁門左道之冤長達數千年，其中的**關鍵原因在於，多術命理之學只能告訴世人預測結果，學問本身完全都沒有具體的科學理論體系與邏輯系統**，也沒有科學化的學術基礎，以致於被正統學術斥為旁門左道。

民國60年代起紫微斗數等命理學問興起，各家理論猶如雨後春筍般蓬勃發展，紫微斗數這門學問也漸漸被現代人所接受，但是因學問內容至今仍因缺乏科學理論的實證與邏輯上的理論架構，導致即便現代仍無法成為一門正統學術，何其可惜。

而坊間成千上萬的斗數書籍甚至是斗數的原文古書，最大的盲點在於，書中理論因果邏輯交代不清，讓讀者猶如霧裡看花，而更大多數的書籍，只在做剪刀醬糊之功，天下文章一大抄，充其量不過是將自己老師上課的內容完全拷貝然後出版罷了，如此不過是拾人牙慧、狗尾續貂，不僅無法讓讀者深入思考紫微斗數的邏輯，更只能重複複製相同內容，毫無創新卓見。

有鑑於此，本人冠元大師，立志以科學的理論和邏輯融合自己獨到的創見，將紫微斗數寫成一部科學化令人能以邏輯清楚理解的一系列紫微斗數科學著作，目前計畫暫定出版9本，同時也在2014年以二十餘歲的年齡成立『冠元派紫微斗數』，而本派的宗旨就在將紫微斗數理論一一科學與邏輯化，**同時將古人無法解釋的斗數論點，以科學理論讓其正統學術化。**

而在本人從國三起研究斗數的十餘年中，先後看過各門各派的書籍，也因緣際會遇過幾位高人指點，猶如神鵰俠侶中的楊過將各家武學融會貫通而創出黯然銷魂掌一般，本人亦將斗數各門各派的精華融合我的邏輯實證與創見，以科學和邏輯的角度破解紫微斗數中至今無人能解的理論。

所以本人期許將來這一系列『紫微斗數科學』系列叢書，能夠讓未來命理界的後進得以將紫微斗數的理論觸類旁通並發揚光大於現今的科技與學術，同時免於多數看書自學和拜師學斗數者所遇到的最大瓶頸『知其然而不知其所以然』，遇到任何疑問只能無奈師傳理論就是如此，個中緣由豪無理由。然而，任何一門學問「**講不出為什麼**」都叫『**假會**』!!所以我的期許是看完我的這系列書，除了斗數中已不可考的部分，所有讀者都能夠接近『**真會**』的境界!!

2016 丙申年 七月 書於寓所

《本書目錄》

紫微斗數科學《一》（基礎篇）

一、紫微斗數的由來與派別體系

☆《紫微斗數的歷史與派別》

紫微斗數的原創作者，相傳為北宋年間的修道家（陳摶）又名陳希夷。希夷先生15歲時就以飽讀詩書，在隱居華山期間，觀天地之運行，思易理之變化，創出紫微斗數這門學問。但由於自古以來，中國的命理技術以八字為主流，所以紫微斗數始終毫無一鳴驚人之機。直到明清方有研究者集古今之精華，寫下斗數的里程碑「紫微斗數全書」，也成為了後世紫微斗數各門各派的基礎。

而到了民國60~70年代，華人圈掀起了一股紫微斗數熱潮，斗數才終於取代八字成為華人世界的命理顯學！發展至今斗數界的主要門派如下：

(1)飛星派
(2)欽天四化派
(3)三合派
(4)占驗派
(5)北派斗數
(6)中洲派

但斗術派別的特性，大略可以粗略分爲主要以星性及三合爲主的「三合派」，以及以四化和飛星爲主的「四化派」。所以，在決心開始學習紫微斗數前，首要重點就是要先確立好自己想學習的門派體系，不然容易因爲看了太多不同門派的書，以致看到許多互相對立矛盾的論點主張，使自己一片混亂，不知何者才是正確的論點。

☆《紫微斗數的背景故事》

許多命理學問都有相關的歷史或神話故事做背景，例如劉伯溫的燒餅哥、諸葛孔明的諸葛神算、袁天罡和李淳風的推背圖都是如此。但是，儘管斗數在中國文化圈中近代非常火紅，但一問到有關斗數的故事或典故，多數人都有如丈二金剛一頭霧水。那麼斗數究竟背後有甚麼樣的歷史典故或是神話故事呢？接下來老師就爲大家一揭紫微斗數歷史故事的神秘面紗，同時也能讓大家更能體會斗數每顆星的「星性」。

紫微斗數，主星有14顆，綜觀所有版本的紫微斗數星曜一共108顆，而每個星曜背後都有一段耐人尋味的神話典故！而這些精彩絕倫的故事來自於商周時期的神話傳說『封神榜』！

在封神榜故事之初，原本紂王是位明君，內有聞太師外有武成王黃飛虎，四海昇平，奈何後來因紂王貪戀女媧娘娘的美貌，在女媧廟牆上題上淫詩一首，觸怒女媧，女媧遂決定派出狐妖妲己、琵琶精、雉雞精來迷惑紂王，毀其商湯600年江山基業。後因紂王的倒行逆施，所以引發了姜子牙下山、武王伐紂。同時在滅商立周的過程中，可謂各路神仙各顯神通，而姜子牙同時也在神話中被賦予在牧野之戰結束後，將滅商興周過程中所有敵我雙方已死的將領在封神台，進行「封神追封」的重責大任，被冊封的神明皆會記錄於『封神榜』中。

那麼，斗數和封神榜有何關係呢？答案就在斗數的每顆星曜便是由封神榜所策封而來，所以每顆星曜的特質都可從封神榜中窺知一二。例如周文王的長子伯邑考知書達禮、氣度非凡，學識與能力皆有王者之姿，可惜被妲己所陷害，死無全屍，甚至被做成肉堡送給周文王。而死後，因伯邑考的氣度與學識出眾，死後靈魂永駐帝宿「紫微星」。而伯邑考的父親「周文王」，溫文儒雅坐困囚牢卻韜光養晦，幽而演易，創出命理界的經典『周易與文王卦』，但文王雖是英主，也是治世之才但相爭之心淡薄，故而將推翻紂王的大業交由武王克承。其聰明淡泊明志的特質，使他死後靈魂永駐「天同星」。

接著封神榜中無惡不作的昏君紂王，每日酒池肉林致使民不聊生，而在紂王兵敗自焚之後，姜子牙將其靈魂永駐(破軍星)，所以破軍即是紂王的象徵，故破軍者多數脾氣比較硬比較容易發怒，並因紂王的花費開銷甚鉅，所以多數破軍座命者也較容易有金錢破耗的情況。至於另一位反派人物—國色天香卻心如蛇蠍的妲己在伏誅之後，被冊封神靈永駐「貪狼星」。

此外封神榜的主角姜子牙因其睿智與用兵如神，史稱「姜太公」，運籌帷幄決勝千里之外爲機智之象徵，故姜子牙死後，靈魂永駐天機星!!至於其他斗數星曜部份由於族繁不及備載，所以老師就將其他星曜的對應人物表列如下：

太陽-比干
武曲-周武王
廉貞-費仲
天府-姜皇后
太陰-黃飛虎之妹
巨門-姜子牙之妻馬氏
天相-聞太師
天梁-托塔天王李靖
七殺-武成王黃飛虎
火星-哪吒
鈴星-殷洪
擎羊-二郎神楊戩

陀羅-雷震子

以上就是斗數星曜的封神榜代表人物，之後的章節將寫到關於紫微斗數各星曜的特性時，老師將以封神榜中的人物爲例子讓讀者更能深入了解斗數各星曜的特色！

筆記欄

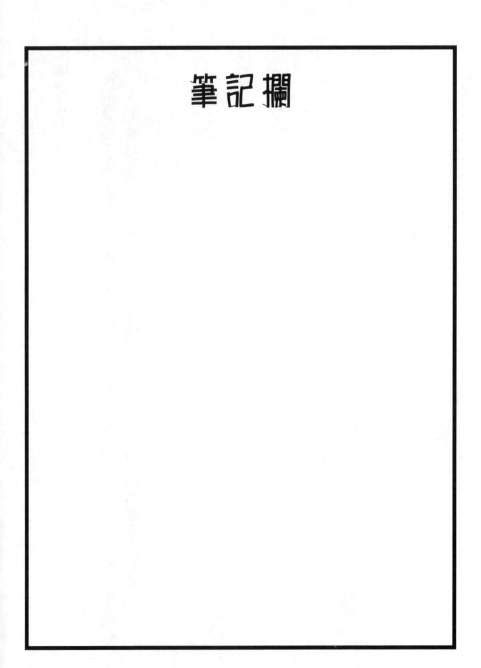

二、學習紫微斗數前所需了解的基本命理知識

☆《命理五術概念》

中國命理學問一共分為五大類：分別是山、醫、命、相、卜五類。而「命」的範疇主要以出生資料為基礎推論個人生命過程之吉凶禍福，討論的主題以『人』為主，如紫微斗數、八字這兩項數術就屬於命的範疇。

而最容易使初學者誤解的數術則是「山」術，因為多數人以為山術顧名思義必與風水和堪輿環環相扣，所以舉凡陰宅、陽宅的相關知識皆屬山術的範疇。但實則大錯特錯！山術的盧山真面目實則屬於『修行之學』，所學宗旨在於教人如何修身、修行、悟道，所以修仙之學、禪修、養氣這類學問反而才是歸屬於山術之範疇。

而五術中的『卜術』雖然和命術同屬預測未來之學，但兩者最南轅北轍的根本區別在於，命術的推論依據來自於「人的出生資料」且預測對象以人為主。占卜則是以預測單一事件或事物為目標，而非推論一個人的生命運程。

至於「相術」和「醫術」的意涵則非常直觀，「相」之關鍵在於觀察事物的形貌，以事物的形象推估人的命運，如手面相就是典型的相術。然後醫術則就與一般我們所認知的醫學相同。

在我們日常生活中，除了知道命運、事業等運程的結果之外，更要能對於惡運對症下藥。所以，要成爲能知命並改變命運的命理師，最理想的自我要求是至少在命理五術中，命術、卜術、相術各通一項，方能應付所有問命者的疑難雜症！命理師就有如醫生一般，差別只在醫生的職責在於醫「病」，命理師的責任在於醫「命」。所以，只能算出神準結果，卻無法以其他數術輔助改變惡運，那麼與不會命理基本上結果差不多。因爲如果無法改變命運，算得再準都是多此一舉，也毫無意義，就有如醫生只懂得操作儀器檢察病情，卻沒有任何治病和開藥的能力一般。

☆《易經八卦與斗數的關係》

所有東方命理的源頭皆源自於易經八卦與河圖洛書，紫微斗數也與易經有高度的相關，而易經與八卦的精髓關鍵就在於『陰與陽』的變化，因此古時才把命理學歸於陰陽家，所以如要融會貫通紫微斗數，首先就要對於易經八卦的變化、來源、哲理有所了解。相傳八卦由伏羲觀天地山川之象所創作而來，共創乾、兌、離、震、巽、坎、艮、坤八卦，並配以太極做出先天八卦，而我們現今最常用的八卦則屬於後天八卦，爲周文王以先天八卦進一步創作而來，而人們朗朗上口的「太極生兩儀、兩儀生四象、四象生八卦」的原理從何而來呢？其關係如下圖所示：

太極白色上昇的部分象徵陽氣上升黑色的部分象徵陰氣下降，故從太極生出陽爻(—)以及陰爻(--)，接著再由陽爻和陰爻進行排列組合生出老陽、少陽、老陰、少陰，同時也象徵地球的四季(春夏秋冬)，所以對應四象暖陽普照的春季等於少陽熱氣逼人的夏季等於老陽、而充滿涼意的秋季等於少陰，而至陰至寒的冬季就等於老陰。

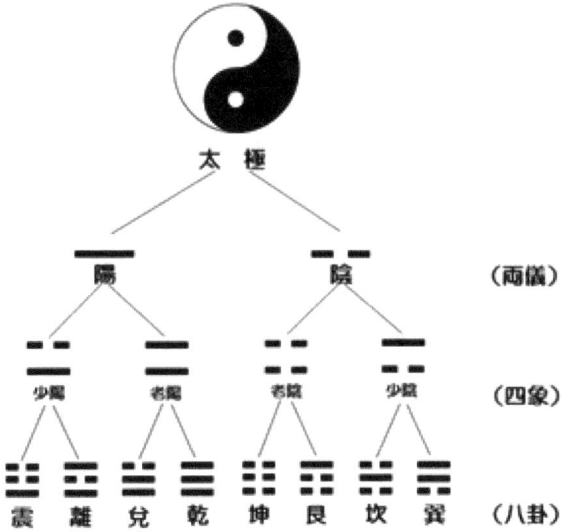

(太極八卦原理圖)

▲四象與斗數的關係

四象的內涵更與斗數密不可分因爲斗數學問的靈魂—四化『化祿、化權、化科、化忌』，就來自於易經的四象，所以化祿生氣蓬勃、化權威猛剛硬、化科由硬轉柔、化忌凋而死寂。

因此，兩儀背後所代表的哲理意涵爲二元分析，以是與非對應陰與陽的二元分析法來分析事物，但是依我們的經驗，許多事情從不同角度切入，往往觀點不同，對錯也並不是非黑即白，任何事情定有灰色地帶或中性空間，例如我們經常聽到的諺語「半瓶水響叮噹」，這句話的邏輯常讓人理解爲實力頂尖的人一定低調，反而實力不怎麼樣的人才會很狂傲。但其實這句話犯了嚴重的二分法邏輯錯誤。因爲正確的邏輯不是只有這兩種狀況，而是存在『有人實力很強卻很低調、有人實力很強卻同時也很高調、有人半瓶水卻響叮噹、有人半瓶水卻一樣很低調』這4種組合狀況。就好像春夏秋冬一般，有溫暖~炎熱~稍涼~寒冷的區別，而非如果不是極熱就是超冷兩種極端狀況，所以斗數的四化之所以能夠將人的命運分析得鉅細靡遺，正是因爲對應易經四象的精神，將事情與命運的「中間地帶」以及其他條件組合同時考慮進去，所以才能更加細膩的描述一個人的命運起伏。

所以，四象與斗數最重要的意涵，就是告訴我們，不論你是命理師還是管理者、分析師，在評斷事情時，應該以四象分析的方式多方思考方能客觀完整。否則就會流於太過武斷，以及在解決問題時找不到合理解答。

▲現代科技中所隱含的斗數與易經原理

老師在學生時代剛接觸到易經，經常聯想到電腦的數位組成正是以0跟1爲基礎做二進位的排列組合，正與易經中的陰和陽完全對應，經多方考證，證明電腦的發明者之一，十七世紀的大數學家「萊布尼茲」當年正是從德國傳教士手中輾轉獲得中國的「易經」，經由易經的啓發，進一步發明現在人手一機的『電腦』。唯獨可惜中國歷史上長期以來對於科學科技不重視，甚至斥爲奇技淫巧，否則電腦提前一千年問世都有可能。

而所謂的兩儀生四象、四象生八卦，以數學的角度一言以蔽之，就是：

『兩儀』＝拿陰和陽來做2的1次方排列組合得到—陰爻、陽爻的結果。

『四象』＝拿陰和陽來做2的2次方排列組合得到—陽陽、陽陰、陰陽、陰陰，四種結果。

『八卦』＝用陰和陽來做2的3次方排列得到—陽陽陽、陽陰陽、陽陽陰、陽陰陰、陰陰陰、陰陽陰、陰陰陽、陰陽陽共8種組合。

此外，上一節中所提及將事情條件分成4種組合的分析方法(例如：上節將半瓶水響叮噹這件事分成4種狀況討論的分析方式)，在近代台灣許多紫微斗數研究前輩稱之爲『四象分析法』。但其實，經老師考證，在19到20世紀西方管理學中就已有社會科學理論模型運用到紫微斗數中的四象分析法，只是至今無人發現！而這項社會科學理論創見就稱爲『**周哈里窗**』。周哈里窗當初的發明動機，就是爲了解決社會科學人文問題影響變因繁多，所以才必須開發出不僅可以分析極端狀況，同時又能分析出各種介於極端狀況中間的折衷情境的模型，例如知名管理學模型『ＢＣＧ矩陣』就是典型運用周哈里窗分析的模型，

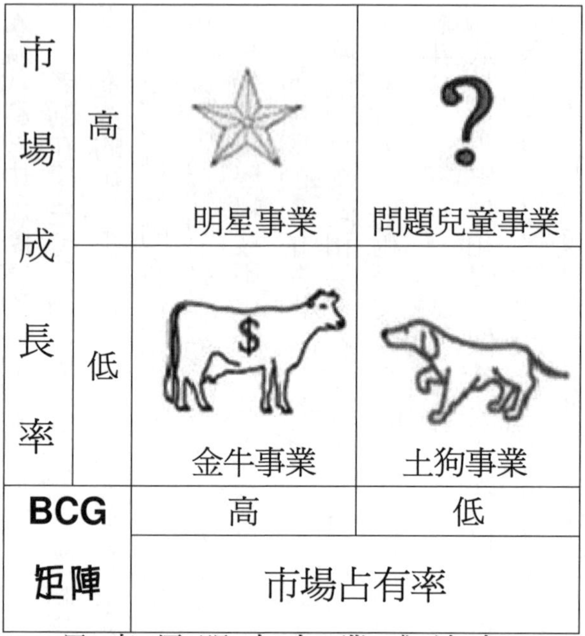

ＢＣＧ矩陣發明的動機在於，幫助企業解決如何判斷事業及產品是否具有投資的決策問題！它將產品分爲兩個因素(市場成長率、市占率)進行分析，並將產品及事業的投資報酬率的高低組合分析成４種。如果你旗下的產品現階段屬於剛起步(市占率低，但成長率高)，表示正處於前景不明的問題兒童狀態，這時的投資決策就必須謹慎小心。但是如果你的產品屬於(市占率高、成長率也高)，則非常難得，屬於明星事業，建議大規模投資擴張。

但如果你的產品屬於(市占率高、可是

成長率低)，那麼此時你的產品則屬於金牛事業只要擠奶維持，不建議大規模投資。至於如果你的產品(市占率、成長率都低)，那就是最差的土狗事業，就像現在的軟片事業一樣，最好考慮早點收掉以免賠錢。而ＢＣＧ矩陣的四個分析組合(問題兒童、明星事業、金牛事業、土狗事業)就正好對應管理學中的『產品生命週期』理論中的—(萌芽期、成長期、成熟期、衰退期)。

所以，如果考慮分析條件時沒有將條件的『程度高低』考慮進去，分析的結果就無法精準細膩。而ＢＣＧ矩陣和產品生命週期，分析的是產品的生命歷程興衰，而紫微斗數分析的是人的生命歷程，所以學習斗數論命如果不了解四象分析的精髓，就有如學習行銷企劃只能判斷產品何時處於成長期情景大好，何時屬於衰退期應該收掉，而對於新產品和成熟產品毫無對策和分析能力。學習命理也就只能看到命運的出生和死亡，而忽略中間的契機、發展趨勢和轉機。也就無法對症下藥對於人生的每個不同難關與階段分析出最有效果的建議。

但是，看到這，聰明的讀者一定會問:「現代科學理論中有2的2次方組合的四象分析法，那現代科學中有沒有八卦分析法呢?」，答案是~「有」。只是命理學界從沒有人發現過社會科學理論中有八卦分析法，所以這也算是老師個人獨一無二的發現!!

四象，是由２個分析因素來達到２Ｘ２共四種組合分析。因此所謂的八卦分析，概念很簡單，就是將分析因素一次考慮到3個來進行分析達到2X2X2共8種組合情境，達到更細緻的分析效果。

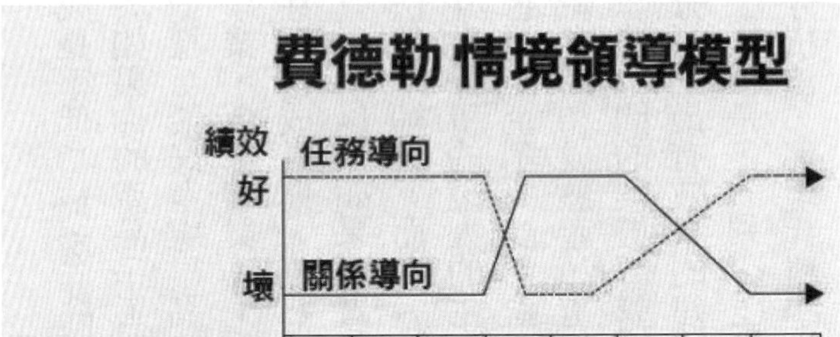

領導者與成員關係	好	好	好	好	壞	壞	壞	壞
工作結構	高	高	低	低	高	高	低	低
職權	強	弱	強	弱	強	弱	強	弱
	有利			中等				不利

其中管理學中的『費德勒情境領導模型』就是典型的「八卦分析法」，這套理論運用了(與下屬的關係)、(任務結構)、(權力) 這三個因素來做排列組合，分析出八種情境模式下的領導對策，以提供企業CEO分析在各種不同的情況下，應使用直接指派命令式的「任務導向」領導風格還是以關係影響下屬的「關係導向」領導風格，方能達到企業的高領導績效。

而由分析的實證可知，當領導者與下屬關係好同時工作內容又結構明確外加領導者權力比較高時，此時直接以命令式的任務導向領導，會比透過關係慢慢影響下屬的關係導向會更有績效。而當面臨下圖中由左而右的第6個狀況(領導者上下關係差、但是工作內容結構明確、偏偏主管

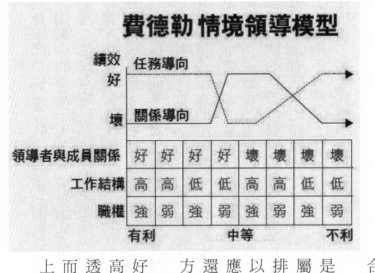

實權又不高時），這時如果主管硬是要用任務導向去命令下屬執行工作，則會因爲上下關係本來就惡劣，主管又沒什麼實權，導致員工根本不甩主管甚至和主管唱反調，致使績效低落，所以依上圖理論分析，此時用『關係導向』的領導模式，先和下屬打點好關係，方能有較高的績效。

而將兩組八卦再進行排列組合，就成了我們所看到的易經八八64卦！由此更將命運的高低起伏、喜怒哀樂、興衰轉變分析的更加細膩無比。但是八卦又分先天八卦和後天八卦兩種，先天八卦相傳微伏羲所做，後天八卦則爲周文王以先天八卦爲基礎推演而來，而一般斗數、陽宅風水所用的八卦主要以後天八卦爲主。以下爲八八六十四卦以及易經八卦所代表的人事物：

（先天八卦）

（後天八卦）

	乾	兌	離	震	巽	坎	艮	坤
先天順序	1	2	3	4	5	6	7	8
九星順序	六	七	九	三	四	一	八	二
六親關係	老父	少女	中女	長男	長女	中男	少男	老母
方位	西北	西	南	東	東南	北	東北	西南
五行	金	金	火	木	木	水	土	土
身體部位	首	口	目	足	股	耳	手	腹
動物	馬	羊	彩鳥	龍	雞	豬	狗	牛
陰陽	陽	陰	陰	陽	陰	陽	陽	陰
地形	天	澤	火	雷	風	水	山	地
紫白顏色	白	赤	紫	碧	綠	白	白	黑
天氣	冰雪	月	彩霞	雷電	風	雨	山嵐	雲霧

（八卦所對應的人事物一覽表）

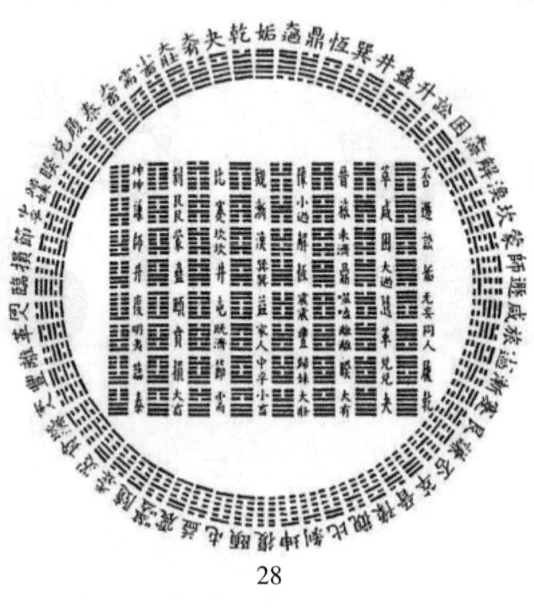

☆《河圖洛書》

而除了易經之外，中國命理另一個最重要的基礎理論就是「河圖」、「洛書」，相傳河圖發源於黃河流域，來自於神馬背上的圖騰，而洛書發自洛水一帶相傳爲古人於神龜背上發現洛書的圖案，進而記載流傳。

先天河圖的創作原理爲「一六共宗北方水、二七同道南方火、三八爲朋東方木、四九爲友西方金、五十同途中央土」。其中以奇數爲陽、偶數爲陰。

後天洛書的創作原理則是將數字1~9排成以五爲中心的3X3九宮格矩陣，而且這九宮格的特色在於不論橫加、直加、斜加，總數都是15，因此後天洛書可說是個的3X3數字幻方。而陽宅風水的九星飛泊正是以洛書爲理論發展而來，紫微斗數12宮彼此之間的關係更是與河圖的原理息息相關，這部分將在後面的章節中一一說明。

（先天河圖）

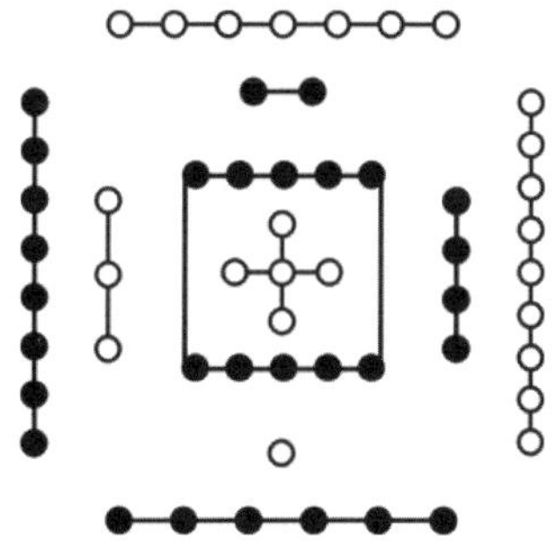

（後天洛書）

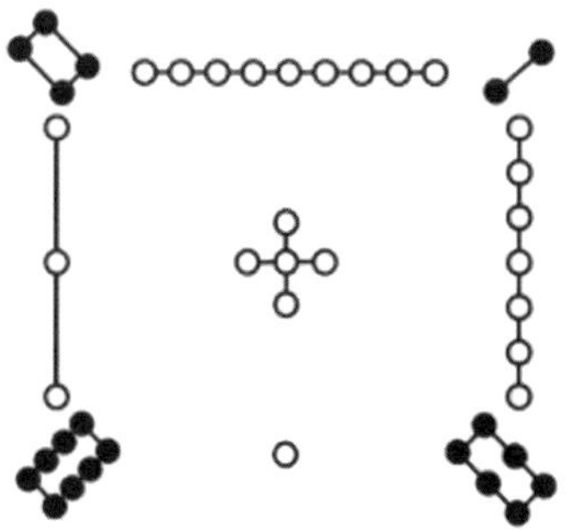

☆《五行生剋與天干地支》

五行相生相剋的原理在中國命理中的重要程度絕不亞於八卦與河洛理數，甚至在紫微斗數的實際論命與星性應用上重要度更勝河洛理數和八卦。如果不明五行生剋，學習斗數將一無所成。

而五行間的生剋關係爲：

「木生火、火生土、土生金、金生水、水生木」。

「木剋土、土剋水、水剋火、火剋金、金剋木」。

相剋的部分，邏輯非常簡單且容易理解，木能剋土，理由在於木能破土而生，所以剋土。土剋水，原因在於，水遇土則被吸收變成泥再也無法流動。水剋火，是因爲水能撲滅火。接著火剋金是由於火可將金融化。而金剋木則是因爲金可製成利器砍斷樹木。以上五行的相剋關係都非常符合日常生活中的常識。

（仙劍奇俠傳遊戲設計）

(註:本圖擷取自仙劍遊戲畫面)

（五行相生相剋圖）

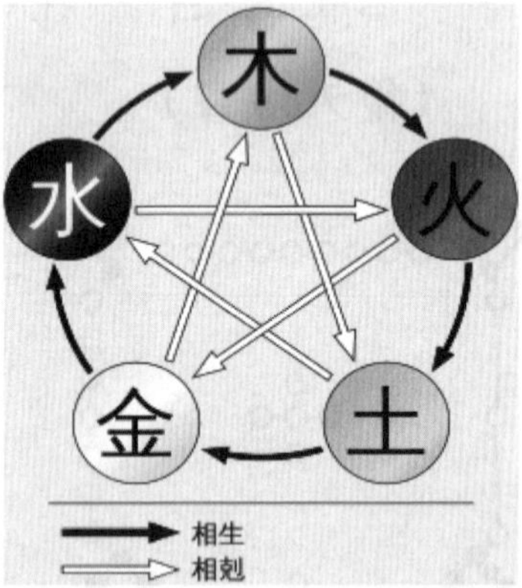

(黑色箭頭爲生，白色箭頭爲剋)

▲五行生剋理論至今無解之爭議與老師的『獨家科學新創見』

但是！五行的相生關係，在命理界至今卻是個『無解的謎』，甚至各家眾說紛云卻沒有任何一派的說法經得起科學與邏輯的驗證挑戰!! 其中爭議的關鍵在於，五行相生的關係中「木生火、土生金、水生木」這三個部分很容易解釋，木生火可理解成木是火的燃料，土生金可解釋成土石中才能挖到金屬礦物，水生木可理解成澆水可使樹木成長。這三項都毫無爭議。

但是剩下『火生土』、『金生水』這兩項，**卻是從古至今到目前為止都沒有人能提出符合科學與邏輯的說法!!** 對於火生土命理界有一派的說法認為火之所以能生土，「是因為火燒物而成灰，灰燼為土」。乍聽之下很有道理，但仔細思考就能找出破綻，因為如果這項說法成立，首先就需探討燃燒為何會有灰燼的原因，很明顯燃燒會有灰燼是因為我們拿了燃料(例如：木材、紙張)，放到火中燃燒，所以才會產生灰燼，而灰燼是來自於木材和紙張的殘餘物，並不是來自於「火焰」，火焰本身不會產生任何東西。所以一「因為火燒物而成灰，而灰燼為土，故論火生土」。這句話本身就犯了邏輯上的的錯誤，因為真要細論，「火燒東西成灰」這件事的正確邏輯應該是『以木生火，然後火剋木為灰土』！而火與土兩者並不能直接相生，所以古代命理界流傳至今的說法明顯不合邏輯。

然而『金生水』這部分的爭議卻比火生土更加難以解釋，也更加眾說紛紜，自古有些命理學者認爲金之所以能生水是因爲「金被火融掉之後就變成液態，所以金生水」。但這一論點有個很大的邏輯錯誤，那就是這句話敘述的邏輯很明顯是在敘述『火剋金』的情況而非「金生水」，更何況以科學的角度而言，即使不是金屬，例如玻璃，以高溫融化之後依然是呈現液態，表示從固態變成液態根本不是金屬的專利，所以硬要說金生水是因爲高溫可將金屬溶成液態，純屬穿鑿附會！否則按此邏輯，豈不也可以主張「玻璃生水」？

此外，命理學又有另一派說法認爲金之所以能生水，是因爲「泉水由藏金處湧現」，但這論點本身就有很大的漏洞，要知道礦脈中的礦泉水僅僅是所有水源中的其中一種，此論點無法解釋從天而降的雨以及大海中的水如何而來。所以本身的論點僅是暫不住腳的以偏概全論調罷了。

△老師的獨家科學創見

爲了追根究底，破解命理界長期以來的五行相生爭議，老師以地球科學的角度進而分析之後，終於揭開五行奧秘的真相，而這項新創見，也是命理界從來沒人提出過的論點和發現，今日公開希望能帶給未來華人命裡界嶄新的里程碑!!

要破解『火生土』、『金生水』這兩個千古懸案，關鍵在於需從「地球科學」的角度思考，首先在思考『火生土』的問題前，要先探究地球上的土從何而來？怎麼形成？其實地球上的土壤是岩石慢慢經由風化作用，一點一滴風化磨碎成細粉而來，這些由岩石風化而來的細粉就是土壤，那麼形成土壤的岩石又是從何而來呢？答案就是從『岩漿』而來，地球在形成之初時其實猶如一顆火球，到處都有岩漿，地殼甚至可說是岩漿海，然而岩漿雖然高達幾千度，也終有冷卻的一天，而岩漿冷卻之後的產物就是『岩石』，也就是今天到處可見的石塊，現在我們舉目所見無邊無際的土壤甚至是地球的地殼，就是由幾千度的火熱岩漿冷卻而來，就連地球中另一種岩石「變質岩」也是因爲地球內部的高溫高壓擠壓變質而來，所以由火熱之岩漿所形成的產物，用以解釋『火生土』不僅吻合邏輯，也合乎科學實證。因此這才是五行相生理論中火能生土的『真正原因』!!

而爭議度更高的相生理論『金生水』也同樣需以地球科學的角度才能破解，在探討金爲何能生水之前，同樣必須先了解「地球上的水從何而來」？當時在思索這個問題時，老師忽然想到小學時看過的地球科學影片，影片中有提到地球的形成是來自於隕石相互撞擊而成。在宇宙中質量大的物體會吸引質量小的物體，所以一開始的地球僅僅是一顆宇宙中體積較大的隕石罷了，但這顆隕石陸續將身旁其他的小隕石吸附過來，使得這顆隕石就像黏土一樣越黏越大，在吸附了數以億萬計的隕石後才終於形成了今天的『地球』，而隕石的主要成分就是金屬，尤其以『鐵』含量最多！近代科學家在研究地球形成之初的隕石時，竟發現隕石裡面『蘊含著水』，自此真相大白，科學界才得以證明地球上的水是來自於當初「形成地球的隕石」。而這些成千上萬的隕石當初因爲撞擊猶如蜂聚蟻集般集結成一顆大地球，聚集時的撞擊力道極高而形成高溫，才造成上一段所提到的「到處都有岩漿、地殼尚未冷卻」的狀況，但此時水份也從隕石所融化形成的岩漿蒸發出來，才形成了今天地球蔚藍的水域。所以從地球科學的分析角度來看，地球的水是由『隕石』而來，而隕石的主要成分就是『金屬』，所以這才是「金生水」這個五行理論『真正的科學原因』!!

▲仙劍奇俠傳的五行設計吐槽點

仙劍奇俠傳是我們七年級生小時後的共同回憶，也是我們心中永恆的經典。仙劍奇俠傳從三代起，仙術的部分就引進了五行相剋的設計，到了五代更延伸出五行相生的設定。遊戲的設計邏輯就如三頁前的圖爲「土生雷、雷生水、水生風、風生火、火生土；土剋水、水剋火、火剋雷、雷剋風、風剋土、風剋土」。只是正宗的五行相生圖外圈是相生關係，內裡的五芒星是相剋關係，仙劍特別標新立異，把圖的外圈改成相剋、內圈改成相生。所以在仙劍五代和仙五前傳中，你用風系仙術去打火屬性的敵人，會發現敵人生命值反而增加。

不過，相信各位讀者不難發現，仙劍的遊戲設計把五行中的『木換成風、金換成雷』，原則上木換成風合乎易經理論，因爲八卦中的巽卦在自然現象中的意象就是『風』，而巽卦五行屬性爲木，所以將木的五行以風來表示相當合理。但是「金換成雷」的遊戲設定就不得不吐槽一下了。因爲雷在八卦中屬於震卦，而震卦的五行屬性和巽卦一樣爲「木」。所以按理雷屬性仙術應該五行一樣要歸類爲木，害得老師第一次玩仙劍奇俠傳五代時，誤以爲遇到水屬性的敵人可以用雷咒解決，但是每發雷咒必見敵人加血，屢試不爽，只能兩眼直瞪螢幕錯愕、呆滯、感到不可思議。

▲五行與方位及四季

而五行亦直接對應現實的方位，其對應關係爲「東方木、南方火、西方金、北方水、中央土」，理由就在於木旺於東、火旺於南、金旺於西、水旺於北。而在金庸小說中爲何設定西毒歐陽鋒懼怕南帝一燈大師的一陽指？理由就在於射鵰英雄傳華山五絕『東邪、西毒、南帝、北丐、中神通』的設定就是參照五行相生相剋所設計，所以西毒怕南帝，正是因爲南火剋西金的緣故。並且同時五行也可對應四季，春天時草木萌發，爲一年之始猶如旭日東昇，所以木盛於春，因此春屬木。而夏天時陽氣炎烈，火氣旺盛，所以夏天屬火。此外，秋時因萬物由盛而衰，天地充滿肅殺冷硬凋零之氣，猶如剛冷堅硬之金，所以秋屬金。最後冬天時冰天雪地，水氣旺盛，故冬天屬水。而五行與四季的屬性更直接與斗數的靈魂—『四化』有著密不可分的關係，這部分將留待後章說明。

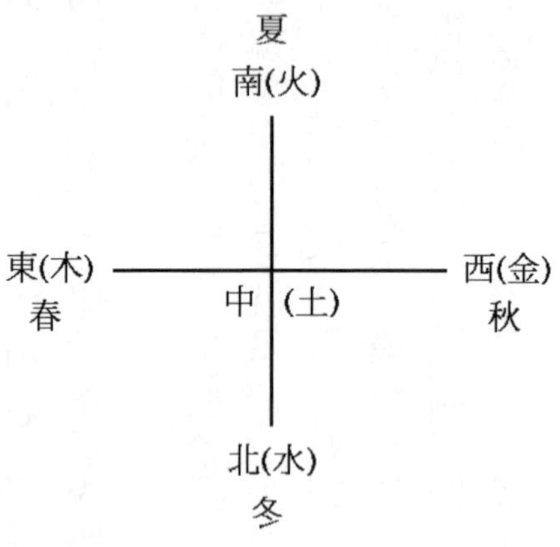

△五行在企業經營的實務應用（老師的新創見）

凡是學習一門學問，需有舉一反三、觸類旁通的研究精神。秉持著這股精神，老師結合企業管理的專業，終於體悟出『企業經營中所蘊藏的五行概念』！並從中發現可幫助企業經營者與創業家得以追求企業經營卓越的關鍵。

眾所皆知，企業的基本架構分為「生產、行銷、人力、研發、財務」這五管，簡稱「產銷人發財」，而五個管理架構中也隱含著五行的概念，經老師的推論，五管的關係如下頁的對應圖，「生產屬土、財屬金、行銷屬水、人力屬木、研發屬火」，其推論邏輯在於──「第一、財就是金錢，所以屬金。第二、行銷最重要的內涵在於通路的鋪陳和推廣，以便貨暢其流，其物流銷售的性質就有如流水，所以行銷屬水。第三、人力資源因為就像樹木一樣需要教育訓練與栽培，並藉由工作多樣化與豐富化不斷成長茁壯，就像樹木一樣，

（企業五管之五行對應圖）

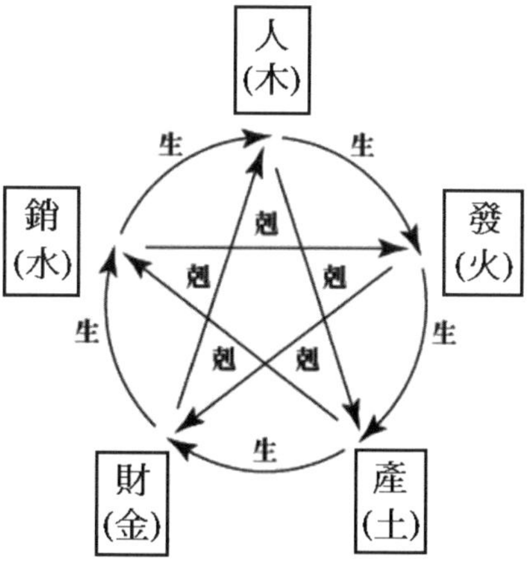

所以人力資源屬木。第四、生產與產品，就像大地一樣，是醞釀一切生命的基礎，而成立企業最重要的目的，無非就是銷售企業所生產的產品，沒有產品就沒有任何獲利能讓企業進行任何運作，所以生產和產品是企業的根本就有如滋養所有生命的大地，所以生產屬土」。看到這，各位讀者一定好奇—「那研發呢？為何研發屬火？」。

研發與火乍看之下沒有直接關聯，老師當初也百思不得其解，但就在莫約3年前，老師在研究手面相時，發現凡是「火型手」的人大多俱備創意和創新能力，正與研發的內涵相符合。而後更發現，研發屬火的邏輯意涵在於，火象徵文明，在人類歷史中最大的發明革新就是『懂得用火』，所以火象徵文明與進步也就是創新，並且任何創新發明都會將舊有的形式推翻，就有如火會將任何原本的舊有事物燃燒殆盡而產生新的光明和能量，所以研發創新屬火。同時，回顧人類史，不管是世界任何地方的人類幾乎都在同一時間懂得學會用火。更加證明（人發明用火）符合五行木生火的原理(註：依上頁圖，人五行屬木）的必然性。

△五行帶給我們的企業管理啓示

五個管理功能相生的關係中，「人生研發」告訴我們有好的人才，方能研發創新專利與新產品。而研發出新商品，生產部門也才得以開始生產。接著，有了產品公司也才有獲利基礎。再來，有了金錢之後，公司也才有資本進行行銷通路的擴張以及廣告的行銷推廣，以坐大市占率和營業額。最後，當有了更多的市場通路與市占率後，就產生了更多的人力需求來營運並永續經營公司的商品。形成『人生研發、研發生產品、產品生財務、財生行銷、行銷生人力需求』的五行相生循環。並且五個管理功能的相剋關係，更是能夠警惕企業管理者，經營企業所蘊藏的危機。

『研發剋財務』的經營啓示 — 研發剋財務的關係，告訴我們研發與創新燒錢性極高，所以政府部門在鼓勵個人與企業創新的相關政策上，應該給予更優厚並有計劃性的補助與人力資源投資，同時給予實質產出創新與發明的人才及企業更多的獎勵補助，並投入資金給與學術單位進行研發或創新，而非將大部份資源用在生產論文。

『財剋人力資源』的經營啓示 — 財剋人力資源的關係，告訴我們低迷的錢財薪資，會剋殺好的人才，也留不住人才，而沒有智慧型人才，自然也就無法研發出震撼性的新產品和新技術，如此惡性循環只會像台灣的現況，只能做低毛利代工，毫無能夠形成差異化優勢的創新技術，高端人才外流，國內企業逐漸在國際競爭中邊緣化。

『人力資源剋生產』的經營啓示 —生產的模式基本可以分爲事先預估並規劃產品數量後再進行生產作業的ＥＲＰ屬性推式系統，以及類似ＪＩＴ及時生產系統這類有實際市場需求才生產，實報實銷的拉式系統。但是生產流程該搭配哪種生產模式，主要與產品特性有關，例如瞬息萬變的科技業就適合及時生產系統。但是決定企業的生產系統是否能運作順利的成敗在於「人力資源配置」也就是組織結構的設計。而錯誤的人力分配制度只會使生產作業面臨崩毀危機，例如國營事業爲何常被批績效不彰？也始終無法實施及時生產系統來應對瞬息萬變的市場需求變化，正因國營企業長期以來有如官僚單位一般，每個作業流程都要經歷從上到下層層的繁雜規章和文件往來，那麼這家企業必然毫無迅速應變市場變化的彈性能力，也就不可能隨時快速和市場變化接軌。如此實施及時生產系統必然失敗。所以，好的生產作業必定需要配合適合的人力配置及組織架構，否則必然失敗。

『生產剋行銷』的經營啓示──只要是產品就一定需要吃行銷資源，然而行銷有４Ｐ分別是產品、價格、通路、推廣，四者都是關鍵，但產品本身才是一切的主體，如果一項產品本身不夠好，即使價格再便宜、通路再多、廣告打得再凶。最終也會因產品本身太爛而失去競爭力，而遭到下架的命運。所以如果本身產品差，只會白白剋掉行銷資源卻一無所獲。

『行銷剋研發』的經營啓示──當企業握有越多行銷通路後，就越有獨佔力，同時也因爲獨佔擁有壟斷式利潤又缺乏競爭對手，就會使企業懶於投入資源做創新研發而剋制企業的創新能力。正如民國五六十年代台灣的汽車工業一樣，當時政府爲了保護台灣本土的汽車業，曾對於進口車做層層的限制，以至於國產車在國內市場幾乎獨占，但也因爲行銷通路的獨佔，使企業沒有積極研發出更好的性能，因此到了後期，貿易逐漸開放，進口車大量進口台灣時，青鳥這類的國產車就完全被進口車打得落花流水。所以，當企業在市場的行銷上幾乎處於優勢獨佔時，也仍要有創新研發的前瞻遠見，否則當有一天行銷市場的獨佔性被打破，甚至變成完全競爭市場時，將會因爲長期以來缺乏研發創新的企業文化而無法落實企業轉型，導致企業日落江河。

▲天干與地支

天干地支是構成命理資料的基本元素，也是中國一切曆法的基礎，而天干與地支，主要用於古代計年和計時之用，其中天干表空間、地支表時間。共有10天干與12地支。

十天干：「甲 乙 丙 丁 戊 己 庚 辛 壬 癸」。

十二地支：「子 丑 寅 卯 辰 巳 午 未 申 酉 戌 亥」。

而由十天干搭配十二地支，組成六十種組合，是爲六十甲子每60年循環一甲子生生不息。這時聰明的讀者可能會產生疑問：「10天干配12地支，不是應該是10 X 12共一百二十種排列組合嗎？怎麼會只有一半剩60甲子呢？」。答案的關鍵就在六十甲子的組合規則爲『陽干配陽支、陰干配陰支』。而陽的定義爲排行爲奇數的天干地支。陰的定義爲排行是偶數的天干地支。所以，像『甲』在天干中排行第一位所以爲陽天干，因此甲也就只會配到同樣排行爲奇數的地支，例如『子、寅、辰、午、申、戌』這六個地支，而絕對不會出現「甲丑、甲卯」這種搭配偶數陰地支的情況發生。而且十天干和十二地支皆可對應現實的方位，其對應關係分別爲「甲乙東方木、丙丁南方火、戊己中央土、庚辛西方金、壬癸北方水」，但是，雖然每一種五行包含兩個天干，不過同五行的天干仍然有所不同，其中的差異在於陰陽，例如甲和乙的五行同屬木，可是甲因爲排行第1乙排行第2，故兩者雖然同屬爲木，但甲爲陽木、乙爲陰木。而地支則分別將三百六十度的方位平均分成12等份，其中子爲正北、午爲正南、卯爲正東、酉爲正西。

（十二地支方位圖）

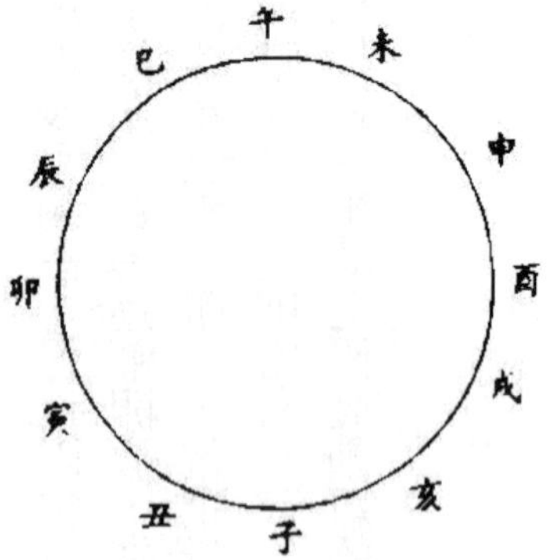

（十天干方位圖）

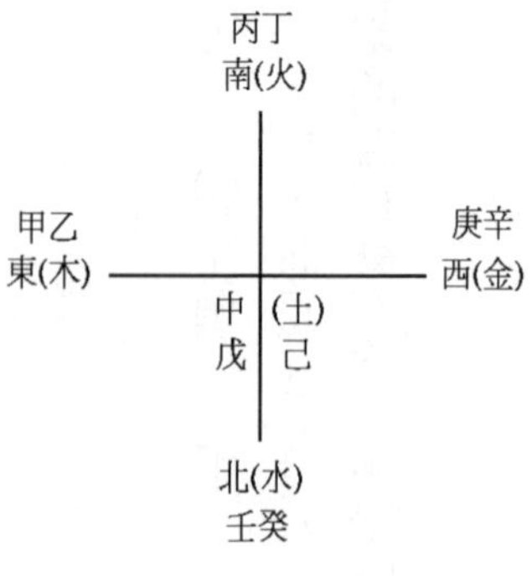

▲天干與地支對應的月份、時間與現實方位

十二地支也同時代表12生肖與12時辰更等於農曆的十二月份，不過在五行屬性的部分，不同於天干，地支並沒有將屬於土的地支放置在中央，而是將屬於土的「辰、戌、丑、未」四個地支寄於四方，而十二地支更直接用來分配在紫微斗數命盤的十二宮之中，並且依照各地支的五行屬性便形成對於斗數各星曜的有利和不利影響，例如爲何太陰星在子宮爲旺？正是因爲太陰星屬水，而十二地支中的子也同樣屬水，因此兩者比旺，有利於太陰星。最後，爲了讀者閱讀方便，本書將十二地支的重要屬性，整理如下頁圖表所示：

地支	生肖	時辰	月份	五行
子	鼠	23:00~01:00	11	水
丑	牛	01:00~03:00	12	土
寅	虎	03:00~05:00	1	木
卯	兔	05:00~07:00	2	木
辰	龍	07:00~09:00	3	土
巳	蛇	09:00~11:00	4	火
午	馬	11:00~13:00	5	火
未	羊	13:00~15:00	6	土
申	猴	15:00~17:00	7	金
酉	雞	17:00~19:00	8	金
戌	狗	19:00~21:00	9	土
亥	豬	21:00~23:00	10	水

☆《陰曆與國曆的曆法》

中國的推命數都是依據出生資料推演而來，而出生資料根據曆法而定。所以了解命理前必先需對於曆法有所了解，否則出生資料錯誤，論命結果則失之毫釐差以千里！而紫微斗數所使用的生辰資料之曆法，以陰曆也就是農曆爲基礎，但是現代的陰曆其實也已非純陰曆，因爲陰曆之所以稱爲陰曆是因爲陰曆的曆法根據是以「月亮的運行」爲曆法依據，可是現代農曆節慶中，卻包含了「夏至、冬至、清明」等節日，許多人誤以爲這些傳統節日是農曆節慶，其實不然，上述這些節日來自於二十四節氣，然而二十四節氣卻是太陽曆也就是國曆的精華所在。所以現代的農曆其實已算是陰陽混合曆，只是陰曆成份多，陽曆成份少。

而陰曆依月球的運行制定朔望月，也就是大小月，大月30天、小月29天，一年約三百五十四天，也因此產生了陰曆與陽曆間的誤差，因爲國曆一年的時間爲三百六十五又四分之一天，兩者一年之間足足產生11天的落差，爲了彌補這段落差始陰曆能夠和國曆搭配，所以陰曆就以設置閏月的方式來彌補兩者間的日差。關於閏月的設置規則，有句台語諺語叫：「三年一閏好壞照輪」，意喻風水輪流轉的意思。但其實真正的農曆設置規則並非每三年設置一個閏月，而是『三年一閏、五年兩閏、十九年七閏』。所以閏月的循環以每19年爲一次循環，同時也隱含了一個邏輯——「陰曆每循環19年，就能將所有和國曆間的時日落差全部修正」。因此，換言之，表示每個人的19歲生日『國曆和農曆生日會發生在同一天』!!並且由於農曆閏月每19年一循環，進一步可論證每個人的38歲、57歲等與19的倍數相關之歲數，國曆生日也會和農曆生日同一天發生。

而國曆則是每三百六十五又四分之一天為一年，所以每四年置閏一次，也因為這一日的差別，所以每年的立春日期都不盡相同，有時發生在2月4日，有時則在2月3日常有一天的落差，正是因為國曆每四年加閏一天所造成。

▲農曆國曆與生肖

另外一個多數人會搞錯的問題在於生肖的計算方式，多數人以為生肖的依據是根據農曆為準，以每年的大年初一為新生肖的開始，其實這是錯誤的概念，因為生肖其實是依據節氣而定，所以每年生肖的開始是依據每年的『立春』而界定而非依據農曆的過年為準則。

《本章思考題》

1.本篇一開始談到先天八卦和後天八卦，那麼先天八卦演變成後天八卦的根據是什麼?? 怎麼推演??

2.談到四象分析法時，曾說到 BCG 矩陣，那麼 BCG 矩陣模型的缺點是什麼??

3.本篇說到八卦分析法時，曾提到費德勒的情境模型理論，在該理論中，試問爲何在『部屬上下關係、任務明確程度、權力高低』這三者條件同時都是最好的情況和三者同時都最差的狀況下，都適用任務導向領導??

4.一年有 24 節氣，但是不論 365 天或 366 天都無法整除 24 節氣，有何方法解決??

5.農曆的閏月每次閏的月份都不同，被選中的閏月其依據是什麼??

6.地支總共 12 個，但是閏年時因爲多一個月總共有 13 個月，但地支只有 12 個，少一個，如何分配?? 何解??

三、紫微斗數排盤玄機

☆《排盤時辰與時差問題》

由於紫微斗數排盤與推命的一切依據皆出自於時辰資料，所以時間的正確性至關重要，失之毫釐差之千里，而斗數排盤在時辰方面，以中國傳統十二時辰爲依據，分別爲：

地支	時辰
子	23:00~01:00
丑	01:00~03:00
寅	03:00~05:00
卯	05:00~07:00
辰	07:00~09:00
巳	09:00~11:00
午	11:00~13:00
未	13:00~15:00
申	15:00~17:00
酉	17:00~19:00
戌	19:00~21:00
亥	21:00~23:00

以每天的子時做爲新的一天開始，但是看似簡單的時間問題卻存在很多需注意的細節，否則將使得命盤的時間採用錯誤，以致於發生明明醫生對出生時間印象深刻，卻發生命

盤錯誤的問題。歸根究底，問題的關鍵在於，影響時間誤差的重大關鍵因素有：『時區與地理位置』、『真太陽時差』、『人爲誤差因素』。無論何者都茲事體大，所以本章節將對於以上斗數排盤會遇到的難題一一深入剖析！

▲現代標準時區與地理位置所造成的時差

現代世界各地所通用公認的時制是以英國格林威治天文台爲經度0度做爲基準，以每經度15度劃分爲一個小時的時區區域，所以即便是在同一時區仍存在時間誤差。就例如下面的台灣地圖，雖然台灣全島所使用的時區制度都是『中原標準時間』，也就是以東經一百二十度爲基準的時區制度，但是依照地圖，很明顯只有「台南市」與東經一百二十度吻合，而台北市很明顯與台南相差約經度1.5度，所以在時間上因爲地理位置之差，實際上台北市的時間要比中原標準時間快約6分鐘，因此如果剛好你是在台北市出生，偏偏又

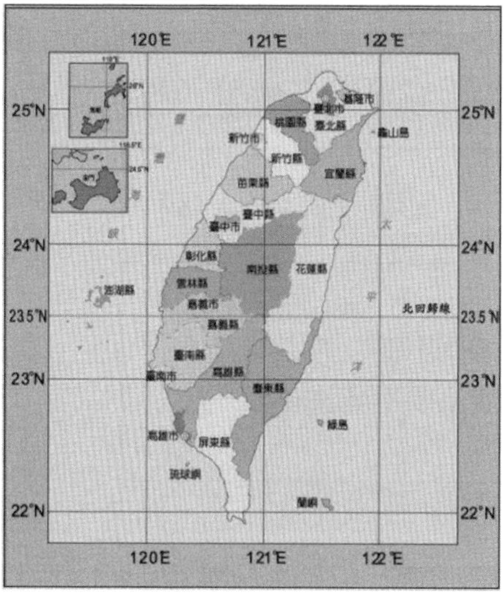

生於時辰間的交界，例如早上10點55分，假設醫院的時間完全按照中原標準時間，則你就不能算是巳時出生，而要『加上六分鐘變成午時』！而爲了讀者校對方便，老師將台灣各地與中原標準時間的時差整理如左表：

（縣市）	與中原標準時間時差	（縣市）	與中原標準時間時差
台北	+6分03秒	嘉義	+1分48秒
桃園	+5分12秒	台南	+52秒
新竹	+3分52秒	高雄	+1分04秒
苗栗	+3分12秒	恆春半島	+3分00秒
台中	+2分44秒	宜蘭	+7分00秒
彰化	+2分08秒	花蓮	+6分28秒
南投	+2分44秒	台東	+4分36秒
雲林	+2分08秒	澎湖	-1分48秒
備註:(只有澎湖因地處較西的位置，所以比中原標準時間慢，因此時間上要用減法計算。)			

▲真太陽時的探討

何謂真太陽時？意思就是以地球自轉時太陽所行經的實際路徑為準所制定之時制，而真太陽時以地球自轉一圈為一天當計算，而現代公認一天的計算標準為一日二十四小時，但其實不論是太陽行走的速度、地球自轉的速度都不完全相同，所以地球的「每一天」從開始到結束也存在著時差，有時太陽行走得慢了點，一天的時間就相對延長，所幸斗數排盤使用的是平均太陽時，但如果是卜卦則就需考慮真太陽時的問題，而又因為地球繞太陽公轉的軌跡本身也不是正圓形而是橢圓形，所以不論是公轉或自轉，地球的速度都不平均，一般來說地球公轉夏天運轉速度較慢、冬天較快，所以，真太陽時與現在標準的以時區為基準以及將一年分成三百六十五天的曆制相比實際上會存在落差。

所以，古代時因為沒有精細的鐘錶儀器，時間計算大多以日晷或者立竿見影的方式來計算時間，因此就會與實際時間產生落差，故如果讀者未來有興趣研究古人的命盤或者相關的文獻資料，一定要將真太陽時與標準時區制時間的落差因素考慮進去，否則就容易在研究古代名人的命盤時得到完全顛覆這位名人特性的結果。同時舉一反三，如果有學過易經文王卦的讀者，相信都知道許多占卜書籍會告誡『不要在子時占卜』，因為此時為兩日之交界，氣場駁雜，容易占卜不準！但真正背後的根據其實正是因為中國命理屬於卜卦類的數術多採用真太陽時的緣故以下老師將真太陽時在四季的時差整理如下以方便讀者運用：

真太陽時四季時差表(公轉爲基準)			
日期	時差	日期	時差
1月1日	-4分00秒	7月1日	-3分45秒
1月16日	-8分30秒	7月16日	-6分00秒
2月1日	-13分30秒	8月1日	-6分30秒
2月16日	-13分30秒	8月16日	-4分00秒
3月1日	-12分30秒	9月1日	0
3月16日	-9分00秒	9月16日	+4分00秒
4月1日	-3分30秒	10月1日	+10分30秒
4月15日	0	10月16日	+14分30秒
5月1日	+3分30秒	11月1日	+16分00秒
5月16日	+3分45秒	11月16日	+15分30秒
6月1日	+2分00秒	12月1日	+10分00秒
6月14日	0	12月16日	+4分00秒

一年真太陽時變化圖

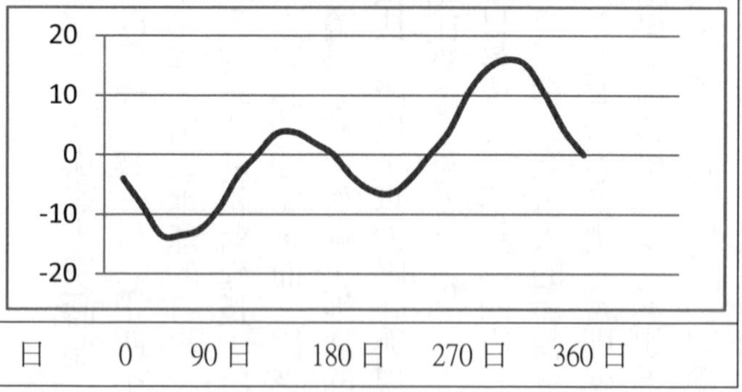

▲日光節約時間

先前談到的時區問題和真太陽時基本上皆屬於自然天文所產生的時制問題，但唯有日光節約時間是屬於人爲因素所導致的時差問題，而世界的許多不同地區也都實施過日光節約時間，所謂日光節約時間又稱夏令時間，指的是將全國夏令作息提前調快一小時的時制，也就是在實施日光節約時間的日期區間，如果一個人是早上十一點出生，事實上應該算早上十點出生才正確，因爲在日光節約時間制度下，時鐘標準被調快一小時。

而國民政府在台灣光復之後，自民國三十四年起連續實施長達三十五年的日光節約時制，探究台灣光復的歷史背景，實施日光節約時制的理由在於八年抗戰之後，由於戰後百廢待興、各行各業正處於戰爭摧殘後的蕭條。有鑑於此，政府當局爲了讓全國民眾能夠多投入時間心力於工作以利國家產業的重建，又恰好夏日的白晝時間比較長，所以將全國的夏令時間規定強制調快一小時，使得全國人民因爲到了下班時間時，太陽仍然在晴空中閃亮耀眼，而產生繼續工作到日落的念頭，藉此使人民勤奮於事。因此，其實過去在許多二次大戰後需大量投入重建工作的國家也多實施過日光節約時間。

所以，以台灣來說，如果遇到民國34~68夏季年出生的人，或者是民國七零年代較鄉下地區夏令出生的人，排盤時一定要考慮日光節約時間的因素，否則很容易因爲時制上一小時的差距而造成排盤上的錯誤。

台灣日光節約時間實施表：

實施年份	時制名稱	起訖日期
民國 34~40 年	夏令時間	5/1 日~9/30 日
民國 41 年	日光節約時間	3/1 日~10/31 日
民國 42~43 年	日光節約時間	4/1 日~10/31 日
民國 44~45 年	日光節約時間	4/1 日~9/30 日
民國 46~48 年	夏令時間	4/1 日~9/30 日
民國 49~50 年	夏令時間	6/1 日~9/30 日
民國 51~62 年	暫停實施日光節約時間	
民國 63~64 年	日光節約時間	4/1 日~9/30 日
民國 65~67 年	暫停實施日光節約時間	
民國 68 年	日光節約時間	7/1 日~9/30 日
民國 69 年之後	暫停實施日光節約時間	

(註):

雖然原則上民國 69 年起中華民國政府已廢除日光節約時間制度，但由於民國六七十年代仍屬資訊流通較爲不發達的年代，所以在較爲偏遠的地區或鄉下，到了民國七零年代仍保有日光節約時間的作息習慣，所以在和人論命時，即使是在分析七年級生的命盤時，如果出生地屬於較爲鄉村的地區，謹慎起見仍要將日光節約時間的因素列入考量，以避免發生誤差。

☆《斗數的排盤方法與邏輯》

在確認出生資料正確無誤之後，接下來，進一步抽絲剝繭探討紫微斗數的排盤方法與排盤邏輯，首先，紫微斗數基本的架構分爲12宮，每一宮皆由一個地支所表示，並且任何命盤十二地支位置都完全相同，不同的地方唯有天干而已，而紫微斗數以寅宮爲正月，順時針順數到丑宮爲農曆十二月，那麼如何決定每個人的命盤十二宮所搭配的天干呢?決定的方法爲依據『五行冠蓋訣』:

甲己之年起丙寅，
乙庚之年起戊寅。
丙辛之年起庚寅，
丁壬之年起壬寅，
戊癸之年起甲寅。

所以，如果是甲年或己年出生的人，他的命盤，寅宮的天干地支，必爲丙寅，並且十二宮順時鐘的天干地支依序是

（斗數命盤基本架構）

巳	午	未	申
辰			酉
卯			戌
寅	丑	子	亥

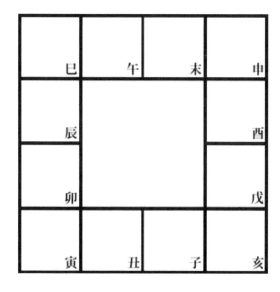

「丙寅、丁卯、戊辰、己巳、庚午、辛未、壬申、癸酉、甲戌、乙亥、丙子、丁丑」。

▲『五行冠蓋訣』的數學邏輯

那麼爲何『甲己之年起丙寅，乙庚之年起戊寅呢』？深入討論「五行冠蓋訣」分析其原理，會發現五行冠蓋訣所依循的僅僅是簡單的數學邏輯。理由在於天干一共十個，但地支卻有十二個，因此，天干比地支少兩個，所以一張命盤的十二宮，一定會因爲天干不夠配，所以重複兩個天干。以下圖爲例，假設◎號的天干地支爲甲年的十二宮天干地支，★號爲乙年的天干地支配置。那麼依照五行冠蓋訣，甲年的正月爲丙寅月，依照下圖箭頭方向逐一配置，當配到亥宮十月時就會發現十個天干都已分配完畢，所以剩下的兩個月只好再依照順序往下分配，因此甲年的十一月和十二月就變成丙

◎己巳 ★辛巳 (四月)	◎庚午 ★壬午 (五月)	◎辛未 ★癸未 (六月)	◎壬申 ★甲申 (七月)
◎戊辰 ★庚辰 (三月)			◎癸酉 ★乙酉 (八月)
◎丁卯 ★己卯 (二月)			◎甲戌 ★丙戌 (九月)
◎丙寅 ★戊寅 (正月)	◎丁丑 ★己丑 (十二月)	◎丙子 ★戊子 (十一月)	◎乙亥 ★丁亥 (十月)

子月和丁丑月，也就是甲年出生的人命盤中會多重覆一組丙天干和丁天干。接著，由於甲年的十二月是丁丑月，按照順序丁丑的『下一位就是戊寅』，所以隔年乙年的一月很理所當然的就是戊寅月，所以因為這樣的配置邏輯，每年的十天干都會因為和十二地支相差兩個，造成每年的正月之天干也會剛好相差兩位，這就是為何五行冠蓋訣中甲年、乙年、丙年的正月是「丙寅、戊寅、庚寅」，三年的正月天干之順序恰好都差兩個天干順位的原因。

▲寅月為正月的邏輯根據

為何農曆正月要制定為寅月？理由何在？相信是許多讀者心中的疑惑，因為照理，十二地支以子為第一順位，正月理所當然應該子月最名正言順，何以確是以寅月為正月？

要解開謎團，就需從太極與四季的原理破解，如下圖所示，斗數十二地支不僅對應12個月，更直接對應太極陰陽的消長，所以為何子月為十一月？正是因為農曆十一月時正是陰氣最強、陽氣最弱的時節，

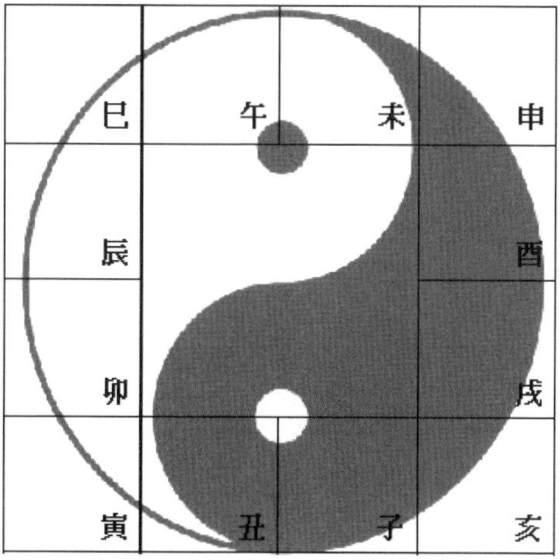

所以十二地支的子就剛好對應在太極圖中陰氣最多的部分，而事實勝於雄辯，一年中白晝最短、黑夜最長的冬至，通常就發生在農曆十一月！而農曆十二月起陰氣就逐漸變少，陽氣逐漸增加，也象徵陰氣逐漸開始衰弱，陽氣逐漸開始增長，白晝的時間也逐漸變長，而到了寅月，依照對應的太極圖來看正處於陰氣與陽氣雙方勢力處於平衡的月份，同時另一個重大意義是『自寅月起陽氣將開始超過陰氣』！萬物都將處於逐漸陽長陰消的狀態，所以從春分起白晝時間方才開始大於黑夜時間，萬物的生長也從寅月開始邁向欣欣向榮，因此，曆法上才會將陽氣開始超過陰氣，象徵萬物開始滋長的寅月立為正月！此外，到了地支午的宮位時，可發現對應的太極圖屬於陽氣最盛的部分，所以夏至通常就發生於每年的午月也就是農曆五月，所以由於此刻是陽氣最旺的時節，因此夏至時的白晝時間最長。但同時也意謂著，過了農曆五月陰氣將開始慢慢滋長，陽氣將開始慢慢衰弱，夜晚的時間也將逐漸變長，白晝則相對逐漸變短。

然而如果將十二地支與太極的關係延伸到一天的十二時辰，結果也是相同，一天十二個時辰中陰氣最盛的時候就是子時(23點~01點)，但同時意味子時起天色逐漸明亮，陽氣逐漸增加，而寅時正好處於天色剛亮，自此刻起天色將開始完全擺脫黑暗，而到了午時(中午11點~13點)就是陽氣最旺盛的時候，也是太陽直射大地的時刻，但自此刻起，陽氣將逐漸消退，陰氣將逐漸增加，此外天色也是從午時開始逐漸邁向黃昏，進入黑夜。

▲斗數寅月建月在於以人爲本

史實上，中國古代確實也曾有過以農曆十一月，即子月當正月的曆法，在周朝時正是因爲子月爲天道中陽氣開始增長的月份，所以將子月定爲農曆正月。此外，商朝則以丑月爲正月。而紫微斗數與現代農曆所用的以寅月爲正月建月的制度則是源自於夏朝的曆制，而爲何以寅月爲正月，除了上一節所述對應太極陰陽的原因之外，另一個重大理由在於，古代中國以農立國，故而農曆的曆制設計，需以『人』的作息爲觀點，而寅月正好是陽氣開始和陰氣達到平衡後超過陰氣，足以滋養萬物與農作物的時候，所以對於人與萬物來說寅月才是生機的開始，因此爲了配合人道，所以建正月在寅。

並由於周曆以天地陽氣的初始爲本位，商曆界於兩者中間，夏曆則以人之作息爲基準，故而「周曆法乎天道」、「商曆法乎地道」、「夏曆法乎人道」。也因此，在紫微斗數中，「子、午、卯、酉」四個地支被稱爲天位，「辰、戌、丑、未」則被稱爲地位五行屬土，「寅、申、巳、亥」則被稱爲人位，又被叫做四馬地，正是因爲這些時候正是萬物開始變動與消長的時節。並且由於十二地支代表著不同時節的陰陽比例，所以即便長得幾乎一模一樣的命盤，在不同的月份出生，其命盤星曜所展現出來的相關特質強度也不同，例如同樣是太陽星座命，在午月生的人太陽星之特質定遠強於在子月出生的人。綜合上述，可知紫微斗數是一門以人爲本，依循天道但中心精神卻法乎人道的一門學問！

▲排定命宮和其他宮位的方法

以出生之年確立好十二個宮位的天干地支之後，下一步的重點在於決定命宮究竟在十二地支的哪個宮位？以及其他宮位又分別在哪些地支。而求取命宮位置的方法為：

『以寅宮為一月，順數生月後再逆數生時，所得到之宮位就是命宮所在的位置』！

舉例來說，如下面這張命盤，如果一個人出生於農曆六月某一天的卯時，那麼他命宮的求法，就是以命盤的寅宮為一月，順時鐘數到他的出生月份，而他是6月出生所以按順序，則需先順數到未宮，然後再以未宮為基準點視其為子時，再逆時針數回出生生時，而因為此人是卯時出生，卯為第4個地支，所以需從未宮逆時針回數4位。回數四位後，最後停留的宮位『辰宮』就是『此人的命宮』。

確立命宮之後，就能逆時針依序排出其他宮位，任何一張命盤排列的規則必然是『以命宮逆時針依序排列兄弟、夫妻、子女、財帛、

<table>
<tr><td>(父母) 巳</td><td>(福德) 午</td><td>(田宅) 未</td><td>(官祿) 申</td></tr>
<tr><td>(命宮) 辰</td><td colspan="2" rowspan="2">農曆6月X日 卯 時</td><td>(交友) 酉</td></tr>
<tr><td>(兄弟) 卯</td><td>(遷移) 戌</td></tr>
<tr><td>(夫妻) 寅</td><td>(子女) 丑</td><td>(財帛) 子</td><td>(疾厄) 亥</td></tr>
</table>

疾厄、遷移、交友、官祿、田宅、福德、父母』。

▲斗數十二宮的設計邏輯

至於為何十二宮的順序如此設計？背後其實隱含許多河洛理數以及人文邏輯，各宮彼此間更是環環相扣息息相關。首先，為何父母宮和兄弟宮在命宮的兩旁？理由在於當人出生時身邊兩旁第一位貴人就是父母，第一批夥伴就是兄弟，所以如果一張命盤父母宮和兄弟宮都不好，就好像一間左右兩邊都沒有靠山的房屋，則就可斷定此人年輕時代相較他人定然較為艱苦，並且事事常需自我奮鬥，念書求學過程的阻礙也較多，理由就在於先天的貴人與夥伴比別人差，起跑點先輸一截的緣故。接著，從命宮逆數第六宮則為疾厄，理由在於，在河圖中一六共宗北方水，故一與六實為一體，而人的命之實體正是我們的『身體』也就是『疾厄宮』，而我們的身體基因決定於父母，所以疾厄宮的對宮為父母宮。然後，命宮為人的本質表現，遷移宮則為出外出門時的表現，所以兩者也是一體的兩面，所以互為對宮。再來，在家的夥伴是兄弟，出外時的夥伴就是朋友，因此兄弟、朋友兩者也為一體兩面，因此兄弟宮和交友宮的關係互為對宮。再次，在外所需經營的為事業，回到家後，需要經營的則是和伴侶的關係，兩者也互為內外，所以夫妻宮與官祿宮互為對宮。接下來，田宅宮主不動產與家宅和家庭，但是規劃居家環境這類靜態硬體時，同時也需經營好家庭之中與子女的互動這類動態關係，才稱得上是完善的家庭經營，所以屋宅與子女互動的經營可說是互爲動靜關係。所以宮位設計上田宅宮與子女宮互爲對宮關係。

最後，談到財帛與福德的關係，財帛可說是人的有形資產，而無形資產就是你的運氣與福報，所以財帛與福德也是一體的兩面，因此如果一個人運氣不好，那麼一生多半也是賺錢辛苦，或者賠錢機率比一般人高，換言之，如果一個人財帛不好，相對也不太可能活得多快樂，享受的福氣與福份自然有就相對的比較少。所以，財帛與福德爲一個人的有形和無形的資產，故兩者互爲對宮，是一體的兩面。

▲定命宮的排盤原理探討

那麼，爲何命宮的安置方法，要採用順數生月、逆數生時的方式？而不是其他方式，例如順數生日或逆數生日之類…等等。而且爲何與生日沒有任何關係，唯獨由生月和生時決定，根據是什麼？這個問題當初也讓我冠元大師百思不得其解！但在一次偶然的機緣下，終於讓老師找到破解的關鍵。破解命宮排盤原理的關鍵就在於『地球運行軌跡』！

首先，順數生月的理由，原則上爭議度不高，因爲十二第支本來就代表農曆十二個月份，所以從正月的宮位順數到自己的生月這部份完全合理。

排盤問題的爭議點主要在於「爲何數到生月後還要逆數」？以及「爲什麼逆數的依據是由時辰決定」？那麼先來解決爲何命宮的決定不取決於生日的原因，第一、月份與生時都與十二地支完全能搭配，所以這兩者用來搭配斗數十二宮的架構完全沒有違和感。

第二、地球公轉太陽一周爲三百六十五天，所以依下面的公轉圖而論，相差一天，在地球的軌跡位置上，也不過相差三百六十五分之一而已，角度上連一度都不到，其差距幾乎可以無視，故可知，相較於日，時辰造成的差距影響較大，而最大的邏輯破綻在於，如果命宮的位置是由『生日』而非生時決定的話，就同時表示『同一天出生的人，不管在哪個時辰出生，命宮都一定在同一個位置』！但事實勝於雄辯，差一個時辰命運就可能天差地別，所以，同一天出生的人命宮都

（地球自轉圖）	（地球公轉圖）
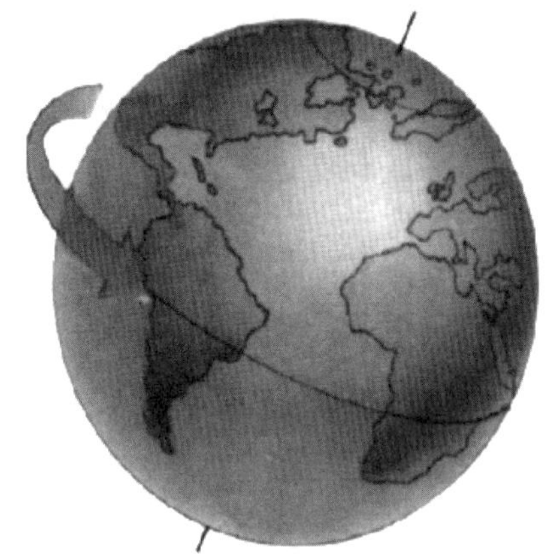	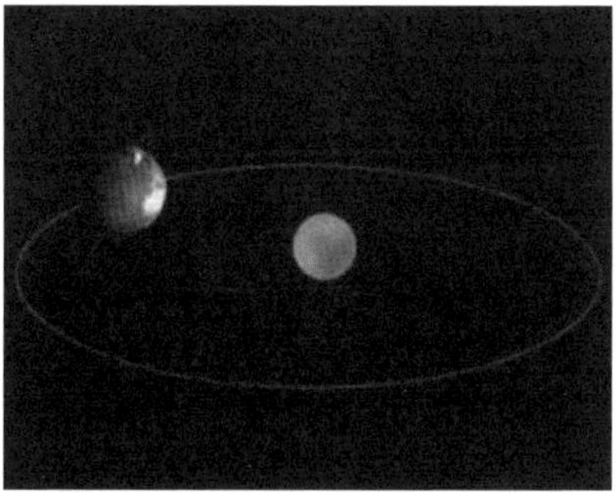

在同一個位置這樣的邏輯很明顯不符合事實！所以，命宮的配置依照生月和生時較符合現實的狀況與邏輯。

破解了爲何設立命宮不以生日爲依據標準後，進一步則需探究及證明爲什麼在順數生月之後是採用逆數來配置命宮？有何邏輯根據？這兩個問題。其實斗數如此設計，其背後的意涵在於「陰陽之道」，任何萬物必須同時俱備陰陽方能生長運行，否則「孤陰不生、孤陽不長。陰陽合則萬物生」，而順屬陽逆屬陰，所以，既然先以順數的方式數到生月，就太極陰陽的原理，就應以逆數的方式相輔相成，才符合陰陽合的法則。

最重要的是，時辰逆數所隱含的根據在於『地球自轉軌跡』，依照上頁左邊的地球自轉圖可看出，地球自轉是『由西向東逆時針旋轉』。而時辰的形成從何而來？不正是因爲地球自轉使陽光在地球上的照射區域改變所造成？所以，最直接造成時辰差異的根本原因就是地球自轉，而地球自轉的方向是『逆時針』，所以才足以證明斗數排盤時，時辰必需逆時針推算回來的合理性！

☆《斗數十四主星的排法》

設定好十二宮的干支及配置好命宮和其他各宮的位置之後，接下來最重要的就是將各星曜排入命盤之中，首先首要任務是先將『紫微星』排入盤中。因爲在紫微斗數中，紫微星爲帝星，帝星一動則列宿奔馳。可說是所有星曜的領頭，也意味著排好紫微星後，其他星曜的位置也都有跡可循，但是排紫微星前，需先推算出一個人的五行局，方能進一步求紫微星的落點，而五行局的求法爲依據命宮的天干地支，配合查詢六十甲子納音歌而來，此外，五行局共分爲五種—『水二局、木三局、金四局、土五局、火六局』，而六十甲子納音歌全文如下：

甲子乙丑海中金，丙寅丁卯爐中火，戊辰己巳大林木，庚午辛未路旁土，
壬申癸酉劍鋒金，甲戌乙亥山頭火，丙子丁丑澗下水，戊寅己卯城頭土，
庚辰辛巳白蠟金，壬午癸未楊柳木，甲申乙酉井泉水，丙戌丁亥屋上土，
戊子己丑霹靂火，庚寅辛卯松柏木，壬辰癸巳長流水，甲午乙未砂中金，
丙申丁酉山下火，戊戌己亥平地木，庚子辛丑壁上土，壬寅癸卯金泊金，
甲辰乙巳覆燈火，丙午丁未天河水，戊申己酉大驛土，庚戌辛亥釵釧金，
壬子癸丑桑柘木，甲寅乙卯大溪水，丙辰丁巳砂中土，戊午己未天上火，
庚申辛酉石榴木，壬戌癸亥大海水。

所以，如果有張命盤的命宮干支爲甲子，依據六十甲子納音歌「甲子乙丑海中金」，可判斷此人命局爲金四局。得到五行局數後，就能以公式進一步排出紫微星的位置，而安紫微星的方法爲，先以生日除以五行局數得一數字，再從寅宮開始算到方才求出的數字那一宮，則此宮就是紫微星座落的位置，如不能整除則將餘數加到可以整除爲止，但所加的數如是雙數則多進餘數位，如加的是單數則反而要退該單數的位數，舉例來說：

1.假設有人爲土五局，農曆 20 日生，則此人紫微星座落的位置如下:

20 ÷ 土五局 = 4

則由寅宮起算，第 4 宮爲『巳宮』，所以此人的紫微星就在巳宮。

2.假設一人爲木三局，生日爲 25 日，則此人紫微星座落的位置如下:

25 ÷ 3 = 8…餘數 1。此時，因有餘數無法整除，故需將原數加上 2 方能整除，而加 2 後所算出的答案爲 9，故從寅宮起算 9 位，爲戌宮，但因爲我們把原數多加了 2，所以要從戌宮再往前多進兩位，故最終本例的紫微星座落在『子宮』。

註:（ 加雙數則多進雙數位 ）

3.如一人爲火六局，生日爲 11 日，則此人紫微星座落的位置如下:

11 ÷ 6 = 1…餘數 5。此時，餘數 5 無法整除，需將原數加上 1 方能整除，而加 1 後所算出的答案爲 2，故從寅宮起算 2 位，爲卯宮，但因把原數多加了 1，所以要從卯宮再往後退 1 位，故最終本例的紫微星座落在『寅宮』。

註:（ 如加的是單數，則反退單數位 ）

▲六十甲子納音歌的推算邏輯

雖然六十甲子納音歌是斗數學習者耳熟能詳的常識，但是如果知其然而不知其所以然，最後只能囫圇吞棗，死背整首六十甲子納音歌。因此本節就為各位讀者揭開六十甲子納音歌的納音之法，其根據在於，以易經之大衍之數五十為基礎，捨一後得可用之數四十九。並在四十九的參數內，減去其干支總和數，所得的答案再除以五，再視其餘數進一步核對河圖的五行順序『水一、火二、木三、金四、土五』數至四十九，如得水者，取其所生者，可得納音為木，得土者，可得其所生者，故納音為金。

(六十甲子納音歌之數理邏輯)

例如:

甲子、乙丑　其數總和 34，(49 - 34) = 15

9 9　8 8

接著，15 除以 5 可以完全除盡，所以得到的答案為土五，故曰土，而土所生之物為金，故甲子、乙丑納音皆為「金四」局。

例二:

丙寅、丁卯　其數總和 26，(49 - 26) = 23

7 7　6 6

所以，23 除以 5 後得餘數 3，所以得答案為木三，故曰木，而木所生之物為火，故得結論丙寅、丁卯納音皆為「火六」局。

古籍中將此邏輯記載為：

六旬甲子妙無元，七七中除地與天。
五減零求生數立，納音得此幾人傳。

至於大衍之數五十的概念來自於易經，易經最早最正宗的占卜古法，其實既非金錢銅板，也非抽牌卡，而是以五十根竹草，抽去其中一根不用後，以剩下四十九根做爲易經占卜的依據，這個古法的根據就是來自大衍之數五十的概念。當然，喜歡舉一反三的讀者一定會進一步想問我：「那爲何大衍之數是五十不是其他數」？這個問題，其實古書上並沒有任何推論依據，但老師後來深入研究後，找出大衍之數五十的邏輯根據。

它的邏輯依據在於『太極』，太極圖分爲陰和陽兩部份，所以將一百分爲陰陽兩部份，每一部份皆占五十，所以大衍數爲五十，象徵陰和陽所包含的百分比，而太極中白色的部分中有一個黑點，象徵陽中有陰，黑色的部分的白點則是象徵陰中有陽，所以，大衍之數五十所扣掉的那一根竹草其實就是陽和陰兩塊版圖中的那一個象徵「陰中有陽、陽中有陰」的點。而爲何要扣除，理由在於不論是陰的部份或陽的部份，皆需扣除其中所包含的點，才會是『純陽』或『純陰』。也才能從手中象徵陰或陽的四十九支竹草，進一步變異推衍出事情的吉凶。

但由於四十九支竹草過於麻煩，又容易計算錯誤，所以後世將易經占卜簡化爲以三枚銅板爲工具的金錢卦，甚至梅花易數的作者紹康節，更將占卜發揚成觀物見位便能取機占卦。

▲紫微斗數傳統的五行局掌上訣

雖然紫微斗數的五行局有數學的推論可循，但由於推演過程過於繁雜，並且中國古代沒有電腦程式取代人腦計算，外加古代的資訊傳播並不普及，也少有人能真正理解這些理論背後的推論邏輯，甚至不要失傳就不錯了，在時間效率的實用性上，傳統的斗數命理師多使用傳統五行局掌上訣來排五行局。而各種命宮天干地支的演算範例如下：

(傳統五行局掌上訣)

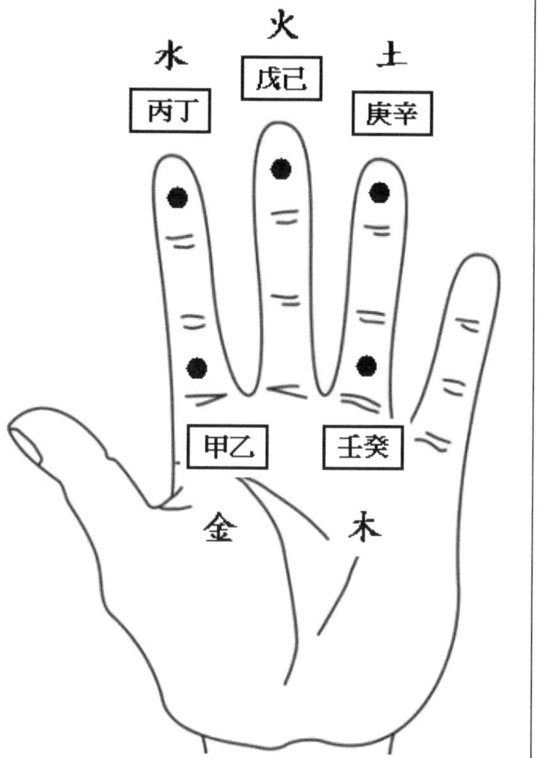

(講解)：

五行局掌上訣，取手掌的食指、中指、無名指三根手指的指節為計算點(黑點的部分)，而這五個指節同時有兩個意義，第一代表五行，如食指指尖代表的五行為水。第二代表天干的起算點，比方說，如果命宮的天干是戊或己，那麼在掌上訣中，進行的起算點就是上圖的中指尖。

(命宮天干爲甲乙的組)

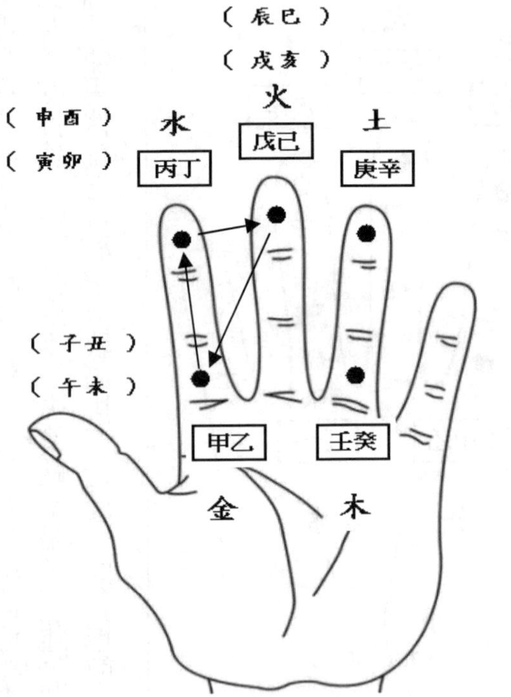

(講解)：

如命宮的干支是甲或乙的話，需以上圖食指的下端寫著(甲乙)兩個字的指節爲起算點，然後再以命宮的地支按照上面箭頭的順序數到該地支的地支排序爲止。

(舉例)：

如果命宮的干支是甲辰，那麼就需以食指下端的定點爲起點，開始從(子)起算，並按照箭頭走向算到(辰)，最後會發現停在『火』的地方，所以可得知，甲辰的五行局爲『火六局』。

其他天干的演算邏輯則完全一樣，只是起算點不同而已：

(2).丙丁組

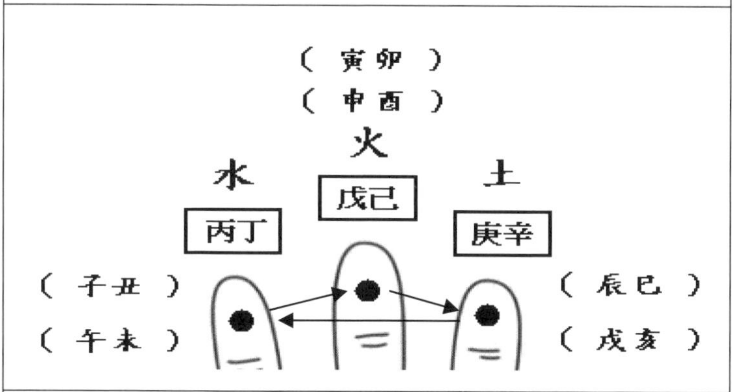

(3).戊己組

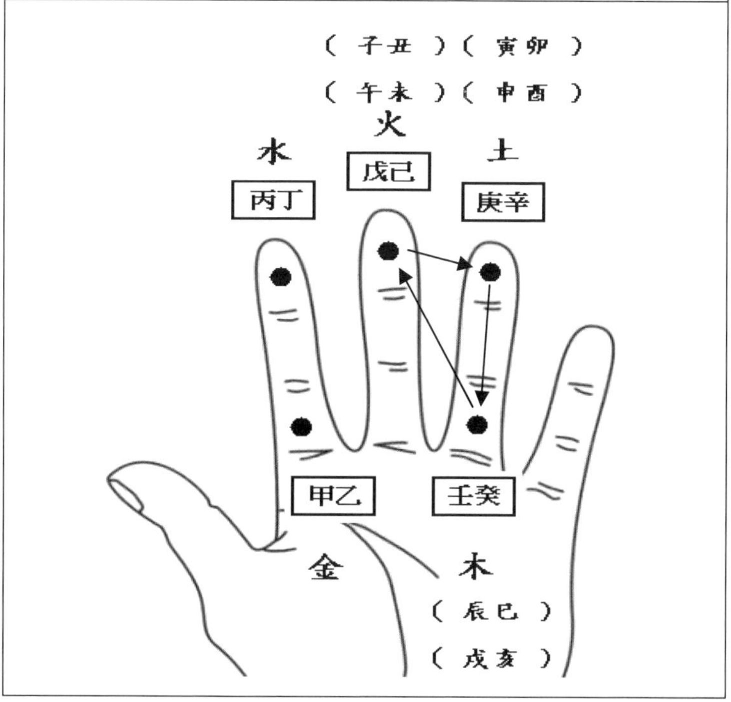

因此，在古裝劇中經常看到的『居指一算』，其實就是命理中的各種掌上訣！

(4).庚辛組

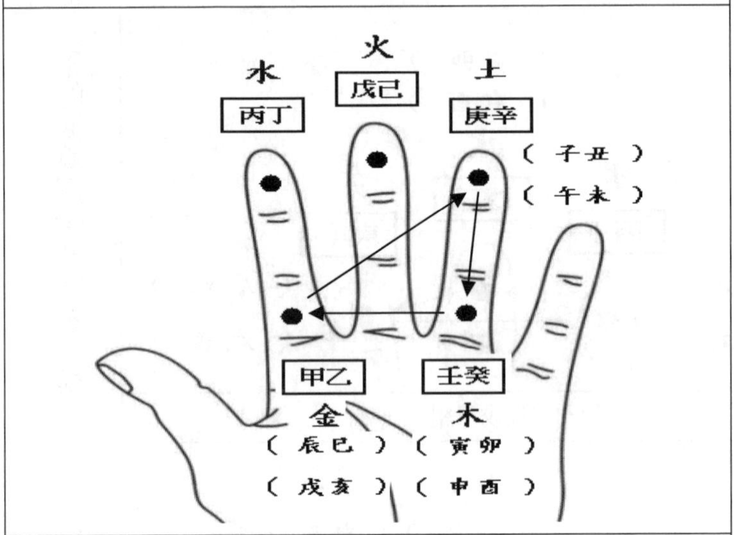

(5).壬癸組

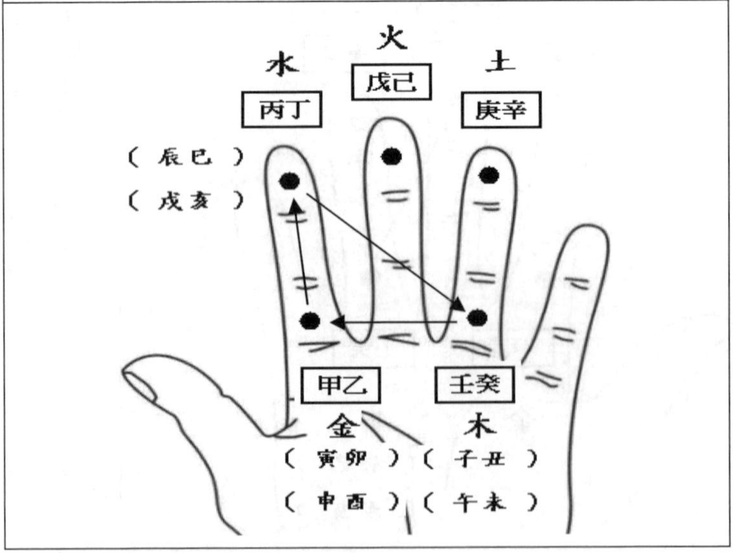

▲傳統五行局安紫微星訣

雖然，在前幾節已說明安紫微星的數學公式，但不免俗的，仍要交代傳統紫微斗數如何以五行局排出紫微星位置的古法口訣。

一方面讓對古書口訣有興趣的讀者加以探究，另一方面，也讓天生討厭數學的讀者另闢蹊徑，更加便利。不過，初學斗數的人，多半對於古籍口訣一知半解，因此建議搭配本書後面附的重要資料，將有意想不到的奇效。

（木三局起紫微訣）	（水二局起紫微訣）
口訣1: 木三局中初一辰， 逆退二步安二天， 順行四宮安一日； 雙日初二丑宮尋， 順行四宮安一日； 逆退二步安二天。	口訣1: 水二局中初一丑， 單雙不論順行流； 順行一宮安二日， 最末一天在於辰。
口訣2: 生過木宮三歲遊， 初一騎龍初二牛； 逆退三宮安二日， 順回四步一辰求； 順二回公牛頭地， 逆進二步二辰傳。	口訣2: 坎水宮中二歲行， 初一起丑出二寅； 順行一步安一日， 陰陽雖異行則同。

<table>
<tr><th>（火六局起紫微訣）</th><th>（金四局起紫微訣）</th></tr>
<tr><td>口訣 1:
火六局中初一酉，
順二兩次逆三一；
雙日初二午宮尋，
逆二兩次順五一。</td><td>口訣 1:
金局四數紫微宮，
初一在亥初二辰；
順二逆一安單日，
逆二順三雙日逢。</td></tr>
<tr><td>口訣 2:
離火宮中六歲知，
初二騎馬初一雞；
進二退二各一日，
逆回三步尋生期；
另有初二各其位，
先陽順行逆退之；
退二安一退二一，
逆進武宮是其基。</td><td>口訣 2:
紫微金宮四歲行，
初二尋豬二歲龍；
順進三步逆退一，
先陰後陽是其宮；
惟有初二辰上起，
進三退四逆行蹤。</td></tr>
<tr><th colspan="2">（土五局起紫微訣）</th></tr>
<tr><td colspan="2">口訣 1:
土五局中初一午，逆行二宮安一日；值九移向寅辰午，
雙日初二在亥宮，順二三次逆二兩；值六移向未酉亥。

口訣 2:
戊土五歲居其中，初一午上二亥宮；逆行三宮安一日，
惟有九日不能同，二宮一日順九次；退二三次又逆從，
惟有六日無正位，逢四對宮去尋跡。</td></tr>
</table>

▲紫微星系的排法

而在求出紫微星的位置之後，就能以紫微星爲基準，求出其他主星的位置，其中包含紫微星系和天府星系共十四顆主星，而紫微星系的排盤邏輯爲：

紫微逆去是天機，
隔一太陽武曲辰；
連接天同空二宮，
廉貞居處方是真。

亦即如下圖所示，算出紫微星座落的宮位之後，以紫微星所在的宮位爲起點，逆時針起算，逆算一宮就是天機星所在的宮位，再隔一宮就是太陽星，緊接著是武曲星，再來天同星，最後再隔兩宮，最後的終點就是廉貞星。並且任何命盤皆依照此規律，所以只要紫微星一動，所有主星就會跟著斗轉星移。

巳	廉貞 午	未	申
辰			天同 酉
卯			武曲 戌
紫微 寅	天機 丑	子	太陽 亥

▲天府星系的排法

天府星屬南斗星系主星的龍頭，與北斗星系的龍頭「紫微星」遙遙相對，所以天府星的排法非常簡單，按照南北斗的相對關係，天府星永在紫薇星的斜對角宮位，也就是如圖中的箭頭所示，如果紫微星在酉宮，則天府星就在未宮，兩顆星反過來亦然，而如果紫微在亥宮，天府就一定在巳宮。所以依據這關係，紫微和天府只有在『寅、申』兩宮才會同宮，所以雖然子、午兩個地支爲天地定位線，但是紫微斗數的基準盤卻是以紫微和天府同宮的命盤爲基本原始盤。

並且據老師推論，斗數以紫微天府在寅、申同宮的盤爲原始盤，背後象徵的意義在於反應「地球的自轉軸心傾斜二十三點五度」的現象。所以寅申兩宮象徵地球的自轉軸以及北極和南極點，而斗數的「子、午」兩宮以地球的地理來看象徵『北迴歸線和南迴歸線』，所以北半球白晝最長最至陽的夏至也就是午月，就

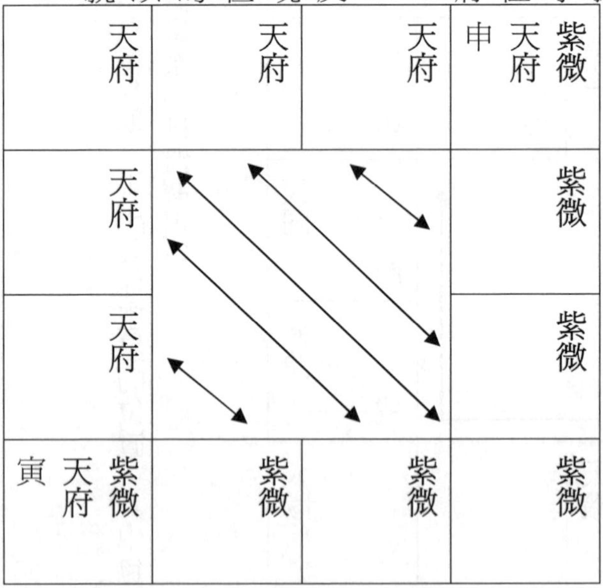

是太陽直射北迴歸線的時候，而子宮則是冬至時節，此時太陽直射南迴歸線，所以北半球就處於至陰至冷的狀態。因此舉一反三，斗數中的『巳、亥』兩宮就是地球的「赤道」，而爲何老師會這樣推論，理由在於『四季的變化正起因於地軸傾斜』，因爲有二十三點五度半的傾斜，才造成太陽在南北緯的二十三點五度(南北迴歸線)間遊走，進而行成四季，也才有陰陽與四象的產生。

排定好天府星之後，就可排出其他天府星系主星的位置，而天府星系的排盤邏輯爲：

天府順行有太陰，
貪狼而後巨門臨；
連接天相加天梁，
七殺空三是破軍。

也就是如下圖所示，排好天府的位置後，以天府的宮位爲起算點，順時鐘排第一位就是太陰，下一位就是貪狼，接著是巨門，然後緊接著連排天

巨門 巳	天相 午	天梁 未	七殺 申
貪狼 辰			酉
太陰 卯			戌
天府 寅	丑	破軍 子	亥

相和天梁，而天梁下一宮就是七殺，最後從七殺宮位隔三格，就是破軍的所在宮位。

▲紫微斗數十四主星實際存在於星空中

過去，許多命理學派認為，斗數的星曜都是虛星，都是假設虛立的星宿，但其實紫微斗數的十四主星分別對應北斗七星和南斗星宿，太陽太陰則分別代表日月。

（北斗七星）

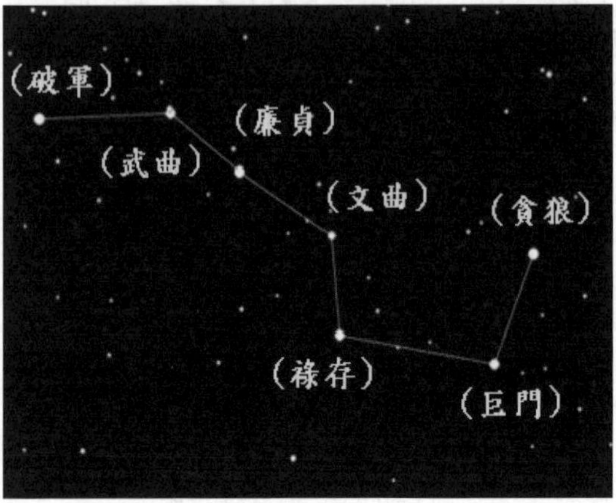

（南斗星宿）

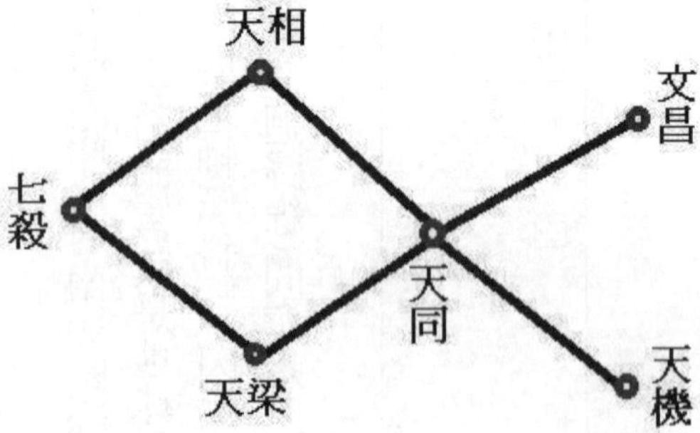

△紫微星系逆時鐘排列＆天府星系順時針排列的原理(老師個人見解)

紫微星系和天府星系的排法，只要略懂斗數的人都知道，但是爲何紫微星系逆排、天府星系順排，斗數界至今卻沒有人對此提出具體的邏輯推論和證據。而歷經多方考究後，老師終於解開其中的奧秘，所以這一小節也是我『冠元大師』所提出的獨家見解之一。在上一節我們將紫微星系與天府星系的實體星宿鉅細靡遺地一一詳述。

一方面，紫微星系與天府星系依照上一節所示，紫微星屬於北斗七星體系之龍頭，天府星則是南斗星宿體系的魁首。所以，欲知南北斗的順逆，需先從南北斗星之天體運行探討。

下圖爲地球自轉圖，而地軸以逆時針方向運行，所以當人地處地軸的北極端點，抬頭仰望北斗七星時，依地軸自轉方向可判斷北斗星空天體必爲逆時針運行。換言之，如果站在地軸的南極點仰望上空之南斗星宿，

（地球自轉圖）

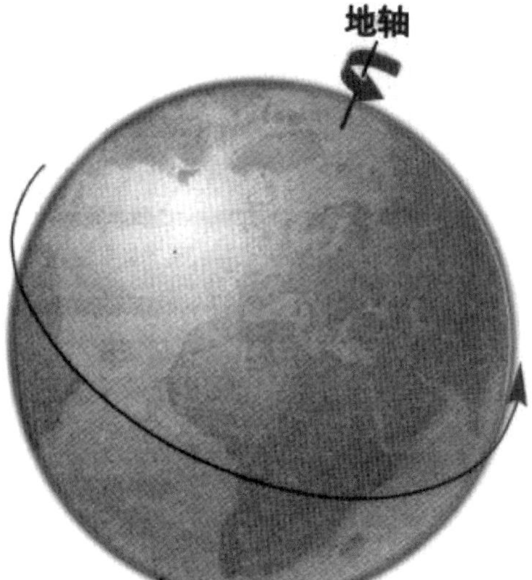

此時會因為南北半球立體空間正好相反的關係，所以地球的逆時針自轉，對於站在南極極點的人來說，卻反而變成順時鐘轉，因此，在南極點所仰望的南斗星宿與天體就會呈現順時鐘運行。故依此邏輯可得結論，代表北斗的紫微星系之排列應採用逆時針排列，而代表南斗星宿的天府星系應採用順時針排列。

不過，命理界另有一派說法，認為紫微星系逆排、天府星系順排的理由在於紫微斗數為道家學問，在陰陽學中強調陽順陰逆的說法，而紫微星的屬性為陰土，天府星的屬性為陽土，依照陽順陰逆的概念，紫微星系應逆排，天府星系則應順排，另一方面，斗數之所以取名為『紫微斗數』，亦有一說認為緣自於道家『尙陰』的思想，認為先有陰為始方有陽生，進而陰陽合萬物生，故將紫微星列為斗數之代表。

此外，老師認為，前幾小節所提到「紫微、天府永在斜對面，只有在寅申同宮」的情況也象徵了太極陰陽的概念，紫微為太極圖中的黑色區塊，天府則為太極中的白色部分，因此陰陽黑白涇渭分明，只有在寅申兩處，也就是立春立秋陰陽調和交會之時兩者才方有接軌。不過，眼尖與冰雪聰名的讀者一定質疑：「前兩頁的南北斗天文圖裡諸星俱備，但為何獨缺主角—紫微星」？理由在於，其實紫微星就是『北極星』所以不歸屬於北斗七星之中，而紫微星為帝宿，乃諸星之帝王，故論語有曰：「為政以德，譬如北辰，眾星拱之」。也恰如紫微星一動，列宿為此奔馳一般。

▲趣聞—從紫微斗數破解「天罡北斗陣」

談到北斗七星，武俠小說迷一定能馬上聯想到射鵰英雄傳裡，全真七子威震天下的成名陣法『天罡北斗陣』，小說中，全真七子憑藉天罡北斗陣與武功遠勝他們的東邪黃藥師鬥得旗鼓相當。不過後來黃藥師以北極星位爲立足點成功破解天罡北斗陣，獲得勝利。

那麼究竟爲何北極星位是破解天罡北斗陣的關鍵呢？首先，先探究北斗七星和北極星的關係，由下圖可知,北極星所處的位置正對七星杓口的天樞，與北斗七星相隔天樞、天權間距的五倍距離，而前幾章有提到「帝星動則列宿奔馳」，所以如佔據北極星位，則不論北斗陣如何周旋變化皆可以逸待勞，取得先機，同時北極星位也才不至於進入北斗陣的包圍圈而面臨腹背受敵的危險，而在氣勢方面，北極星爲紫微星，爲北斗之帝星，因此象徵意義上，其氣場也氣壓北斗諸星。當然這只是老師基於趣味心態所作的發想，以幫助讀者理解。

（北斗七星與北極星關係圖）

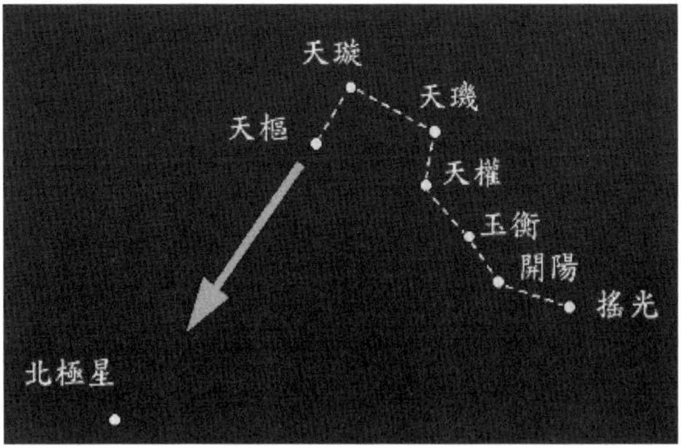

▲斗數十四主星間必然存在的關係

斗數中十四主星存在許多必然關係，透過這些必然關係，在論斷命盤時就可快速將命盤的結構了然於胸，並能快速分析一個人各方面的特質與處事性格。

1殺破狼永在三合宮位—任何命盤，七殺、貪狼、破軍三顆星，必然彼此相隔三個宮位，也就是永遠在彼此的三合方。並且此三顆星都有開創與衝刺的特質。

2府殺永遠對宮座—天府與七殺永遠在對宮互為表裡，所以天府座命的人性格中亦帶有七殺的特質，換言之，七殺座命的人，性格中也不失天府的特色。

3破相必為對宮座—破軍與天相必為對宮關係，故與府殺相同兩者互為表裡。

4但凡雙星組合必為紫微星系加天府星系—依紫微斗數排盤的規則，同樣星系的主星並不會同時有兩顆同宮，所以命盤中出現雙星的組合，一定是一顆紫微星系的主星加上一顆天府星系的主星知搭配組合，例如，紫微天府、武曲貪狼、天機太陰…等組合。絕對不會出現像紫微武曲、七殺天梁、太陽廉貞這種組合。

5命宮結構必分為殺破狼格和機巨同梁格兩種—任何命盤的命宮皆可二分為殺破狼格與機巨同梁格兩種結構，前者為動態格局，後者為靜態格局，而判斷訣竅在於，如若命宮與遷移宮內有殺破狼其中一顆星則此人命宮為殺破狼結構，反之，如果某人的命宮或遷移宮內有天機、巨門、天同、天梁其中之一，則此人命宮為機巨同梁結構。

▲身宮、小限、命主與身主

有關於「身宮、小限、命主、身主」部分，前面章節毫無著墨的原因在於經過老師實證，這四項論述實用性不高，在實務論命上已被我所棄，不過由於斗數古籍本就對於這四項論點有所記載描述，為表論述客觀，所以老師決定還是作相關講解，提供對這四項說法有興趣的讀者自行深入研究，也許其中另有天地也不無可能。

身宮—前面提到命宮的算法為以命盤寅宮為基準，順數生月後再逆數生時，而後所得的宮位就是命宮，而身宮與命宮互為陰陽，算法也與命宮恰好相反，身宮的算法是，從寅宮為起點，順數生月後再順數生時，所得的宮位即為身宮。而部份斗數學派認為命宮主要影響人的前半生運勢，而身宮則是影響人的後半生運勢，此外，北派斗數對於身宮有自成一格的論斷方法，北派斗數將命宮和身宮的主星組合列為每個人命宮的格局，不同命宮格局皆有不同的特色，但此論法只有北派斗數主張，至於是否準確見仁見智。

小限—據古籍記載，小限為論斷人某一年命運的依據，而小限的計算法為男順女逆：

「寅、午、戌年生的人辰宮起一歲小限」；

「申、子、辰年生的人戌宮起一歲小限」。

「巳、酉、丑年生的人未宮起一歲小限」；

「亥、卯、未年生的人丑宮起一歲小限」。

接著，如是男命，則從一歲小限的宮位順時針續排2歲、3歲…不斷延續。反之，女命則從一歲的小限宮位，逆時針續排每個歲數。

命主—命主的求法則是以北斗七星為基礎對應命盤，如左圖，以子宮為起點，依照貪狼、巨門、祿存、文曲、廉貞、武曲、破軍的順序向兩邊排列，稱之七星盤，而命宮所對應到的北斗七星就為命主，例如若命宮在辰，則此人的命主就是廉貞星。

（北斗七星）

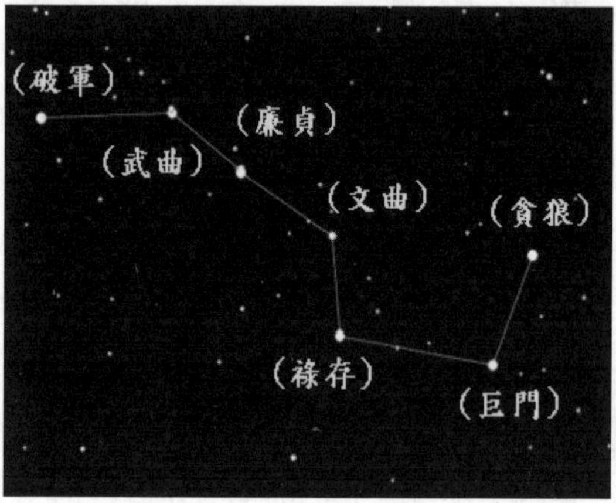

（命盤對應七星）

武曲 巳	破軍 午	武曲 未	廉貞 申
廉貞 辰			文曲 酉
文曲 卯			祿存 戌
祿存 寅	巨門 丑	貪狼 子	巨門 亥

身主—與命宮遙相呼應的是身宮，所以有命主，自然也就有「身主」與之呼應，而命主以北斗七星作爲陳列依據，理所當然身主必然以南斗星曜遙相呼應以表陰陽，唯一的差別在於身主對應命盤的星曜中捨去了七殺，改以火星做爲替代，並由命盤的子宮起依序按照「火星、天相、天梁、天同、文昌、天機」的順序排到巳宮，接著再依照同樣順序從午宮數回子宮，而命宮所在的宮對應到的星曜即爲身主，但有一說法認爲，應以命造

（南斗星宿）

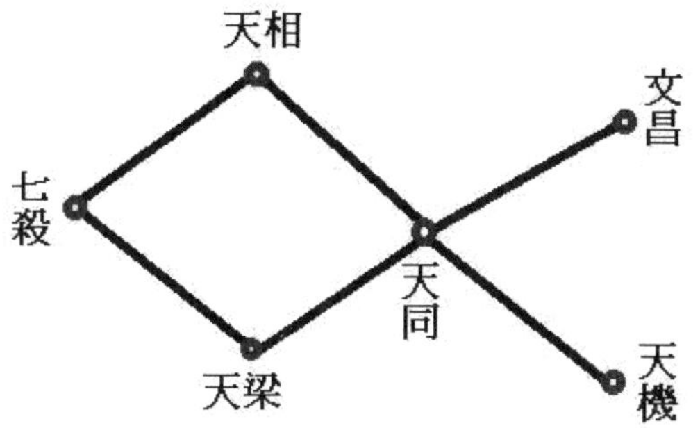

（命盤對應南斗星宿）

天機 巳	火星 午	天相 未	天梁 申
文昌 辰			天同 酉
天同 卯			文昌 戌
天梁 寅	天相 丑	火星 子	天機 亥

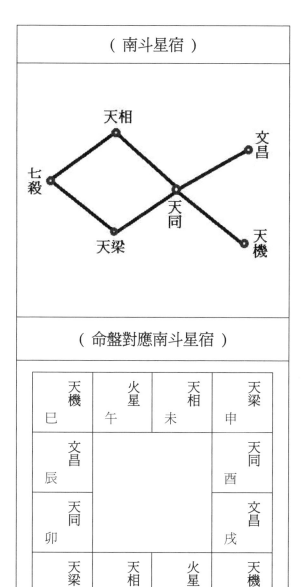

出生那年的地支所對應的宮位爲標準，例如甲午年出生的人，身主應該以「午宮」的星曜爲標準，而非以命宮所在的星曜爲標準。

小結：雖然，有一說爲身宮代表人後半生的命運，所以等於中晚年的第二命宮，但經老師實務驗證，即便不採用身宮，以大限來做爲人生各階段的命運，也能準確論斷，多加入身宮的操作變數，無疑畫蛇添足、庸人自擾罷了。至於小限的部分，如要論斷某一年的運氣吉凶，流年因直接使用該年度的地支宮位以及流年四化，所以準確度實務上要比小限來的準確。至於命主和身主，不論在三合派或者四化派皆極少有人運用於實務論命，即便不採用也不會影響論命準度，所以這四項論調，老師僅知而不用，但知識的創新與進步來自於突破傳統、顛覆舊有框架，所以如有企圖心想在這四項主張中發現新藍海的讀者，老師也樂觀其成，說不定你能發現更多傳統命理尚未發現的新大陸！

☆《斗數年干系星、月系星、日系星、時系星的排法》

斗數界的各門各派完全相同的只有紫微星系和天府星系的十四顆主星，以及「文昌、文曲、左輔、右弼」而已，雖然通常一定會包含六煞星，但是十八飛星學派就單單只用十八顆星而已，不包含六煞星，而重視星曜的門派有些動則百餘顆星，綜觀所有紫微斗數門派所用的星，多達一百零八顆，其中甚至還包含從八字學引入的「神煞」、「十二長生」，經常搞得想學習斗數的後進頭暈目眩，所以，本節老師將只對於在實務論命上有具體作用的星曜做詳述。至於其他駁雜或者近乎畫蛇添足的雜星，將僅帶過，而不多做描述與著墨。

此外，過去斗數有些門派為了讓初學者對於紫微斗數能快速上手，故而將紫微斗數的星曜分作「甲級星、乙級星、丙級星、丁級星、戊級星」五等級，但是卻產生極大的盲點，容易造成學習者誤以為『等級和重要度兩者為完全正相關』，但其實，實務上有太多人因為一些所謂的小星而一生從此慘淡變調，比方說「天刑星」被歸類為等級微不足道的小星，但有些人卻因為天刑半生苦心經營毀於一旦，甚至家破人亡。

所以，本章節老師僅對於十四主星外的星曜以年系星、月系星、日系星、時系星做為區別，並解說各星曜的排法與邏輯，而不將星曜以等級做為區分，以免讀者在學習星曜特性時過度重視或過於輕忽某些星曜的影響力。

▲年干系星排法

顧名思義，年干系星和年支系星，就是依據出生時生年的天干和地支,作爲排算依據的星曜，其中年干系星又以祿存、擎羊、陀羅最爲重要。

(1)安祿存星法—祿存是年干系星，如左圖所示，『甲年生的人祿存在寅宮、乙年在卯宮、丙在巳、丁在午、戊在巳、己在午、庚在申、辛在酉、壬在亥、癸在子』。那麼這排法有何邏輯根據？

答案如右圖所示，甲和乙屬於東方木，而十二地支中寅卯也是東方木，所以甲乙年的祿存就會安置在寅卯兩宮。至於辰戌丑未爲中央土，但斗數沒有中央宮位，故土寄於四方屬土的宮位。

但眼尖精明的讀者一定會問:「可是大師，丙丁年爲南方火，所以配在同樣屬火的巳午兩宮這完全可以理解，但爲何戊己兩年明明按照右圖是中央土，卻同樣算在屬火的巳午兩宮」？

（天干方位圖）

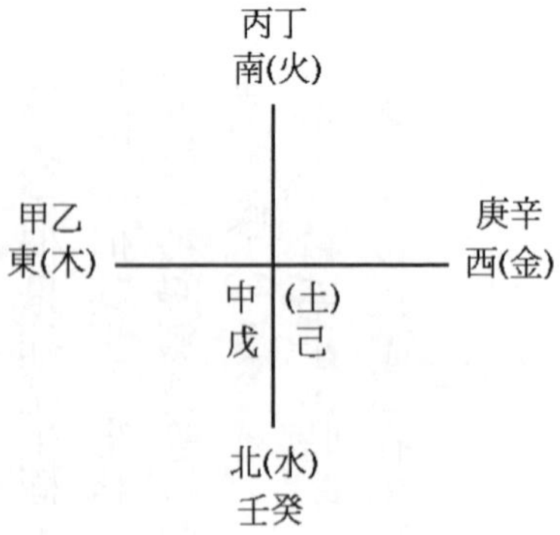

（祿存宮位圖）

祿存 丙、戊	祿存 丁、己		祿存 庚
			祿存 辛
祿存 乙			
祿存 甲		祿存 癸	祿存 壬

如果你能想到這問題，表示程度不錯！那麼爲何戊、己這兩個屬於中央土之年的祿存要排在巳午兩宮？其邏輯依據在於，如前所述，紫微斗數沒有位於中間的宮位，自然也沒有所謂的中央土的位置，如果寄放到辰、戌、丑、未四宮，則又會因爲四宮無法平分兩年而產生問題。因此，命理上就運用了『子尋其母』的邏輯，既然沒有中宮，而五行的關係中火又生土，所以土爲火之子。所以就讓土寄在其母『火』的宮位中，就能將這難題迎刃而解！而剩下的祿存排法，和前述的邏輯一致，庚辛兩年五行屬金，所以安置在同屬金的申酉兩個地支，而壬癸兩年則屬水，故壬癸兩年的祿存就座落在屬水的亥子兩宮位。

(2)安擎羊、陀羅法—接著，一旦知道祿存的排法則必然可以順便排出擎羊和陀羅兩顆星，因爲擎羊星必在祿存星的前一宮，陀羅星則必在祿存的後一宮，因爲祿存的特質有如財寶，而擎羊與陀羅就好像守護財寶的護衛與保鑣，所以兩者必在祿存的前後以阻擋防衛賊兵的來襲，故如果祿存在寅宮，則擎羊必在卯宮，而陀羅必在丑宮，而祿存如在午宮則擎羊必在未宮、陀羅必在巳宮，但因祿存絕不會出現在辰戌丑未四宮，所以擎羊也絕不可能出現在寅申巳亥這四個宮位，而陀羅也絕不可能出現在子午卯酉的四正位。此外，擎羊又有一個稱呼叫做「羊刃」意爲宰殺羔羊之刃，所以擎羊與陀羅雖同爲保鑣，但擎羊主殺傷所以性質比較接近帶刀殺敵的護衛，陀羅則較接近以防禦爲主力的盾牌兵。

(3)**安天魁、天鉞訣**——天魁和天鉞爲貴人星，天魁主陽貴人、天鉞主陰貴人，天魁又同時表示男性貴人，天鉞則表示女性貴人，其安法與口訣爲：

「甲戊庚牛羊，乙己鼠猴鄉；六辛逢馬虎，壬癸兔蛇藏；丙丁豬雞位。」

意思是出生年干爲甲、戊、庚時天魁排在「丑」(牛)、天鉞排在「未」(羊)，出生年干爲乙、己年，天魁在「子」(鼠)、天鉞排在「申」(猴)。年干逢辛時，天魁在「午」(馬)，天鉞則在「寅」(虎)。而年干爲壬癸、時，天魁在「卯」(兔)，天鉞則在「巳」(蛇)。最後如果生年爲丙、丁時，天魁在「亥」(豬)，天鉞則在「酉」(雞)。

由於天魁與天鉞是貴人星的緣故，因此兩者永遠不會出現在辰戌丑未四宮，理由在於辰戌丑未爲四墓地，貴人不受困於墓地困地。此外，凡命帶魁、鉞者四十歲後必須當他人之貴人，運途方能順遂。不過，斗數界許多門派認爲天魁和天鉞的影響力太小，所以有些門派甚至直接忽略不計，因此魁鉞的實質效用如何見仁見智，立志想追根究底的讀者，可自行深入研究。

(4)安天官、天福訣─

天官：「甲年在未、乙年在辰、丙年在巳、丁年在寅、戊年在卯、己年在酉、庚年在亥、辛年在酉、壬年在戌、癸年在午」。

天福：「甲年在酉、乙年在申、丙年在子、丁年在亥、戊年在卯、己年在寅、庚年在午、辛年在巳、壬年在午、癸年在巳」。

(5)安生年博士十二神訣─任何命盤都是以祿存星所在的宮位起『博士星』，而排列方式爲『陽男陰女順行、陰男陽女逆行』。何謂陽男陰女、陰男陽女？係指以出生年天干爲分類標準，如果是屬陽天干之年出生的男女，就稱做陽男陰女，而排列順序爲奇數的天干爲陽天干，排列順序爲偶數的天干爲陰天干。所以，「甲、丙、戊、庚、壬」這五年出生的男女，就是陽男和陰女。而「乙、丁、己、辛、癸」這五年出生的男女，則爲陰男和陽女。然後確定好命主性別的陰陽屬性後，尋祿存星起博士星，並依順序排列：

一、博士　二、力士　三、青龍　四、小耗　五、將軍　六、奏書

七、飛廉　八、喜神　九、病符　十、大耗　十一、伏兵　十二、官符

博士十二神星雖然看似陣容龐大，但是實際上在斗數的份量並不高，據老師個人經驗，大約只有喜神、病符、大耗、官符具有些影響力，其餘幾乎可忽略不計，許多門派甚至直接將其排除，以避免擾亂論命時的重心。所以在十二神部份老師也只略為提及，不做深入著墨。

▲年支系星排法

而有年干系星，自然也就有依據生年地支所排列的「年支系星」。

(1)**安天哭、天虛訣**—安天哭、天虛是以出生年的地支爲排盤依據，以午宮爲起點當作地支的子，逆時針數到出生年支安天哭。天虛則是順時針數到生年支，其口訣爲：

「**天哭天虛起午器，午宮起子兩分；哭逆行兮虛順轉，數到生年便停留**」。

舉例來說，如果有一人爲戊辰年出生，排天哭、天虛的方法就是以命盤的午宮爲起始點，由於此人是辰年出生，所以將午宮當成十二地支的第一位『子』，逆時針數到辰，也就是第五位爲『寅宮』，故此人的天哭就座落在寅宮，同理，從午宮順數五位就是天虛座落的宮位，也就是『戌宮』。

(2)**安龍池、鳳閣訣**—排龍池、鳳閣的方法爲從辰宮起子順數到生年地支安龍池。另從戌宮起子逆數到生年地支安鳳閣。其排法得邏輯口訣爲：

「**龍池自辰宮起子，順行生年支安之。鳳閣自戌宮起子，逆行本生支安之。**」

舉例來說，如有一人爲己卯年出生，則需以命盤辰宮起十二地支的子，再順數到卯也就是第四位，可得知龍池會座落在「未宮」。換言之，欲知鳳閣，則需從戌宮當起點起子，逆時針數到第四位，可得知鳳閣也座落於「未宮」。

(3)安紅鸞、天喜訣—紅鸞星的排法原理為從卯宮起子逆數生年地支，天喜星則永在紅鸞之對宮，所以一旦求出紅鸞，天喜也就自然而然呼之欲出，而安紅鸞、天喜的口訣為：

「卯上起子逆數之，數到當生太歲支；坐守此宮紅鸞位，對宮天喜不差移」。

(4)安孤辰、寡宿訣—孤辰、寡宿兩顆星為陽孤星與陰孤星，故孤辰對於男性較為不利，寡宿對於女命較為不利。而安孤辰、寡宿的口訣為：

「寅卯辰年生人安巳丑宮，巳午未年生人安申辰宮；申酉戌年生人安亥未宮，亥子丑年生人安寅戌宮。」

舉例而言，如一人甲辰年生，則孤辰在巳、寡宿在丑，並由上述口訣的關係可得知孤辰寡宿兩星永在三合方，故兩星絕不可能同時在同一宮。

(5)安蜚廉訣—蜚廉星的排盤口訣為：

「子丑寅年者申酉戌，卯辰巳年者巳未午；午未申年者寅卯辰，酉戌亥年者亥子丑」。也就是出生年地支為子、丑、寅者，蜚廉星分別在(申、酉、戌宮)。而出生年地支為卯、辰、巳者，蜚廉星分別在(巳、午、未宮)。出生年地支為午、未、申者，蜚廉星分別在(寅、卯、辰)宮。出生年地支為酉、戌、亥者，蜚廉星分別在(亥、子、丑)宮。

(6)安破碎訣－「子午卯酉年生安巳宮，寅申巳亥年生安酉宮，辰戌丑未年生安丑宮」。也就是，如果一命造是甲子年出生，則依口訣，此人的破碎安置於巳宮。

(7)安天才、天壽訣－天才星，顧名思義，與才華頭腦有關，通常天才星入命者，只要命宮主星與四化的結構不差，一般多少俱備才華與才能。而天壽則主身體健康方面之助力。而兩者之排法口訣爲：

「天才由命宮起子，順數生年安置之。天壽由身宮起子，順數生年安置之。」

舉例來說，如一命造民國八十九年己卯年出生，命宮在辰宮，則需從辰宮起子，順時鐘數算到卯，也就是第四位，最終可得天才星在未。同時如法炮製，從此人的身宮也順時針數四位，就能得到天壽所座落的位置。

(8)安天馬星訣－天馬星是斗數中影響出外的小星，雖是小星但影響力不容小覷，而天馬星的排法，主要有二，一是以出生年的年支爲排盤依據，稱之爲命馬，其二是以出生月份的月份地支爲排盤參數，稱之爲月馬，部份斗數門派以命馬做爲命盤中的天馬星。而有些門派則以月馬當成命盤的天馬星。但老師所使用的天馬星以命馬爲主，而不使用月馬，所以，將天馬星寫在年支系星這一節，而天馬星的排盤口訣爲：

「寅午戌年馬在申，申子辰年馬在寅；
巳酉丑年馬在亥，亥卯未年馬在巳」。

而以上口訣運用的是地支三合的原理，因爲寅午戌三個地支彼此在三合方，並且三合五行爲火。接著，申子辰三個地支爲一組三合，其三合五行爲水。然後巳酉丑三個地支也爲一組三合地支，其三合五行爲金。最後，亥卯未這組三合地支的屬性則爲木。

而三合地支，第一個一定是『寅申巳亥』四馬位的地支，第二個一定是『子午卯酉』四正位的地支。而第三個地支一定爲『辰戌丑未』四墓地的地支。而依照口訣，很明顯可以歸納出，任何一組三合地支，他的天馬一定是在那一組第一個地支的對宮。例如出生年是寅年、午年、戌年的人，天馬星一定在第一個地支『寅的對宮』，也就是申宮。月馬亦然。同理可證，凡是出生地支

（天馬、息神、華蓋的關係）

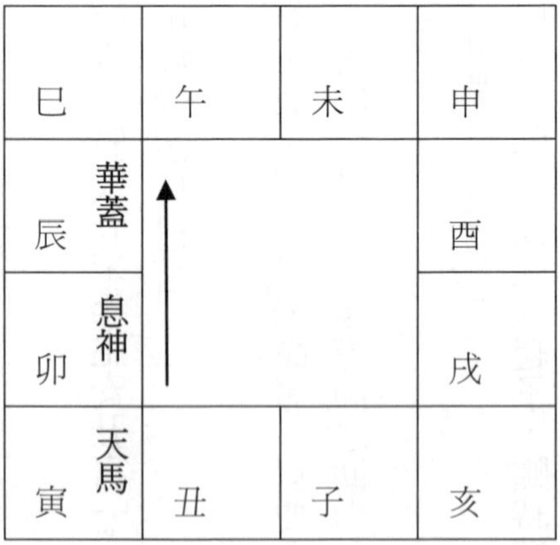

（天馬星排盤邏輯）

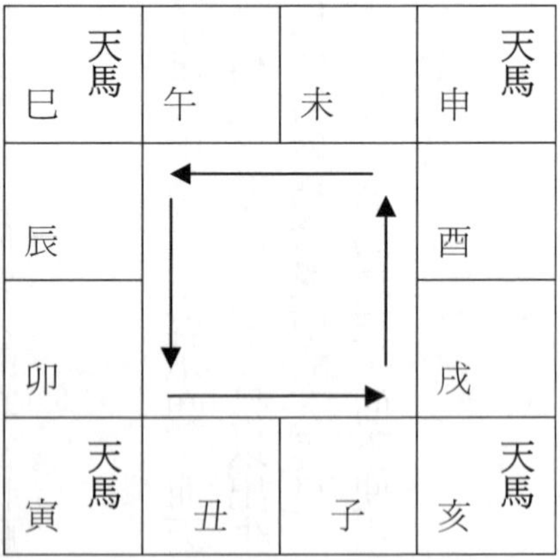

爲申、子、辰三年的人，天馬星一定在寅。而巳、酉、丑三年出生的人，天馬星則必在亥。最後亥、卯、未三年出生的人，天馬星則必在巳。

但地支三合，對於剛接觸命理五術的讀者，會感到丈二金剛摸不著頭緒，所以老師將天馬星的排法，用最簡單易懂的方式做歸納，依照上頁右圖所示，天馬星只會出現在寅申巳亥這四個四馬地宮位，而欲知某個地支年的天馬在何處，可以用十二宮的『寅宮』爲十二地支的子當起點，依照箭頭逆時針數到你的出生年地支就能求出天馬星所在的位置。所以假設有一人是甲午年出生，那麼就從寅宮開始起子逆時針在寅申巳亥四宮輪流算到午爲止。依序最後會落在申宮，所以甲午年出生者，天馬星在申宮。

◎天馬、息神、華蓋永在彼此順位

歸納每張命盤，可發現一個有趣的現象，如上頁左圖所示，任何人天馬的順時針一位一定是息神，然後息神再下一位一定是華蓋，所以只要求出天馬的位置後，就能順理成章一併求出息神和華蓋。故可歸納結論：天馬永在四馬地、息神永在四正位、華蓋永在「四墓地」。

▲月系星排法

所謂月系星，顧名思義是以出生月份爲排盤依據的星曜，其中又以左輔、右弼最爲重要，其次是天刑、天姚和陰煞。至於剩下小星僅供參考即可。

(1)安左輔、右弼訣－左輔星的安法爲從辰宮起一月，然後順時鐘數到生月安置左輔星，右弼則以戌宮爲起點起一月，逆時針數到生月即爲右弼星所座落的宮，古籍口訣爲：

「左輔正月起於辰，順逢生月是貴方；
右弼正月戌宮尋，逆至生月便停留。」

所以農曆六月出生的人，以辰宮起正月，順數後，左輔就會在酉宮，而右弼從戌宮起一月逆數後右弼就會在巳宮。此外左輔和右弼的起點以辰宮和戌宮相對遙相呼應，而因爲左輔名稱帶左字，因此很自然起點位於左邊的辰宮，所以右弼也很自然的居於右邊的戌宮。然而如果讀者對於左輔順排、右弼逆排有時會搞混，可以統一以『往上排』做記憶，可化繁爲簡提高記憶效率。

（左輔、右弼排盤邏輯）

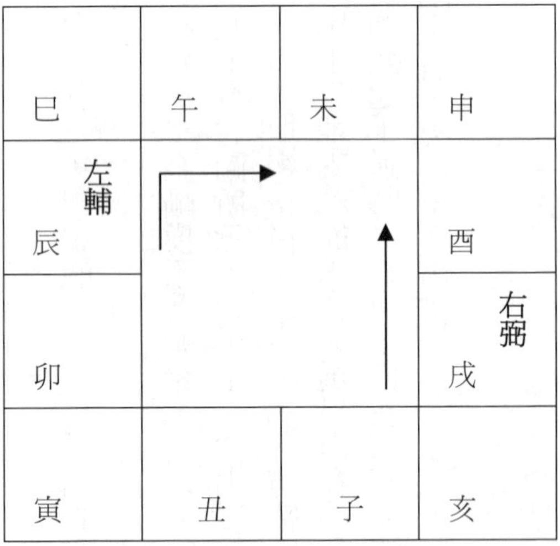

(2)安天刑、天姚訣—天刑星爲業力星，也是導致官非、刑訟的重要觸發因素，在斗數中被歸類爲陽宮的業力星，所以天刑古稱陰宮的業力煞，而後面將提到的陰煞則爲陽宮的業力煞。此外，在紫微斗數的古籍「紫微斗數全書」中經常提到「刑」這個字，多數人經常以爲指的就是天刑，其實不然，紫微斗數全書中所謂的刑指的是「化氣曰刑的擎羊星」。有心研究古籍的讀者要留意此細節，以免張冠李戴。而天姚，則爲斗數中的笑星之一，同時也帶有桃花的特質，有關天刑、天姚兩顆星排法的口訣爲：

「天刑從酉起正月，順至生月便安之；天姚丑宮起正月，順到生月便停留」。

也就是，如果命主八月出生，則從酉宮順數八宮，最後天刑會座落於辰宮，接著以丑宮爲起點也順數八宮，最後天姚就會出現在申宮。並且歸納所有命盤，天刑和天姚必然在彼此三方，而三合方的空宮稱之爲刑姚本方，有些書籍則稱之爲「死神位」。既然稱爲死神位，多半將引起有關生離死別的情事，但死神位的說法，僅是一說，是否百分之百完全成立，除了考量每個人自我的奮鬥之外，仍需考量命盤中各大限的條件，因此有關死神位，僅供參考。

而天刑星最好避免和廉貞、巨門、太陽、文昌、文曲等星在一起並遭逢化忌，否則容易刑杖難逃、官司纏身。而天姚則避免與貪狼、廉貞、咸池等星一起遭逢化忌，將容易遭遇桃花劫或感情糾紛。

(3)安陰煞訣—陰煞為陽宮的業力煞，在陰為邪祟、在陽為小人，不喜遇廉貞、巨門等駁雜陰暗之星。而陰煞的排法則是所有月系星中最簡單的，其口訣為：

正七兩月陰煞寅，
二八兩月陰煞子；
三九兩月陰煞戌，
四十兩月陰煞申；
五與十一座落午，
六及十二安於辰。

也就是正月和七月生的人陰煞在寅宮，二月、八月生的人陰煞在子宮。三月、九月生的人陰煞在戌宮。四月、十月出生的人陰煞在申宮。五月和十一月生的人陰煞在午宮。最後六月和十二月出生的人則陰煞在辰宮。而由於陰煞只會出現在屬陽的地支宮位，故只會出現在子、寅、辰、午、申、戌六宮。

很多門派將陰煞歸類在丁級星以下微不足道的層級，但實務上陰煞雖成事不足，卻敗事非常有餘，嚴重時甚至可讓人終生精神錯亂，所以不可不慎防。

(4)安解神訣—解神的安法，古有記載：

「正二解申三四戌，五六解子七八寅；九月十月解在辰，十一十二在午宮」。

意即解神一、二月生者在申宮，三四月生者在戌宮，五六月生者在子宮，七八月生者則在寅。九、十月出生的人解神在辰宮，十一、十二月生者則在午宮。

(5)安天巫訣—天巫星的安法與其他月系星有所不同，依據的是出生月之地支爲排星的依據，而非以月份爲安星原則，安天巫星的口訣如左：

「寅午戌月在巳宮，申子辰月在寅宮；巳酉丑月在亥宮，亥卯未月在申宮」。

(6)安天月訣—天月的排法和陰煞一樣沒有太複雜的技巧，安排天月星的口訣爲：

「正月在戌，二月在巳，三月在辰；四月在寅，五月在未，六月在卯；

七月在亥，八月在未，九月在寅；十月在午，十一月在戌，十二月在寅。」

但由於解神、天巫、以及接下來要談到的天月星都是屬於多數斗數門派在實際論命時幾乎不會用到的雜星，所以本書在這三顆星的部分就不做深入的介紹，僅提供粗略排盤與概念。這部分讀者可以單純當成斗數的其中一環常識，或者額外研究的題材。

▲日系星排法

斗數的日系星並不多，對於紫微斗數稍有了解幾乎都知道，斗數中「日」的影響力遠不及年、月、時，就連排盤時，也只有排定紫微星有用到生日的條件，其餘大多取決於年、月、時。而在星曜方面亦然，日系星的數量及重要性也少於其他種星曜。因此，紫微斗數與八字最大的決定性差異除了使用曆法的不同之外，就屬對於『日』的重視程度有著截然不同的差異，在八字裡，日的天干地支稱爲日柱，直接代表命主本人，其重要度近似紫微斗數中的「命宮」。因此相較斗數，日在八字的地位遠超斗數。因此，未來老師希望在有生之年能研究出補足斗數對於日的著墨過少的改良理論。

而斗數中的日系星有三台、八座，以及恩光、天貴。接下來介紹它們的排法。

(1)安三台、八座訣—要安三台、八座首要任務戌找出左輔、右弼的位置，它們的口訣爲：

「三台從左輔上起初一，順行至本生日安之。

八座從右弼上起初一，逆行至本生日安之。」

舉例來說，如果一人左輔在左輔在辰、右弼在戌，而且此人生日爲初五，那麼他的三台便是以辰宮起算初一，順時針數五宮，最後座落在「申宮」。而八座則是以戌宮當初一起算，逆時針算五宮，最後座落於午宮。

而三台、八座這組星曜屬性比較特殊，兩者好似汽車與輪胎，分開來缺其一皆爲廢物，道理如同仙劍奇俠傳中的女媧後人跟水靈珠一樣，沒有女媧後人，水靈珠也等於廢物。所以三台、八座同在一宮力量最強，再來是兩者互在對宮或者三台、八座夾重要宮位，而最低標準則是兩星至少要在三方之中，如果兩顆星分開則無任何幫助。

(2)安恩光、天貴訣—前面的三台、八座排盤依據的基準是左輔和右弼，而恩光和天貴則是以文昌、文曲做爲排盤基準，只是規則有點與眾不同：

「文昌順數到生日，退數一步是恩光；文曲順數到生日，退數一步天貴揚」。

也就是，恩光的排法除了要從文昌所在得地方起初一，順數到生日後，還要在往後退一宮在是恩光的位置。而天貴則是以文曲所在的宮位爲初一，順數到生日，並且也同樣要往後退一宮才是天貴的位置。但日系星在斗數中幾乎不具影響大局的力量，所以日系星的部分在斗數中影響力幾乎可以不計。

▲時系星排法

紫微斗數的時系星包含「文昌、文曲」,「火星、鈴星」,「地空、地劫」以及「台輔、封誥」,前三組在斗數中影響甚鉅,甚至在傳統三合門派,將文昌、文曲列在七吉星中,並將火星、鈴星、地空、地劫納入六煞星的行列之中,而但凡時系星都有瞬間發生,令人出乎意料、防不勝防的性質,接著本節就對於這四組時系星排法做鉅細靡遺的介紹。

(1)**安文昌、文曲**—而文昌、文曲的安法爲,文昌以戌宮爲起點起子時,逆數到出生時辰就是文昌所在的位置,而文曲則是由辰宮起子時,順數到生時就是文曲的所在位置,而看了下面這張文昌、文曲的排盤邏輯圖各位讀者是否有似曾相似的感覺?沒錯,因爲文昌文曲的排列邏輯與左輔右弼幾乎完全一模一樣,差別只在一個以生月爲推算標準,一個以生時爲推算標準,因此同樣爲避免讀者在記憶時將左右排列方向記錯或搞混,所以文昌文曲與左輔右弼在排列時一律記成「往上排列」最爲省事。

(文昌、文曲排盤邏輯)

巳	午	未	申
文曲 辰	→	↑	酉
卯			文昌 戌
寅	丑	子	亥

而文昌、文曲的排盤口訣爲：

「戌上起子安文昌，逆到生時是貴鄉；文曲星從辰上起，順到生時是本鄉」。

(2)安火星、鈴星訣—火星和鈴星的排法比較複雜，嚴格來說，火鈴兩顆星並非純時系星，因爲它們的排法需同時考量生年以及生時，從排盤口訣就可知其複雜度：

寅午戌年丑卯起，申子辰年寅戌揚；
巳酉丑年卯戌始，亥卯未年酉戌裝；
再從始處來起子，順至生時是炎鄉。

也就是，欲求火星與鈴星的排盤起點，必先要知道命主的生年，舉例來說，民國八十八年己卯年寅時出生的人，依照口訣「亥卯未年酉戌裝」推定，火星應從酉宮爲起點起子時，順數到寅時，也就是亥宮安置火星。接著，再從戌宮爲起點起子時順數到寅時，最後鈴星就會座落在「午宮」。因此，火星、鈴星可謂排盤公式最爲繁雜的一組星。所幸現代排盤幾乎都透過電腦程式，才不致造成論命者困擾。最後順帶一提，有些門派會將火星稱爲「炎星」。

(3)**安地空、地劫訣**—地空、地劫這組星又稱做空劫，而其中的地空星有些派別會稱之爲「天空星」，但其實在紫微斗數中另有一顆星爲天空星，所以真正的稱法以「地空」爲準較爲正確。而地空、地劫的排盤口訣較爲簡單：

「亥上起子順安劫，逆去便是地空鄉」。

也就是以亥宮爲出發點定爲子時，然後順數到生時安置地劫，同時逆數到生時就是地空的所在。也就是如果卯時出生的人，以亥宮起子，順數到寅宮就是地劫的位置。而逆數到申宮就是地空的所在地。所以按此排盤邏輯，地空、地劫只有在亥宮和巳宮才會同宮，亦即子時和午時出生的人必爲空劫同宮，所以子時和午時出生的人，最忌命宮同時也在亥宮和巳宮，因爲如此一來就導致地空、地劫同時入命，徒增人生波折罷了。此外，如果命宮在巳宮和亥宮，依照空劫的排盤邏輯，丑時、巳時、未時、亥時也能形成空劫夾命的盤相，空劫夾命的殺傷力相較於空劫同時在命有過之而無不及。因此，未來有志成爲命理師的讀者，在挑選剖腹產時辰的時候，如果恰巧要挑命宮在巳亥兩宮的命盤時，絕對要避開地空地劫座命、夾命、照命的時辰，否則將可能悔之莫及。

(4)安台輔、封誥訣—台輔背後的意義，爲登台與輔佐，所以延伸在事物上等於是獎牌、勳章、獎狀等幫襯輔助個人名聲的物品，而封誥二字，古時候帝王獎賞官員大多以封賞、封爵爲獎勵，而古代對於女性的封賞稱之爲「誥命」。所以台輔和封誥兩顆星，本質帶有得獎、得名、榮譽的內涵。而台輔封誥的排盤口訣如左所示：

「台輔星從午宮起，順至生時是貴鄉；封誥寅宮來起子，順到生時是貴方」。

所以台輔的排法以午宮起子時，再順數到生時即爲台輔的所在位置。接著封誥以寅宮爲起點起子時，順時針數到生時就是封誥的所在宮位。

▲安十二長生神

十二長生的順序分別是：「長生、沐浴、冠帶、臨官、帝旺、衰、病、死、墓、絕、胎、養」共十二個。而他們的排盤邏輯是依據命宮的五行局而定。而為何將十二長生獨立出一個專節進行討論？理由在於，十二長生其實並非紫微斗數原有的產物！而是從八字所引進的神煞，例如長生、帝旺、墓、絕，不僅是八字中的地支間的五行概念，甚至在文王卦中也採用此關係，只不過八字有些門派主張火土共長生，而有些八字門派和文王卦主張水土共長生。所以，八字神煞在斗數命盤的作用力究竟是舉足輕重還是微不足道，由於無法具體數據化，所以實際影響力也就不得而知。但不可否認十二長生仍受到部份斗數學派的擁護，並且其中沐浴普遍對於桃花事件的推論仍有其價值，故不免俗的仍要對其排盤邏輯與口訣做介紹。

水二局者長生申，
木三局者長生亥，
金四局者長生巳；
土五局者長生申，
火六局者長生寅。

而排十二長生的方法，就是在求出命宮的五行局後，依照命主的五行局，按口訣找出長生所在的宮位，依序排列「長生、沐浴、冠帶、臨官、帝旺、衰、病、死、墓、絕、胎、養」，至於如何決定應順時針排還是逆時針排？訣竅在於視命主是『陽男陰女』還是『陰男陽女』，如果是陽男陰女則順排，陰男陽女就逆排。

此外，從上頁口訣中就不難發現八字的影子，因爲口訣中將水二局和土五局兩者的長生都安於申宮，間接呼應某些八字學派和文王卦「水土共長生」的主張，而依照某些八字學派與文王卦的主張，十二地支五行間彼此的關係爲：

	長生	帝旺	墓	絕
水、土	申	子	辰	巳
木	亥	卯	未	申
火	寅	午	戌	亥
金	巳	酉	丑	寅

註:（觀察力敏銳的讀者一定會發現，每種五行的長生、帝旺、墓三者其實就是該五行的地支三合，而每個五行的長生位恰好就是地支的四馬位，而帝旺則視四正位，墓則一律是辰戌丑未四個墓庫位。而絕的位置則處於每個五行墓位的下一個地支。）

▲安其他星曜

斗數中有些星曜的特性既與時間特質無關，也與其他命理數術無交集，且排盤方式特殊，所以老師將它們統整為一節一併解說。

(1)**安截路空亡訣**—「截路空亡」部份門派稱之「截空或截路」，而截空的性質星如其名，性質為空，會將所在宮位的特性清空，所以一般最喜截空在疾厄宮，最不喜在命、財、官、田、夫。而截空的排盤口訣為：

「甲己之年申酉空，乙庚之年午未空，丙辛之年辰巳空；丁人之年寅卯空，戊癸之年子丑空；福祿災劫如夢空。」

也就是按此邏輯。甲年出生的人截空在申，己年出生的人截空在酉。

(2)**安天傷、天訣**—基本上這兩顆星的排盤法應該是斗數所有星中最簡單的，因為天傷、天使的排盤口訣非常簡要：『天傷永在奴僕宮、天使永在疾厄宮』。至於這兩顆星老師在實際論盤時並不使用，僅僅是因本書的完整性考量才提及，所以有興趣的讀者可自行深入研究這兩顆星有何實務價值？

(3)安旬中、空亡訣—斗數中的旬中、空亡其實就是一般命理中十天干配十二地支所產生的空亡位，而斗數中對於旬中、空亡雖然有設計口訣，但實用性不高，爲何老師會如此評論？首先先來看旬中空亡的口訣：

甲子旬中戌亥空，甲戌旬中申酉空，甲申旬中午未空；甲午旬中辰巳空，甲辰旬中寅卯空，甲寅旬中子丑空。

而這一連串口訣的意思是，只要是在甲子旬中的天干地支組合，一律是戌亥兩宮空亡，那麼何謂甲子旬呢？意思就是從甲子起算，算到十天干全用完一輪爲一旬，稱甲子旬。而「甲子旬」爲：『甲子、乙丑、丙寅、丁卯、戊辰、己巳、庚午、辛未、壬申、癸酉』，此時十天干已輪完一輪，剩下的地支就是「戌、亥」所以甲子旬空戌亥。所以但凡出生年在甲子旬中的人，空亡位必在戌亥兩宮。所以旬中、空亡也必在戌亥。

同理可證，如果是「甲戌旬」的天干地支組合爲：『甲戌、乙亥、丙子、丁丑、戊寅、己卯、庚辰、辛巳、壬午、癸未』，而空亡在申酉兩宮。所以凡是以上十年出生的人旬中、空亡必在申酉兩宮。

但詳述至此你是否已感到頭昏腦脹？但⋯⋯六十甲子我們現在才介紹了二十個而已。

如果按照傳統的口訣這樣教下去，還沒背完讀者已經先像西毒歐陽鋒一樣背到發瘋，最後頭下腳上逆練紫微斗數。因爲傳統的口訣的重大缺點在於，如要真的將口訣實用在排盤上，首先你必須先把六十甲子的六個旬順序完全背起來，除此之外，還必須熟悉到清楚明瞭每個天干地支組合屬於哪一旬，光要將這些全部背起來，無疑是個費力的大工程。而中國人社會以往教育最大的弊端就在於只訓練學生死讀書、死背死記公式，而不考學生思考、理解以及邏輯推理，以至於台灣的教育很少能培養出天才或奇才型的人物。

老師認爲任何學問，只要講不出爲什麼都叫「假會」，如台灣的數學考試大多是考學生能否記得公式並算出答案，但如果是老師來出題，一定專門出那種可以翻書的試題，但是即便是翻書，只要你沒有真懂。一定寫不出來，甚至比起答案，我會更重視學生寫答案的推論邏輯，否則怎麼知道學生算出某個答案，究竟他是真懂？還是只是將公式背熟、題目做熟，實際上連這些數學理論的爲什麼如此都說不出來。就連歷史，我們的考題永遠只會聚焦在某某事件發生在哪一年、賠款多少錢上，而不考學生對於歷史人文背景與史觀的思考與分析。

言歸正傳，所以仔細將六十甲子的空亡位做分析後，就可歸結出有跡可循的數學規律，並且只要理解其數學邏輯後，任何天干地支的組合都能輕易的算出它的空亡位，而不用一一死背，接下來老師就教給各位空亡位的邏輯破解法：

（ 求空亡位之方法 ）

範例 1

己巳	庚午	辛未	壬申
戊辰			癸酉
丁卯			戌
丙寅	乙丑	甲子	亥

(講解):

爲何甲子旬空亡是戌、亥呢??理由就如上圖所示，從甲子排起，一路排到癸結束，就會發現戌跟亥沒有天干可以配了，因爲地支有 12 個，永遠比天干多出 2 個，所以在第一個十天干巡迴「甲子旬」中，就會空出戌亥兩個沒有天干可以搭配的地支，所以甲子旬空戌亥的邏輯就是由此而來。

範例 2

(巳)	午	未	申
(辰)			酉
癸卯			戊戌
壬寅	辛丑	庚子	己亥

(破解法):

所以，了解空亡的原理後，就能破解它的邏輯，不用死背也能在知道任意一組天干地支後，就能知道它的空亡位。

舉例來說~假設一人戊戌年出生，要怎麼知道他的空亡是什麼呢??這時只要如上圖在戌的地支塡上天干戊，然後慢慢排到最後的癸，就會知道沒有天干可配的一定是(辰)和(巳)，所以戊戌年出生者空亡在辰和巳。

☆《十年大限、流年、斗君》

「時間」是命理中的重大要素，因爲命運必定關乎運程，深入來說，命運的構成除了人的本質之外，時空背景、時間點、時機點以及壽命長短都大幅影響命運與人生，所以命運兩字的意思就是『命』＋『運』，而「命」指的是一個人本身的基本特質、與生俱來的特性，而「運」指的就是隨著時間演進，人生的吉凶變化。以股票來做比喻，命就像一間公司的基本面和基本盤，擁有多少資本額、硬體、人力資源、專業，一開始大方向便已決定，而「運」則就像一間公司的未來的發展趨勢與經營變化，以及隨著時間所反映的股價漲跌。

所以紫微斗數，除了反映一個人天生基本盤的命盤之外，進一步將每個人的人生以十年分成一個階段，稱之爲「大限」，並且十二宮的每一宮都總管人生某個十年階段的運氣。而爲了抽絲剝繭鉅細靡遺的探討人生每一年，乃至每個月、每一日的詳細命運，紫微斗數仍可深入排出流年盤、流月盤、流日盤。

經營人生也和經營企業相同，企業體質好基本面佳，固然贏在起跑點較他人有較多的籌碼，但不論企業及股票，可貴之處在於未來前景以及未來的獲利發展，正如股票一般，基本面好與體質佳的股票大多僅是股價四平八穩，真正能大漲的股票都是未來前景看俏的股票。人生的道理亦是相同，在斗數命盤中「命好不如運好」，因爲本命盤好，但人生多數的十年大限運都被忌星所破壞，也不過就像家基本面強盛且資本雄厚、體質健全的企業，但連續三四十年遭遇金融海嘯一樣，大大折損本身的優勢。換言之，如果命盤格局不好，但是未來每個十年大限行運都好，就有如先天資源不足的小企業，但連續三四十年遇到經濟奇蹟，從小工廠快速成長爲集團企業一般。

因此，如果各位讀者未來替人挑選剖腹產命盤時，除了考慮本命盤的格局之外，尚需考慮人生各階段大限的行運。本命格局好同時又行運好當然是最佳解，但如果因爲受限於預產期時間範圍的限制，面臨只能在本命盤格局好和大限行運好的兩者中選擇其一之兩難狀況。這時最好先考慮行運再考慮本命。

而如果挑選剖腹命盤時，遇到千載難逢的絕佳命格，卻偏偏這樣的命盤必定需承受一至兩個運氣差的大限行運時，則最好選擇較差的大限運在第二大限或第七大限以後的命盤。理由在於，任何人的第二大限一律界於虛歲12~25的範圍，此時大多是學生時代，運氣再差傷害也有限，例如同樣遇到大破財或事業大破敗，學生時代破財了不起損失一兩萬就算鉅款；事業挫折頂多就是重考延畢，但同樣的運氣磁場如果發生在四五十歲，損財可能一損上千萬，事業挫敗可能一敗就是血本無歸。另外，選擇運氣差的大限在第七大限以後的理由，亦是考量任何人第八大限都至少七十歲起跳，即便遇到最壞的運氣「死亡」，人生也已差不多到盡頭，即使遭逢厄運跟壽終正寢也幾乎沒有太大差別。

▲安命盤十年大限

前一節，我們提到了命運與大限的重要性，那麼每個人的大限運也就是階段性十年運排盤的架構和依據爲何呢？關鍵就在『五行局』和『性別的陰陽屬性』，先前在安紫微星的章節時提到人的五行局共分六種：「水二局、木三局、金四局、土五局、火六局」。而大限和五行局的的關係爲水二局的人每逢歲數尾數爲二時就換一個大限運，也就是水二局的人第一的大限運一定是02~11歲，接著第二大限一定是12~21歲，第三大限則22~31歲。而木三局的人則是每逢尾數爲三的歲數換新大限，金四局則是每逢尾數

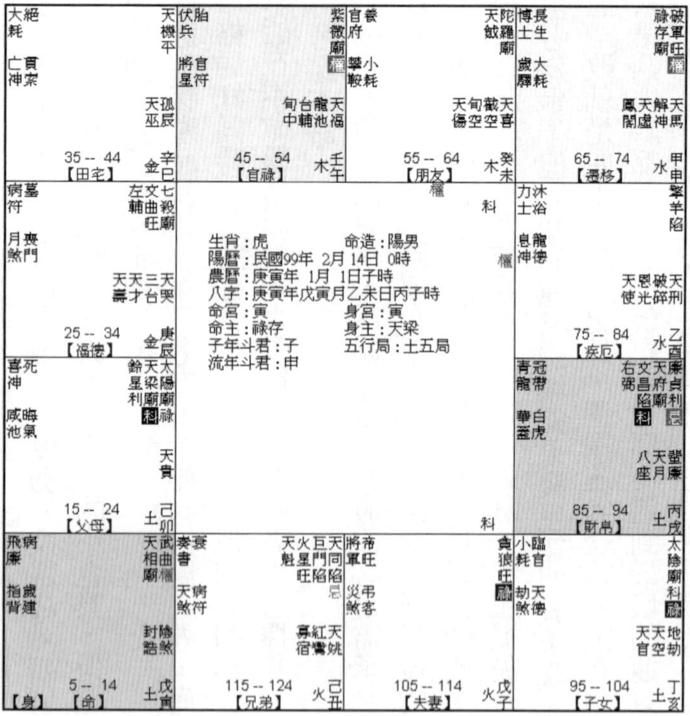

爲四的歲數換新大限，土五局則是每逢尾數爲五的歲數換新大限，火六局則是每逢尾數爲六的歲數換新大限。

了解大限由幾歲開始之後，接著需決定命盤的大限是順時針排列還是逆時針排列？而決定排列順逆的條件就是命主的「性別陰陽屬性」，如果命主是『陽男陰女』則大限爲順時針排序，反之如爲『陰男陽女』則就是逆時針排列，那麼如何判別命主究竟是陽男陰女還是陰男陽女呢？決定因素正式命主的生年天干，如果命主的出生年，天干爲「甲、丙、戊、庚、壬」這五個順序爲奇數的陽天干，則命主就屬『陽男陰女』，大限的排列就爲順行。而如果命主的出生年，天干爲「乙、丁、己、辛、癸」這五個順序爲偶數的陰天干，則命主就屬『陰男陽女』，大限的排列就爲逆行。

舉例來說，上頁的命盤，命主的出生年爲庚寅年，庚在天干中排第七，所以是陽天干，所以此人屬於陽男，故大限的排列需從命宮起順時針排列，並且因爲命主的五行局是土五局，所以每逢尾數是五的歲數就換心的十年大限運，故如圖所示此人的第一大限在命宮爲05～14歲，第二大限則順時針換一宮變成父母宮，爲15～24歲。然後依此類推接著每逢尾數爲五的歲數再依序往下換新的宮位。

▲幾歲起大限之學理根據

前幾節，論及五行局的時候，曾提到五行的順序爲『水一、火二、木三、金四、土五』，但曾經接觸過斗數的讀者絕大多數一定不明白，爲何斗數的五行局卻不是依原本的五行順序，順理成章的以水一局、火二局、木三局、金四局、土五局做爲藍本？將二局改成水二局，火局改變成六局，根據爲何？總不能毫無道理吧！

秉持本人冠元大師主張讓讀者『知其然，也知其所以然』的原則，老師就爲讀者一揭其中的邏輯，右圖爲先天河圖，化爲純數字就變成左邊的數字方位圖，依何圖的邏輯『一六共宗北方水、二七同道火』。而水一局、火二局之所以會變成水二局、火六局，正如左圖的數字變化所示，北方水將6和南方火的2交換對調後，水因交換二後就變成水二局，火因交換六後就變成火六局。

（先天河圖）

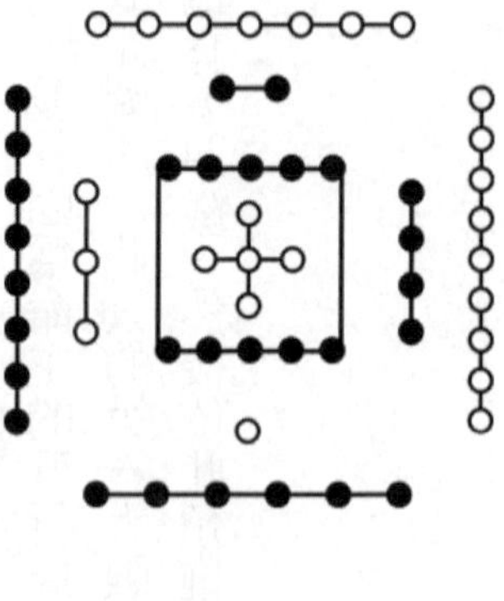

（河圖的數字變化）

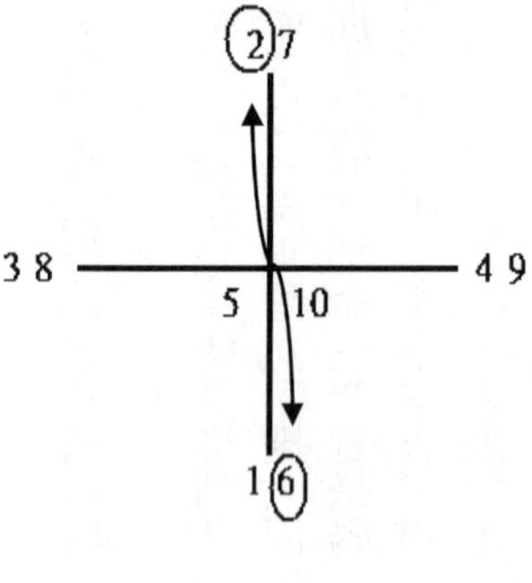

▲流年、斗君的安法

知道本命、大限後，如要進一步分析更細緻的命運走向，就需將時間區間範圍深入縮小到「流年」，並從流年盤中抽絲剝繭就能更清楚了解某個年度的命運與起伏以及禍福吉凶。而流年命盤的求法非常簡單，依照該年度的地支對應到命盤即可，例如今年是丙申猴年，則任何人今年的流年命宮必在命盤的申宮。

但一直以來，斗數界中對於流年盤的地支雖然沒有任何爭議，可是對於流年盤每個宮位的天干要如何安排，則眾說紛紜多有爭議，以「明年丁酉年」爲例，有些門派主張如右圖，認爲只需把流年命宮的天干改成和明年的天干一樣是丁，而其他所有宮位天干按照本命盤即可。但又有部分門派認爲，既然是丁年，天干就必須如左圖按照五行冠蓋訣，重新將整張命盤的天干變成和丁

（流年天干安法）

己巳	庚午	辛未	壬申
戊辰	甲午年生之命 (流年丁酉)		流命 (丁酉)
丁卯			甲戌
丙寅	丁丑	丙子	乙亥

（部份門派流年天干安法）

乙巳	丙午	丁未	戊申
甲辰	甲午年生之命 (流年丁酉)		流命 (己酉)
癸卯			庚戌
壬寅	癸丑	壬子	辛亥

年出生的人命盤之天干完全一樣才合理。而老師個人採用右圖的論法，但如果有讀者經實證發現左圖的論法也具理論與實務價值，則也無須拘泥兩者誰是誰非。

◎子年斗君與流年斗君

在討論斗君之前，首先需明白斗君的用途，前面提到流年可判斷一年度的吉凶，但如要更詳細深入知道一年中每個月的運氣變化，則需進一步在流年盤中論斷每個流月的運氣，而如要論斷每個流月的運氣，最根本的問題則是需確定流年盤十二宮中何宮爲一月？不然，連一月的宮位都無法確立，更遑論論斷每個月的運氣。所以斗君的意義就在於「確認流年盤的何宮爲正月」！而斗君又分做「子年斗君」和「流年斗君」。部份門派認爲應以子年斗君爲流年盤正月的位置，而運氣的變化取決於該年度的四化。而部分門派則採用依流年而變動的流年斗君之所在位置爲正月的所在。而本書爲表論述客觀、不偏不倚，所以對於兩者皆做介紹，而兩種斗君的安法爲：

(1)子年斗君—子年斗君之所以稱爲子年斗君，理由在於以命盤的「子宮」爲基礎，任何人的子年斗君位置，必先以子宮爲起算點，逆數到生月，再順數到生時，就是子年斗君所在之位。舉例來說，如果一個民國79年次庚午年十月未時出生的人，他的子年斗君算法，就需從子宮起一月逆數到十月，到達卯宮，然後再從卯宮起子時，順數到生時未時，最後子年斗君就會座落在戌宮。而主張以子年斗君爲正月基準的派別，每個流年盤的一月皆會從子年斗君所在的位置起算一月。不同的只有流年四化罷了。

(2)流年斗君—流年斗君則是依每年的流年不同而做調整，流年斗君的算法雖然可以從子年斗君進一步推論，但其實流年斗君本身亦有獨立的排盤公式，流年斗君的排算法爲，以該流年的地支爲一月，逆數到生月，再順數到生時，就是該年度流年斗君的位置，舉例來說民國79年次庚午年十月未時出生的命主，如要計算今年丙申年的流年斗君，第一步就要先依照流年丙申在命盤的申宮起爲一月，皆者在逆數到十月，也就是亥宮，接著再從亥宮順數至生時，最後流年斗君就會座落在「午宮」。

總結兩種斗君，老師個人的看法認爲流年斗君較爲合理，論斷時也以流年斗君爲論斷依據，以子年斗君位置爲一月無法說服我的地方在於，如此一來每年的每月主星皆相同，即便四化不同，大體的星性皆爲相似，表示每一年人們的性格起伏大致完全固定，但此點與現實明顯不符，所以老師捨子年斗君而用流年斗君爲流年盤之基礎。

☆《斗數四化星的安法與原理》

之前所有章節討論的焦點都在於星曜的本質，而本章所談的四化則是星曜的氣場變化特性，也就是『四化』！而四化的重要性更足以堪稱紫微斗數的靈魂與神髓所在，若把紫微斗數比喻爲人，則所有的星曜就如人之血肉軀體，而四化則有如人之靈魂與思想，兩者缺一不可，談星曜而不重四化，就像在評論一具行屍走肉，而談四化不明星性也正如在討論無肉體的魂魄一般。因此兩者皆不能偏廢，方能論命精準。

所謂四化指的是『化祿、化權、化科、化忌』。而祿、權、科、忌四化的學理根據正是前章所提及易經中的『四象』，亦即「少陽、老陽、少陰、老陰」，而在四化中，『化祿爲少陽、化權爲老陽、化科爲少陰、化忌爲老陰』。故進一步推論，可論證對應四季，化祿爲春、化權爲夏、化科爲秋、化忌爲冬，故祿主生機萌發、忌主消亡收藏；祿主起始種因、忌主終點結果。因此祿因忌果爲斗數之哲理精髓。而權與忌相對，故權爲小忌。祿與科相對，故科爲小祿。

(四化與四象、四季的關係)

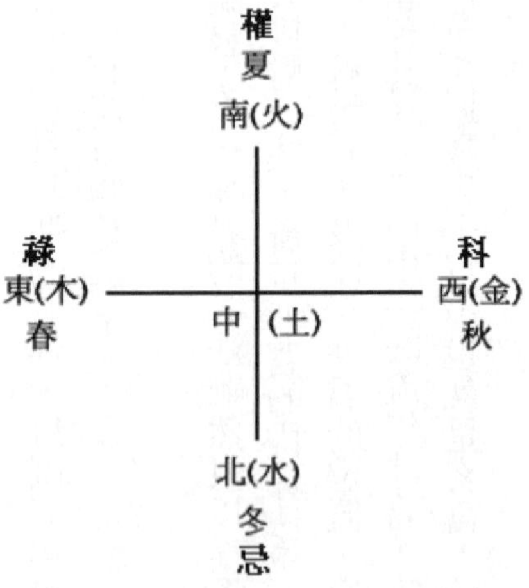

△『祿金科木』與『祿木科金』的爭議

從古至今，命理界的一大問題在於門別林立缺乏統一的觀點與架構，這樣的情況紫微斗數界更是司空見慣，單論四化的五行，『祿金科木』與『祿木科金』各有各的支持者，也成爲斗數界的一大爭議，因此究竟化祿和化科，何者五行爲木？何者爲金？這問題的考證也是老師的個人獨特創見。就讓我們以科學的角度來做客觀的學理分析。

過去，支持祿金科木的學派，主張的理由在於，祿有財寶、財富、寶藏、利益的內涵，和所謂食祿、俸祿、厚祿的意思一樣，所以既然有財寶意義，故祿之五行應屬金較爲合理。而科有科甲、文化、教化的意涵，而文明的傳播多與木有所關連，例如書本、紙張乃至竹簡，皆屬木製品，所以科應屬木較爲合理。

但對於化祿與化科，老師主張『祿木科金』，學理根據在於，如上頁的圖所示，依斗數對應四象的邏輯，化祿對應少陽等於春天，化科對應少陰等於秋天，按此邏輯，化祿既爲春天，那屬性就應爲東方木較爲合理，而化科既對應少陰，理所當然對應屬於秋天的西方金，故祿木科金較合乎易經四象的學理根據。而化權爲四象之老陽，所以化權屬性爲火對應夏天，而化忌爲老陰，屬性爲水對應冬天。

不過，心思細密喜歡追根究底的讀者，心中一定充滿疑惑，一定想問我：「那爲什麼屬木的祿卻會有財富、寶藏這種屬金的特質？而屬金的科卻仍有文化、書本這類屬木的特性？其中的原因究竟是什麼？」。其實這問題當初老師也思考很久，終於體悟出其中的人文關係與意涵。

在四季中化祿爲春天、化科爲秋天，而答案的關鍵就在於，春與秋的性質本身就相近，因爲不論春或秋兩者在都是處於陰氣與陽氣達到平衡的時節，故以天文的角度而言，立春和立秋兩天白天與黑夜的長度都是處於平衡的情況，而太陽在春秋兩季也都是直射赤道，因此春與秋不論在晝夜長短、陽光直射範圍都幾乎一致，兩者的差別只在於春天在陰陽達到均衡後呈現陽長陰衰的趨勢，而秋天是在達到均衡後呈現陰盛陽衰的趨勢。兩者僅差在陰陽消長的趨勢不同而已，本質卻大同小異，所以化祿和化科其中必有相當大的重疊相似的成份，因此在老師的體悟中，化祿屬於木中帶金，化科屬於金中帶木，只是化祿木的成份多些，化科金的成份多些。

那麼如何證明老師的體悟，如何找出化祿木中帶金的證據，以及化科金中帶木的特質呢？首先，需從化祿與春季的性質領會，學理上會將秋天的五行歸類爲金，理由在於秋天帶有肅殺冷硬之氣，與金的冷硬相似，故秋屬金。但前段說到，春與秋的差別只在陰陽消長的趨勢，春天本質上是由冷轉熱，秋天是由熱轉冷，因此深入分析，春季其時一開始也屬冷，只是後來轉熱罷了，所以才有「春寒料峭」一說，所以春天實質上一開始的狀態一樣帶有冷硬的金性，故春季其實木中有金，並且萬物的茲長也是需有金屬器物方能耕作、務農，才能成就穀物等木物的滋長。此外，許多學派認爲祿爲金的理由在於祿爲財寶、寶藏，但深入討論中國歷史，一切的錢財、貨幣寶物都是建立在「木」的基礎上才有價值與意義，也都能由木兌換而來。因爲古代以農立國，農作物才是國家富強的根本，而錢財只是衍生的交易媒介，事實上在古代錢財金銀也多能以農作物兌換或取代，例如周朝的井田制度，其賦稅就是以農作物做爲稅收，因此如果沒有實質的農作生產，自然也就不可能產出任何實質財富，黃金白銀如果無法兌換到糧食基本也與廢鐵無異，所以這便是化祿雖屬木但卻可爲財寶的理由。

而化科何以論屬金？理由在於金帶有些許冷硬，故化祿與化科在命的人雖然同樣趨於樂觀開朗，但因化祿有如春天般陽氣逐漸蓬勃，所以化祿的樂觀是屬於笑口常開非常陽光的樂觀，但化科因爲是由木變金，和秋天一樣由熱轉爲冷硬肅殺，故化科在命的人雖一樣屬於樂觀，但化科的樂觀是由熱轉冷的樂觀，故化科的樂觀樂天程度會略小於化祿在命的人，又因化科的趨勢如秋由熱轉冷，因此化科在命的人除樂觀外會多帶有幾分說理、理性、多愁善感、分析這類比較冷靜思考的特質，這點便與化祿有著決定性不同。此外，秋季雖爲冷硬肅殺的表現，但是秋季的初始其實帶有火熱的夏季陽氣，也是一年的豐收之季，而豐收也意謂食祿與財富增加，這便是化科另一個屬金之處。但這些食祿的本質都是成熟的農作物，故可謂先木而後成金。最後，雖然書本、文明、文化的特質確實與木相關，但同時也與金有關。比如說古代稱文物多以「金石」借代。而古代的詩人墨客通常最能揮毫出絕妙好詞的季節，也多是在秋季，例如「昨夜西風凋碧樹，獨上高樓望斷天涯路」、「銀燭秋光冷畫屏，輕羅小扇撲流螢」等等不勝枚舉，正因爲秋也帶有愁滋味，而愁在意境中不正是秋天肅殺之氣中所隱含的淒別柔美感觸？故秋季雖主體爲金，實則有情有木，別有一番多愁善感。

▲生年四化的安法

任何人的命盤，固定都會擁有一組，依據出生年干而來的四化星，而安四化星的口訣非常重要，在紫微斗數中幾乎跟九九乘法表一樣必備，請各位讀者務必熟記：

甲：廉破武陽（廉貞化祿、破軍化權、武曲化科、太陽化忌）
乙：機梁紫陰（天機化祿、天梁化權、紫微化科、太陰化忌）
丙：同機昌廉（天同化祿、天機化權、文昌化科、廉貞化忌）
丁：陰同機巨（太陰化祿、天同化權、天機化科、巨門化忌）
戊：貪陰右機（貪狼化祿、太陰化權、右弼化科、天機化忌）
己：武貪梁曲（武曲化祿、貪狼化權、天梁化科、文曲化忌）
庚：陽武陰同（太陽化祿、武曲化權、太陰化科、天同化忌）
辛：巨陽曲昌（巨門化祿、太陽化權、文曲化科、文昌化忌）
壬：梁紫左武（天梁化祿、紫微化權、左輔化科、武曲化忌）
癸：破巨陰貪（破軍化祿、巨門化權、太陰化科、貪狼化忌）

舉例來說，甲年出生的人，命盤中廉貞星必然有生年祿，破軍必然生年化權、武曲必然生年化科、太陽必然生年化忌。但其中依易經八卦原理，其實己干原本應該是破軍化忌，但因爲破軍本身就有破耗的性質在，所以在斗數中爲能更顯現出化忌的特質，因此才以破軍的伴星「文曲」當成己年化忌的星。故遇到己年，表面上斗數口訣爲文曲化忌，實際上的邏輯則是『文曲隨破軍忌』，所以在論盤時，連同破軍也需視爲化忌狀態。

此外，辛干也存在同樣的學理問題，按易經八卦推演，辛干應該爲天梁化忌，但天梁本身爲壽星，化忌相當的不搭調，故以伴星文昌代替天梁化忌，不過亦有一說是文昌化忌將連帶七殺化忌，所以如果你是辛年出生，最好同時要將天梁和七殺所在的宮位加以留意，以防萬一。

而因爲生年四化星直接決定某一年出生的命盤之主星強弱特質分佈，所以以十天干年的四化來說，通常甲年、戊年、己年、庚年出生的人中，出現大老闆的機率較高，例如鴻海郭台銘庚寅年生、廣達林百里己丑年生、宏碁施振榮甲申年生…等不勝枚舉。反之，乙年、丙年、丁年、辛年則多出知名學者，例如知名學者史提芬•霍金辛巳年出生、諾貝爾獎得主李遠哲丙子年出生、管理大師麥可•波特丁亥年出生。在在都顯示生年四化的先天影響力。但這也不表示，甲年生的人就沒有狀元，乙年生的人就沒有大老闆，一定都會有各式各樣的專才，只是整體的比例多寡罷了。又命盤除了生年四化尚需考量星性、自化、飛星，故即便是在容易出學者的年份出生，也仍有成爲大老闆的機會。

▲庚干四化的爭議

從民國初年至今，庚年的四化就一直是熱門的爭議，雖然最被人廣爲接受的版本是庚年「陽武陰同」，也就是太陽祿、武曲權、太陰科、天同忌。但不同的聲音仍層出不窮，例如某些門派認爲應該是庚年「陽武同陰」才對，該門派主張的理由是如果按照庚年「陽武陰同」的邏輯，太陰在庚年化科、在癸年也化科，等於化了兩次科，所以不應成立。但此論點的盲點在於按該門派所主張的「陽武同陰」就變成太陰在乙年化一次忌，在庚年又化了一次忌，一共化忌兩次。如果主張「陽武同陰」的理由是太陰不能化科兩次，那爲何反而可接受太陰化兩次忌？顯然邏輯自相矛盾。

此外，也有門派認爲庚干應該「陽武府同」才對，化科的應該是天府，但這說法純屬該派主張，參考就好。比較有參考價值的另類說法反而是「北派斗數」和「占驗派」的說法，這兩個門派所主張的看法爲—「庚干應該爲『陽武同相』」，也就是天相化忌，而爲何說這派說法有其參考價值？原因在於，在實務的觀察上，庚年除了天同化忌之外，某些命主也確實有天相化忌的狀況出現。因此，實務論命上，可以天同爲主、天相爲輔能讓論命的細緻度更加完備。

▲宮干自化

除了生年四化之外，每顆星也會因爲宮干的關係而形成「自化」，何謂自化？就是因爲宮干而形成的四化，舉例來說，下面這張圖是一個民國75年次丙寅年出生的人之命宮，命宮中共有「紫微、天相、文昌、陀羅」四顆主星，首先因爲丙年的生年四化爲「同機昌廉」，所以丙年出生的人文昌星不管在何宮都一定化科，因此下圖的文昌星下面才會有個『科字』，但爲何紫微星下面會有個反白的權字呢？因爲此人的命宮在「壬辰」宮，而因宮干是「壬」，依據壬干的四化，壬干「梁紫左武」，所以，紫微星在宮天干爲壬之宮位，即產生自化權。但是宮干自化只有四化派與飛星派才採用，如果你學的是三合派斗數，例如紫雲居士、了無居士的門派，原則上並不採用宮干自化，這點要特別注意。

(生年四化與宮干自化)

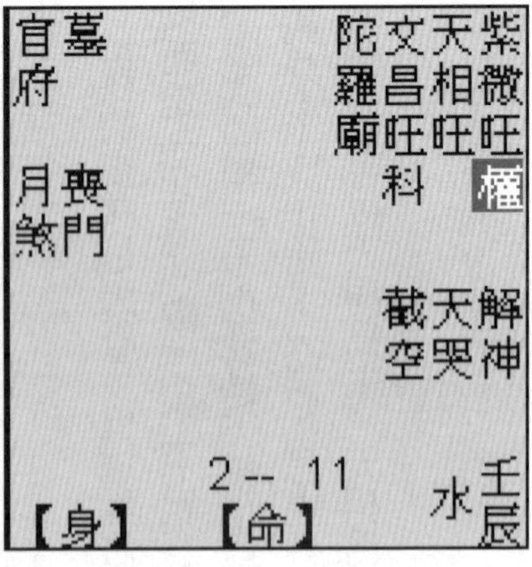

▲化祿、化權、化科、化忌的基本意涵

先前提到四化對應易經的四象，也可代表春夏秋冬，更重要的是四化的變化主宰命盤絕大部份的吉凶，所以如要論命精準，必定要對於四化的意涵有深入的了解。

(1)**化祿**：首先，化祿象徵生生不息、繁榮興盛的春天，因此化祿的基本特質為「樂觀、快樂、財富、利益、幫助」，而如前面的章節所述，化祿有如春天，是個萬物不斷滋長的時節，所以在不論主星的前提之下，以身材來說，化祿偏向豐腴。在賺錢方面，化祿的財利屬於大財，在情感上為熱情開朗，在愛情上屬於烈火般的熱愛。

(2)**化權**：化權在四季為陽氣最強最烈的夏季，所以化權的意象為「剛硬、猛烈、霸道、強大、開創」。不過，萬物的法則為物極必反、剛極必折，故雖然化權在四化中和化祿、化科一起被歸類為三化吉，卻同時被稱為『小忌』！理由在於，「權」顧名思義與權力的意涵相近，但照理說有權力應該是好事，何以權為小忌？答案的關鍵在於，有權者通常得權後容易專斷獨裁、剛愎自用或喜歡以權壓人，故曰：「權力使人腐化」，所以命宮裡有化權者通常主觀意識也較強，有時也較為霸道！所以有權固然是好事，也可讓人得到好處，但縱觀古今中外多數得權者，往往相對也因為權而失去其他重要的事物，也許是親情、也許是知己，甚至是善終！所以因為權的性質所然，故曰『權為小忌』，即便它屬於三化吉，但在某些宮位也會因其性質而反斷為凶！此外，化權在身材上的型態為

壯或厚，在愛情上爲動手動腳、占有之愛，在工作上爲開創、在個性上爲剛硬主觀。

(3)**化科**：前面的章節中提及化科爲秋季，爲金中帶木，而又因化科如同秋天一般，由熱轉冷，所以雖然化科和化祿一樣都主樂觀，但因化科由熱轉冷，所以相較化祿的熱情樂天，化科則是樂觀中帶有冷靜理性的一面，火熱熱情的部分相較化祿來的略少些，所以化科又稱做「小祿」。而化科主『文化、君子、才華、素養、智識、思考』，故通常命宮有化科的人，多半看起來有氣質或者有學問，有些文化或才華，很少販夫走卒、市井泛泛之輩。然後，因化科本身所帶有的教化、文化、情愁特質，所以化科的意象，在愛情上屬於浪漫纏綿、詩情畫意的愛，在身材上屬於穠纖合度，於裝潢上爲典雅玉潔，性格方面爲理性溫柔、心思貼心。所以和化科特質的人相處，會感到如沐春風般的舒服。

(4)**化忌**：化忌在四忌中爲冬季，是萬物最死氣沉沉的時節，所以化忌的意涵基本上爲「失去、病、累、衰、失敗、欠債、固執、不順」，故通常化忌所在的宮位就是命盤十二宮的虛弱處以及欠債處，所在的宮位代表的人事物也會特別不順利。而紫微斗數中所謂的吉凶，其實就是指祿忌，故化忌等於凶，而在斗數中只有極少數的情況下，化忌能反轉爲吉替命主帶來好運或巨富。但多數情況忌星皆代表凶運。故化忌在愛情的意象爲鏡花水月、在身材上爲極肥或者極瘦、在情緒上爲憂愁煩悶、在個性上爲固執不開朗、在房屋方面爲雜亂無章。

最後，也許有些讀者會納悶，按本書所標榜的科學與邏輯，理應交代各年干四化的推論邏輯與學理根據，但爲何不見相關學理的介紹章節呢？

在此老師先和讀者們做個說明和預告！因爲老師『紫微斗數科學』這一系列叢書每本的篇幅規劃約在四百五十到五百頁之間，而年干四化的推論內容既龐大且深入，如真要詳述，必定沒有篇幅可以對於斗數整體做全面性的介紹，所以~有關十天干斗數的學理與推論邏輯，**未來老師將在本系列第三本書—『紫微斗數科學3《四化大破解》』**中讓各位讀者盡收眼底！第三本書的內容著重在對於四化的由來、特性、命盤特質以及四化的命理應用，一一進行專章教學，讓讀者們未來的論命功力突飛猛進，更能將隱藏在命運中的機會礦脈挖掘而出，並掌握在手中，趨吉避凶！

《本章思考題》

1.

在教六十甲子納音歌推論邏輯時，老師以甲子、乙丑海中金取數爲例，算出以下結果:

甲子、乙丑 其數總和 34，(49 - 34) = 15

9 9 8 8

15 除以 5 可以完全除盡，所以得到的答案爲土五，故曰土，而土所生之物爲金，故甲子、乙丑納音皆爲「金四」局。

但~~這推算法當初老師發現一個致命的邏輯問題，就是依照天干地支的順序甲＝9、乙＝8、子＝9、丑＝8，可是按此邏輯:

甲	乙	丙	丁	戊	己	庚	辛	壬	癸
9	8	7	6	5	4	3	2	1	?

子	丑	寅	卯	辰	巳	午	未	申	酉	戌	亥
9	8	7	6	5	4	3	2	1	?	?	?

將會產生四個未知數，請問這 4 個問號該填多少??

2.

本章中提到，五行局會從水一、火二，改成水二局、火六局，是因爲河圖水火互換的原因。但爲何斗數不按照原本的五行局順序，非要將水火的數字對調互換?改成水二局和火六局的理由與必要性爲何??

《本章思考題》

3.

本章提到庚干時太陰化科，可是癸干時太陰也化科，那麼庚干的太陰化科跟癸干的太陰化科有何差別??

4.

一般坊間有早子時與晚子時的爭議，請思考國曆 10 月 10 日晚上 23:30 分出生，命盤應該算 10 月 10 日的命盤還是 10 月 11 日的命盤??

5.

本章在四化中介紹到生年四化與宮干四化，兩者在實際命盤上所展現出來的特質有何不同??

6.

請思考紫微斗數時間條件上最細用到時辰，那麼同樣一張命盤在一個時辰兩個小時間，在時辰頭出生、時辰中出生、時辰尾出生有何差別??

四、命理的精髓與價值

☆《命理真正的價值》

一般人都以為，學習命理的意義在於能分毫不差的精準算出未來和命運，但其實不然，精準只是學習命理的其中一項目地而已，而命理真正的價值在於能幫助我們知命、改命進而造命，不然，如果只是能算得精準無比，但卻沒有任何改命或趨吉避凶的能力，那麼算再準都和完全不懂命理半斤八兩，因為，算得準命運照樣發生，完全不懂命理也一樣發生，那麼學命理根本等於毫無意義，所以學命理除了精準之外，更要能善用及檢討自己命盤的優缺點，開創新的命運。

▲正確的論命態度

命理師猶如醫生，除了要能準確算出問命者的命運之外，最重要的是能夠給與「解決方案」！時下許多號稱鐵口直斷的命理師，最大的弊端在於遇到狀況或者人命關天的情況時，往往只會丟一句~「命盤不吉，請做好準備」或者「命中註定就是如此」。，然後什麼對策也沒有！這樣的論命價值觀稱做「宿命論」。很多人以為「命理師」三個字看起來很風光。但在老師眼裡背負命理師三個字相當沉重。因為命理師就像醫生一樣，不僅要能看診精確，最終應要能對於命盤的問題開出藥方。醫生的職責是醫病，而命理師則是「醫命」。所以，常常只會丟一句~「命盤不吉，請做好準備」、「命盤如此」云云的人，縱使再準，也猶如一位醫生，在看診時只能告訴病患得了什麼病，然後沒有任何能力開藥醫病，就請病患回家，試問那病患來問診的意義何在？

如果不能針對命盤給予問命者改善的方法，那有無論命根本沒差別。反而只會「徒增問命者的情緒低落與恐慌」而已。卻什麼事情都無法改變，還讓命主過得更痛苦。搞不好命主如果沒有聽到「命盤不吉，請做好準備」這些話，還能開開心心的過完人生。

▲好的命理師需俱備什麼條件？

那麼，一個好的命理師除了懂得命理學問和知道解決方法之外，還需具備哪些條件才稱得上『傑出的命理師』？很多人以爲論命論的好，最重要的條件是要理論學到神準無比，精細不凡，如此就能論命論的好。其實這個觀點最多只對6成。

要成爲一個好的命理師，非常重要的前提在於需擁有「廣泛且豐富的知識與人生閱歷」。方能給與問命者具實質幫助的解答。反觀，如果光只懂斗數學理，而沒有豐富的專業及知識、閱歷當輔助，所給予的建議，也會讓問命者感到沒甚麼實用性。就像爲何在PTT紫微斗數版(LIFE版)上，有人問老師應該到美國就業還是回台灣，或是應從事哪個行業。老師都能從問命者的學歷背景結合產業以及國情與企業文化，給予最好的建議。因爲斗數是一門綜合人生所有課題的學問。就好像在斗數版上有人問：「是否可以把音樂當成自己未來的出路」。一般傳統的論命者，可能就只是看看此人的盤是否適合學音樂然後再看看工作運，就下結論。但是，老師在論命時就點出一些走樂團這條路所會碰到需克服的關鍵，像是大部分的樂團要同時找到一流的電吉他手＋主唱＋鍵盤手＋貝斯手＋鼓手非常困難。即便找到，團隊凝聚力也要夠，否則常會途中有人因挫折與各種理由退出而組團失敗。試問萬一此人的命盤音樂天份好，工作運也不錯，但就是團隊緣不好，建議他走樂團路線會成功嗎？

此外，也曾有位東南亞語言系出身的版友在斗數版上問老師關於自己適合的工作，老師先是從他命盤看出他適合到處奔走的工作特質，然後考慮他的專業背景「東南亞語言學系」，再結合台灣觀光政策產業現況「全台極缺懂東南亞語言的導遊」之產業現象，最後建議他去從事東南亞語系導遊，一來全台競爭對手不到百人，二來東南亞線正巧是現在觀光政策的焦點，對命主來說可謂前途光明的新藍海。

所以，命理師如以科系比喻，最像企管系和醫學系，需要傑出的分析與資訊統合能力，同時要知識涉獵廣博才能給予見樹又見林的通盤建議，故有志於未來想當命理師的讀者，應多充實人生閱歷和多元的知識，將會對論命無往不利！

▲命理的三境界—知命、改命與用命

何謂吉凶？簡單來說就是「得失」，有所好處及獲得稱爲吉，而失去好處稱爲凶，所以吉凶乃得失之相，而每個人的命盤一定有先天的優點及缺點，也就形成了運氣的吉凶與得失。學習命理的第一個重點，就在幫助我們了解自己的長處與短處，明白自己的優點與不足。孫子兵法有云：「知己知彼，百戰不殆」。因此要打贏人生這場戰爭，最根本的關鍵在於充分了解自己。再來，在充份自我了解之後，第二個重點就在於針對自己的缺點自我檢討改進，才能突破命盤本身的格局。甚至，懂得自我檢討不斷進步的人都遠勝於雖然懂命理但不懂自我檢討的人。

此外，了解自己的缺點加以改進之餘，對於自己的好運與優點更要多加善用並積極進取，因爲好的結果是由「運氣＋奮鬥」所造就，如果得知自己有好運，卻仗著自己與生俱來的運氣而不努力奮鬥，就好像有人告訴你明天出門往東一百步就能撿到一百萬美金，但隔天你卻連出門撿錢都懶，而錯失良機一樣。因此，對於命理需抱持的正面態度是，運氣好的時候積極把握，不懈怠消費自己的好運；反之在運氣低迷不順的時候，也要處之泰然，心平氣和面對難關，積蓄扭轉乾坤的能量，而不是怨天尤人、毫無作爲。

再來，達到自我了解的『知命』境界，然後又能進步到自我檢討改進突破原有命格的『改命』境界後，學習命理和斗數的第三境界爲『用命』！也就是造命的水準。

前述提到的兩個境界「知命和改命」，主要的焦點在於對於自我命運與特質的了解，以及對於自己命盤缺點的改善。可是，這兩部份都只有「削弱命盤缺點」的功效，只不過把命盤中的扣分條件削弱，頂多就是從倒扣變成沒有扣分而已。對於命理來說，僅是次要價值，而「用命」的真正價值在於，除了解自己命盤的特性之外，進一步善用自己命盤的特性，反過來運用命盤中的特質，將它們擺在對的位置，使得原本命盤中被人視爲缺點的命盤特質，也能反過來變成優點，使自己的命運如虎添翼！

舉例來說，就拿灌籃高手裡面的腳色當比喻，赤木身高197公分，火鍋和籃板能力極強，但運球與靈活度較差，因此，赤木在控球和得分方面，最多只能經由練習，削弱自己先天靈活度不足的劣勢，而因受限於天份幾乎不可能練到和仙道、宮城那樣的華麗水準。所以，如果我是教練，我會請赤木花三分精力在削弱自己的缺點，而將剩下的七分精力善用自己先天的優勢，著墨在防守、蓋火鍋、籃板球上，才能將赤木的價值發揮到最高。反之，如果腳色換成宮城，懂得「用命」的命理師，頂多建議宮城花三分精力透過練習彈跳力削弱自己身高的先天劣勢，但不論宮城如何努力，最多也就是削弱劣勢，而不可能成爲像赤木一樣強的中鋒。所以懂得用命，就會更進一步建議宮城把握自己先天個頭小速度快的優勢，成爲控球一流的後衛。

就像擎羊和火星這兩顆星在紫微斗數中，被歸類爲凶星，傳統的命理師更是避之唯恐不及，許多命格甚至將命帶擎羊和火星的命盤視爲「破格」！而擎羊和火星被視爲凶星的理由在於，擎羊、火星在命的人多半脾氣不好、情緒剛烈，甚至帶有刑傷。古代多將這類特質的人歸類於容易闖禍的匹夫，所以將這兩顆星視爲凶星。

但是，懂得知命用命的人，就能反過來將凶星的特質用在正確的地方，將凶星納爲己用，變成一般人被命運玩弄，而用命者反過來運用命運。像擎羊、火星這兩顆凶星，的確有使人脾氣不好、受到刑傷的磁場。但同時這兩顆星因爲帶有火氣、壞脾氣，所以相對也精力比較旺盛、火氣較大。因此，非常適合『習武』，因爲習武既需要旺盛的精力和人打鬥，打鬥時也需要火氣激發鬥志，同時打鬥也恰好符合這兩顆星容易受到傷害的磁場。而事實證明，老師以前曾經建議過兩位命宮有火星和擎羊的人走習武這條路，結果後來這兩人一個成爲國立大學國術社社長，一位成爲跆拳道選手。同時也因爲習武與人拼博打鬥，消耗掉擎羊和火星的部份能量與精力，連帶也削弱分散了脾氣較不好的缺點能量。

所以，即使是凶星，只要能夠善於利用其特性，將它用在正確適合的事情上，就能將命盤和凶星原有的缺點，反而轉化爲優點，使自己的境界不僅僅停留在知命、檢討這種減少扣分的程度，還能進一步化扣分爲加分，達到用命、造命的水準。

▲一般人的迷思：「斗數與命理如何改變命運」？

很多堅持「宿命論」的人都存在一個迷思，甚至一般人乃至一些對命理好奇的後進，經常對於改命和造命也都有這樣的質疑：「既然你們命理師或風水師認為斗數和風水可以改變命運，那為什麼你們無法把自己的命改成郭台銘、王永慶?，如果不能，憑什麼說風水或斗數可以改變命運」？

這個問題非常好，也非常一語中的，同時也常是一般人心中的迷思。對於這個問題，老師認為真正的答案在於，其實斗數與風水所謂的改命，無非就是『催發』與『減凶』罷了。從風水的角度而言：「假設你的命格最多上限可賺五千萬，但因你的風水及陽宅不好，導致依照命理順應天命只剩三千萬，那麼如果你在陽宅風水上下功夫，就能將你命格的財運催到最高，也就是五千萬。但你的命格最高上限也就是五千萬罷了。因此風水的改運指的不是換命，而是將你原本的格局提升到這個格局的頂點」。

換言之，斗數和命理的角度亦然，套句電影的情節，如果一個人的命格是乞丐的命格或適合當乞丐，藉由斗數的幫助下可以成為乞丐之王-「丐幫幫主」，但…還是乞丐，所以適合當顧問幕僚類的格局，幕僚格就是幕僚格，他可以是最強天下第一智庫，但自己當王或將軍就是沒有當幕僚來得出色！就好像你是黑頭髮黃皮膚這是先天注定，不會因為後天任何改變就變成金髮藍眼。

而斗數常常會遇到所謂的「共盤」，指的就是許多人擁有同一張命盤，那為何命運完全不同？主要在於條件與運勢起伏高低不同罷了。就好像如果某甲和郭台銘命盤一樣，為何沒法和他一樣富有？原因就在於同張命盤只能說運勢起伏的趨勢大致相同，但『起伏的程度』卻大不同，就好像假如郭台銘最賺錢的運勢是50歲，最虧錢是60歲。換成某甲的運勢，也會是50歲和60歲。不同的差別只是，郭台銘賺錢時可能是好幾兆入帳，而某甲可能只是幾千萬。而虧錢時郭董虧幾兆，某甲虧幾千萬而已。

因此結論在於，相同的命盤，或者某種命格，他的運勢起伏絕對是大同小異，而命理和風水所謂的改命，指的是改變他好運的收穫「程度」，以及凶運損失的「程度」而已，也就是吉凶的趨勢走向，在基本的命格中不可能完全推翻。命理能做的事大約就像注定損失一千萬，透過命理改善，只剩損失五十萬，但行運上依然會「發生損失」，但損失五十萬和一千萬，該如何選擇相信一清二楚。正如同，雖然命中註定一定會遇到傾盆大雨，但我們可以透過預先準備雨衣雨傘，使自己從落湯雞變成只沾滴水一樣。

▲把自己的命盤擺對位置則人人都是『天才』

一般人都以爲，ＩＱ高夠聰明才叫天才，其實以前老師也這麼認爲，但後來老師認爲，所謂的白痴，很多時候只不過是「擺錯位置的天才」，會被認爲是白痴，許多時候是源自於台灣的死板填鴨死讀書教育，僅以唸書考試的成績作爲在學表現的評斷標準所造成。

相信各位讀者小時候，學校老師經常鼓勵要勤能補拙才能成大器，但勤能補拙其實某個角度就是「浪費天份」，而社會本來就是由各行各業所構成，本就不該是只有會讀書才能有所成就。每個人應該了解自己的天份，進而朝著自己的專長進行發揮，才能將自己變成『天才』。

就例如下圖中的劉謙大師和櫻木花道，如果叫世界魔術冠軍將時間精力花在背書考試根本是浪費人才之舉，還不如讓魔術天才多花時間在魔術上發光發熱。有看灌籃高手的人也知道，櫻木花道在高一時曾因七科不及格差點不能出賽，在唸書上或許他是白痴，但在籃球上他絕對是天才，所以有沒有把人才

(圖片截取自網路)

擺對位置就決定了這些人才是天才或是白痴！

所以，如果你是財經高手，就應專心研究財經分析，而若是對命理很有興趣，那就多花時間讓自己成爲命理專家。把自己「擺對位置」，就能造就自己成爲天才。也因此老師在替人論命時，不會總是建議版友一定多讀書，而是針對不同的命格給予不同的建議，就是這個道理。因此，學習命理的真正價值，除了前述所說的知命、改命、用命之外，帶給學命者最大的收穫，就在於能夠深入了解自己，並懂得如何將自己『擺對位置』！

▲許多命理師錯誤的心態和盲點

很多人在學習命理到達一定程度後，經常會出現一個錯誤的心態—「只想證明自己神準無比」。而忽略命理真正的目的在於「解決問題與化解惡運」，甚至這樣的錯誤連職業命理師也都容易深陷其中。例如，老師曾聽過一位占卜師論斷客戶父母的病情，當時該占卜師鐵口直斷，斷言客戶的父母病情無可挽救，並將死於某年某月，但對於如何挽救病情卻隻字未提，後來，該客戶的父母果然病情惡化，也剛好在占卜師當初所說的月份過世。事發之後，占卜師竟引以爲傲，認爲這事可見他功力神準，反而喜形於色。

基本上，這是錯誤的心態，命理師正確的觀念應該是，在推算出既定命運後，想方設法讓命運朝向正面的結果發展，而非一味只想證明自己神準，而無法解決問題。

▲斗數是一門綜合SWOT分析、財務報表並凌駕在『策略地圖』之上的學問

前兩段，不論是利用自己命盤的特質，或者將自己擺對位置，都與管理學中的「SWOT」分析有異曲同工之妙，而SWOT分析指的是『優勢、劣勢、機會、威脅』分析，而這門理論的精華，不只告訴我們如何了解自己的優劣勢，更重要的是告訴我們應對環境危機，與機會時所應採取的最佳方案。首先，當自己的優勢遇到大環境對自己有利的機會時，就要加緊把握掌握先機，那麼理論中的「劣勢」和「威脅」怎麼區分呢？這兩者看起來很像，也是很多學管理的人很容易搞混的概念。這兩者主要的區別在於，劣勢的產生主要是來自於企業或個人本身條件，而威脅是來自於環境。那麼當優勢遇到威脅時有何對策？關鍵就在於思考解決方案，如何以自身的優勢客服威脅，例如近年智慧型手機發達，直接衝擊傳統電腦的市場，對電腦公司而言，這樣的轉變就是威脅，所以，如果要度過威脅，就要思考如何以傳統電腦公司的優勢克服這項威脅，譬如傳統桌機螢幕

	O 機會	W 威脅
S 優勢	加強運用	克服
W 劣勢	趨避削弱	策略應對

較大、硬碟容量較大、可以處理的軟體功能也較多，鍵盤打字也快於智慧型手機，朝著這些方面發展，自然就能將智慧型手機的威脅降到最低。

而當企業的劣勢遇到環境出現好機會時，一樣會成爲企業發展的絆腳石，因此，當劣勢遇到機會時，所需因應的策略就是需思考解決方案削弱自身劣勢所帶來的阻礙，比如現在智慧型手機正夯，但如某智慧型手機廠商長期有產能不足，無法接下大量訂單以應付市場需求的問題，那就等於白白浪費獲利的機會！但短期之內企業的組織結構與人事又不可能大幅變動，如同錢德勒管理大師提出的假說：「短期內策略追隨組織結構，但長期時組織結構追隨策略」。所以，這時如要解決產能問題，就需採用產能外包的輔助策略，提高企業的產出，以增加產能應付訂單量。

最後，當自己的劣勢偏偏又遇到威脅時，爲最棘手的狀況，例如國內的代工廠商，經常被戲稱「毛三到四」，因爲代工缺乏獨特競爭優勢，多靠壓低成本領導利潤，所以利潤微薄到只有三到四毛錢。偏偏如果未來政府提高勞工工資到三萬元起跳，那麼對企業來說就是利潤上的劣勢又遇上工資上漲的威脅，利潤空間將更低。這時最重要的策略就是進行危機處理及轉型策略，例如逐漸以自動化取代人力，或者轉型爲高附加價值富獨特研發創新的產業。或者是暫時沉潛，尋找未來的新出路以待時變。

那麼以上「SWOT分析」和紫微斗數有何關連？其實觸類旁通，SWOT分析中的「優勢、劣勢」其實就等於斗數命盤的『本命盤』只是斗數所包含的範圍更廣，可稱得上是SWOT分析的十點零版，而「機會和威脅」就等於斗數命盤中的大限行運。

所以，本命盤的特質很優秀卻遇到很差的行運，就猶如本身命盤的優勢遇到惡劣的環境威脅，這時就要運用本命盤中的先天優點思考策略去克服環境遇到的劣勢，例如許多孩子的命盤優勢為先天俱備創造力和頂尖的邏輯思考力，偏偏遇到早期台灣的死讀書死背書教育，使其先天的優勢無法發揮，這時如果為人父母該如何運用孩子的先天優勢克服教育環境的劣勢？例如假設孩子喜歡創意不喜歡死版的背書，那麼就需多以生動、寓教於樂的創意方式，讓孩子無形之中將學科記得滾瓜爛熟，例如老師自己就屬這樣的人，老師非常不喜歡死背書，偏偏台灣高中的英文教育，幾乎把學生的大腦當成硬碟拼命灌單字。而當時老師非常喜歡一部動漫『神劍闖江湖』，當時我就建議母親，如果能幫我到微風廣場的「紀伊國屋書店」買一套英文版的神劍闖江湖漫畫，我的英文一定能突飛猛進，只可惜當時家長無法接受這樣有創意的想法。但現代的家長通常較能接受新觀念，相信更能將這些訣竅用在孩子和自己的斗數命盤上。

同時，以斗數替人論命時，更需同時綜合命盤的優劣勢與命主實際狀況的優劣勢，方能給與對命主有幫助的解決方案和建議，例如，老師過去替網友論命時，曾遇過有命盤很適合從事醫藥相關工作的盤，這點就屬命主的先天優勢，但論命時可不能因此就驟下結論，請命主去從事醫藥相關行業。同時還需考慮命主的實際狀況，比如說，老師就經常論到命盤適合從事醫藥相關行業，但問命者卻是中文或歷史系畢業。由於不論從事醫生或藥師都需執照以及相關科系背景才能從業，所以問命者的現實狀況反而形成劣勢，造成無法得到進入醫藥產業的機會。因此這時，就需以SWOT分析中劣勢對應機會的削弱思維，替命主思考能削弱劣勢增加把握住機會的成功率之方法。例如，既然命主的所學背景是中文或歷史，雖然與醫學無直接關係，但反過來說，表示命主閱讀史料和文言文的能力絕對優於常人，同時結合他先天命盤適合醫藥的磁場，就能將劣勢反過來利用，建議命主去研究『中醫、藥膳、養生』等東方醫學的學問，就能利用他懂文史的特點，用於研讀中醫的古籍，相對就能削弱文史背景對於命主從事醫學的障礙，同時又化劣勢爲轉機，善用他原本的文史背景，讓他在研讀中醫的文言文資料時，比別人更加得心應手，未來無論是考照執業，或者僅僅只是從事健康食品或養生料理，都能掌握住自己的優勢，應對未來可能遇到的好運。

但如果是遇到最差的狀況，譬如本身的命盤屬於存不住財的命格，偏偏又遇到大限財帛宮和命宮都自化忌的倒霉行運，又該何解？此時就有如分析模型中最差的狀況，劣勢又遇到威脅，企業可以思考應對策略或沉潛轉型策略，那命盤又當如何應對轉型？其實掌握基本原則『韜光沉潛』即可，古時楚王有個典故稱爲『三年不飛一飛沖天，三年不鳴一鳴驚人』！前章有提到，「吉凶爲得失之相」，因此，以命盤的角度，既然命盤註定會損失，除了削弱趨避之外，更要思考如何讓命中註定的損失，損得最有價值！就拿前述所說的，如果一個人的命盤屬於存不住財的命格，偏偏又遇到大限財帛宮和命宮都自化忌的倒霉行運，該如何化解？這時就應順勢以策略應對，因爲遭逢惡運時，我們採用削弱惡運的方法，最多是將命運帶來的衝擊降低，但不可能完全化解改變，既有的能量磁場仍然會發生，所以既然按照命運走向，一定會發生破財事件，那何不反向思考，在財運比較差的十年大限中，多多將錢花在自我進修、買書研究、累積專業技術，讓『破財』這個命運破得更有價值。就如同命中註定破財一百萬，但是一百萬被小偷偷走，跟將一百萬花在學專業技術、買專業書籍、報名專業課程，同樣是破財存不住財，但後者顯然有建設性太多了，並且這一百萬還能替你在行運差的大限累積競爭力，等到惡運退去，好運大限來臨時，就能以之前所累積的知識和專業大放光彩，反過來將惡劣行運用來累積未來的能量，一鳴驚人。

所以，老師每逢工作運比較差的年，也都多會用於進修、寫書、進一步研究更高深的命理學問，因爲，此時如果硬是去找工作或到職場伸展抱負，定然不得志一籌莫展，還不如韜光養晦，像楚王一樣累積能量，等到惡運流年過去，老師這一年所研究的命理學問或者所寫的新書，就能幫助自己未來的事業版圖得以大展鴻圖。正如三國司馬懿的名言：「我只揮這麼一劍，但我磨劍磨了十幾年」。當運氣低迷時就用於累積能量，或者讓命中的損失損得有價值，而等到行運好的大限時，就是將過去惡運時磨劍的成果展現的最好時機。如此方能將命盤的優勢和劣勢結合命運發揮最大效用。

然而，雖然紫微斗數與ＳＷＯＴ分析有異曲同工之妙的精髓，但其實斗數的優點和功能更遠遠凌駕在ＳＷＯＴ分析之上，因爲ＳＷＯＴ分析的根本缺點在於，理論模型無法分析出人或企業的『時間發展趨勢』，也就是只能分析單一時間點的狀況，比如說，現在智慧型手機屬於當紅產品，對手機廠商來說是機會，但從理論模型中我如何得知這項產業機會「維持多久」？如果像數位相框一樣，只紅個一兩年怎辦？這樣一來我制定的策略可能剛計畫好，大環境就變了。

但紫微斗數的可貴之處，正是能克服時間的問題，斗數能幫我們看出每個大限行運的機會和威脅，如此就可在面臨威脅擬定轉機策略時，也能分析未來下個十年大限行運時的機會和威脅，以讓自己在現在的大限就能對未來的行運提前佈局累積能量，等到未來的行運到來時，方能水到渠成，得心應手，而不至於像ＳＷＯＴ分析，存在無法預測未來狀況，可能造成現在所制定的對策，到未來卻可能徒勞無功的缺點。

◎斗數與財務報表異曲同工之處

國內大學的財金與會計教育中，都沒有讓學生正確認知道財務報表的精髓意義，其實就等於醫學上的「健康檢查數據報告書」，兩者差別只在健康檢查所檢驗的是人體的健康狀況，以各種數據，例如肝功能、肌酐酸廓清率、三酸甘油脂等數字來分析人體的體質和健康狀況。而財務報表則是以各項財務數據來分析「企業的體質健康狀況」，例如財務報表中的「速動比例」，它的數據構成就是以「速動資產除以流動負債」，也就是如果一家公司速動比例很高，我就能進一步推敲，可能的原因有二，如果是因爲公式中屬於分子的速動資產數字太高導致速動比例的數據偏高，那就表示這家公司擁有極高的可快速變現流動的資產，但偏偏他的流動負債又很低，這時就可進一步推理，這家公司沒什麼負債卻有很多流動資產，有可能是此公司股東現金雄厚，但相對讓人進一步懷疑，這家公司是否長期負債過高，以長期負債換取流動資產，或者此公司有違法吸金的可能！反之，如果是分母的流動負債過低，則可推論極大可能這家公司的現金流量多半不是經由借款所籌措，或者是這家公司償債能力極高，已於過去幾年償還完貸款。

所以，紫微斗數命盤除了上一節所提到的ＳＷＯＴ分析的精髓之外，同時也就像財務報表一樣，能幫助我們從命盤中看出命主人生的病處在哪？透過命盤對命主的命運做健康檢查，進一步分析以抓出問題之所在，並看出此人命理的特質與現象。

例如，如果有一個人，其財帛宮化忌，但是田宅宮化祿。這表示什麼？就表示此人先天財運不好容易損失錢財，但田宅運很好容易得到房地產。用財務報表來比喻此人，就好像一家公司，損益表經常發生損失，而且現金流量表經常資金不足，但是這家公司的名下房地產卻不斷猛爆性增值一樣。那麼這時該如何針對命盤所顯現的現象來給予命主建議？這時既然抓出並處和分析出此人的命運體質，老師就會建議命主，將人生中所賺的錢大部份都用在買房地產上，這樣就能將命盤中「失去錢財」的劣勢磁場，轉化為「房地產」的方式，順勢讓自己的財運增加，因為這樣的策略等於反過來利用命盤，將「失去金錢、消耗金錢」的磁場用在『把錢損耗失去在房地產上』，如此雖然一樣是失去金錢，但卻也得到不斷增值的房地產。

因此，如果改成一家企業有同樣的特質，那就該建議這家企業，將手上的現金多用來發展房地產的副業，靠買賣房產來多角化經營，平衡自己的本業損失，甚至是超越本業，成為最大獲利來源，就像台糖企業一樣，靠賣糖的相關農業產出，在已開發的台灣來說，已經是夕陽產業，但台糖過去卻經常能運用其土地優勢，運用販賣大片土地來充盈自己的獲利，使得在本業糖業之外，多出可觀的財富。因此，斗數的學問不僅包含管理學，更囊括財務報表的精華，是為最優質能讓人生邁向成功的工具。

◎斗數的人生策略地圖

老師高中時，相當喜歡一本講策略管理的書，書名叫做「策略核心組織」，企管系出身的讀者，在就學期間，一定學過「平衡計分卡」，但多數人不曉得平衡計分卡，其實是搭配『策略地圖』設計，目地是用於針對企業的每個策略地圖所訂立的目標，設計評估目標達成率的指標，譬如假設某公司訂立在企業內部生產流程方面要達成產出效率提高爲原本2倍的目標。那麼在平衡計分卡的財務面，我可能就會設定以「預算達成率」做爲評分的指標，並在人力資源面，針對此策略目標設定以「單位人力產能」爲評分指標，來評估本公司相關單位是否有達到公司所訂定的目標。因爲如果該企業的產出效率確實提高，它定能用同樣的預算投入產出更多的績效，或者用同樣的人力卻產出更多的產能。

（策略地圖）

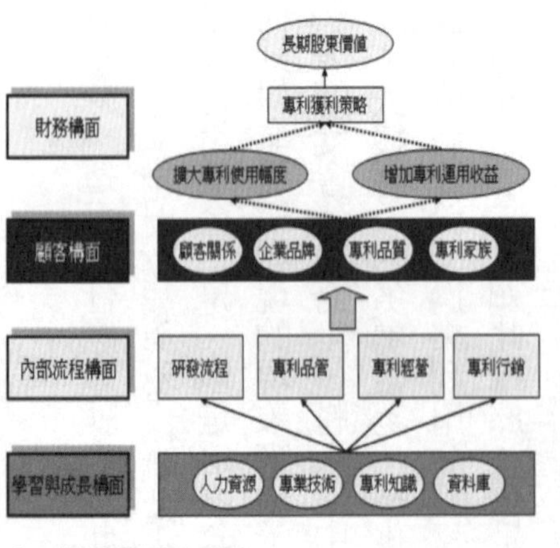

Source: 科技政策研究與資訊中心, 2007/12.

（平衡計分卡）

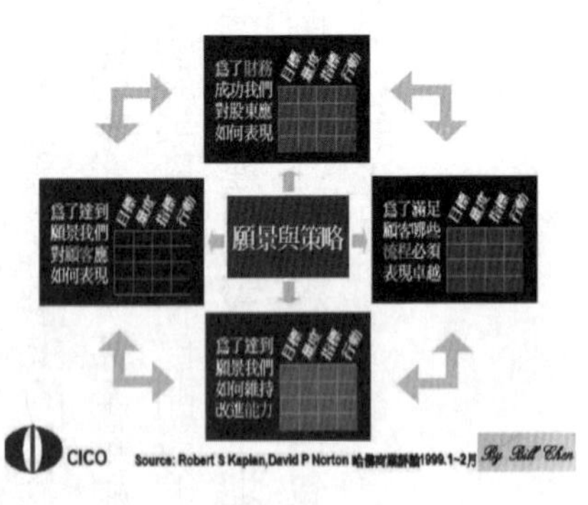

Source: Robert S Kaplan,David P Norton 哈佛商業評論1999.1~2月 By Bill Chen

先前兩節所提到的ＳＷＯＴ分析和財務報表，皆屬於單點式的分析，也就是如以點、線、面做比喻，之前所提到的兩項只等於點和線，無法反映企業整體的經營策略架構，所以策略地圖是屬於綜合所有角度與構面的宏觀全圖，也更能一眼看出一家企業的經營藍圖。所以如果只精通ＳＷＯＴ分析和財務報表，卻不懂策略地圖，就會流於『見樹不見林』！只能分析出企業的片面特質，而無法將這些分析資訊統合爲整體企業策略架構。

例如，老師在研究所就學期間，就曾以財務報表中的杜邦方程式，分析出在金融海嘯期間，技嘉公司存貨週轉率低，卻營收獲利不差，間接推理出技嘉公司在金融海嘯期間定然有可觀的業外收入挹注營收，才有漂亮的財務數字，間接從它的策略地圖中找出找出技嘉公司的策略藍圖脈絡，並分析出其優缺點。

紫微斗數也是一樣，紫微斗數的十二宮就是不同的單點分析角度，而將這十二宮的資訊融合統整之後，就能自我規畫出一張人生的策略地圖，並且凌駕在管理學策略地圖之上的地方在於，管理學的策略地圖通常只能配合平衡計分卡分析四個層面，以及四個層面中每個子策略之間的關係，但是紫微斗數卻能一次分析十二個角度，並能分析十二宮彼此之間的關係，並藉由了解自己命運的藍圖，訂立每個人生階段的評估指標，以做爲各階段人生策略是否達到策略目標的標準。

舉例來說，假如人生的某個十年大限命宮屬於暗運，官祿宮差、財帛宮也差，但同時卻子女宮好、交友運佳，那麼我就可以將這十年的策略目標設計爲『研究對下個大限有利專業技術、經營未來人脈、培養子女教育、經營口碑名聲』，因爲既然某個十年大限屬於暗運又官祿宮差，表示適合埋首研究，而不適合在職場上衝鋒陷陣，既然如此綜合所有單點因素，當下的十年大限就適合埋首研究能讓自己在下個較好運的大限能夠出頭天的專業技術，同時既然財運差但交友運好，不妨就乾脆將錢財用於經營人脈資源，等到未來走過暗運之後，就可運用先前策略所得到的成果，用以經營事業，並且在此同時，如若工作運不得志，但子女運好，那不如將心力多用於子女的教育將子女教養成才，如此等到子女能獨立自主有自己的一片天也能明辨是非時，未來不僅能光耀門楣更可在未來無後顧之憂專心打拚事業。並且既然工作運與財運差不利求財，那就著眼於求名，等暗運過後，再以累積之名聲，換取未來的成功。

然後，在依據命盤分析設定好自己十年大限的策略地圖後，就可訂立評估績效的指標，就以『研究對下個大限有利專業技術、經營未來人脈、培養子女教育、經營口碑名聲』四個策略目標來說，績效指標可以訂立例如『買書預算比例、專業課程預算達成率、人脈網絡增加率、子女成績進步率、專業證照數目』等量化指標，檢視自己每個命理階段的目標達成率，使自己的人生無往不利！

◎斗數解決人生問題的重要思維──「限度內理性」

人生經常需要面臨抉擇，包含策略與命運也是，經常是魚與熊掌不可兼得，無法面面俱到，顧此就可能失彼，許多命理師經常因爲無法想出萬全之策和面面俱到的解決方案，而不知如何給命主建議，而無能爲力。這點也是許多命理師的思維盲點。

但是，學習命理其實也等於在學習『解決問題』的能力。而在管理學中有個理論稱爲「限度內理性」，這個思維模式正是幫助命理師找尋解決命運難關的最佳良藥！限度內理性思維，強調通常問題的解決方案有幾種，一是完美解決所有問題的『最佳解』，二是雖然無法滿分解決問題，但最終績效尚且能讓人接受的『滿意解』，以及無法解決問題的最差解。而人們思考解決方案，最常遇到的盲點都是追求最佳解，卻沒有尋求滿意解的思維，以致無法解決許多問題，例如過去有位問命者，曾向老師詢問工作運，此人雖是殺破狼格，利於在私人企業打拚，但卻工作運極差，除非他有那百分之一的機會遇到伯樂主管，否則事業坎坷。這時老師直接建議命主從事公職，理由在於，雖然他適合業界打拚，但工作運差，在業界很容易失業，與其期待那百分之一的奇蹟，不如尋求次佳的滿意解，也就是公職，因公家機關基本上只要奉公守法沒大過失，即使工作運再差，也仍有穩定的薪水待遇，所以既然不管公家機關或私人企業工作運都差，那不如選擇相對穩定的公家機關，還能穩定餬口，雖不是最佳解，但卻是對命主最有用的滿意解。

▲改變命運扭轉惡運的方法—『因果』

希望惡運和血光、意外不要發生在自己身上，屬人之常情。所以往往一件事最終結果的吉凶，是我們最關心的部份，甚至多數人普遍都是結果論的信徒，不在乎原因與過程，只問結果好壞。但古人云：「菩薩畏因，眾生畏果」。表示在決定命運吉凶的關鍵性上，因的重要性遠大於結果，而扭轉惡運改變命運的關鍵正是明白「因果關係」。

老師不喜歡舉嚴肅枯燥的事例，所以老師舉一個既輕鬆又寓意貼切的例子—經典港漫「風雲」，風雲的劇情就是個非常經典的命理範例。在故事中有個超神準的命理師叫（泥菩薩），算命準度百分百，有天他爲雄霸批命，說道：『金鱗豈是池中物，一遇風雲變化龍』，只要雄霸找到名字中有風和雲兩字的人當手下，就能稱霸武林，於是雄霸就找到了故事的兩個主角-聶風、步驚雲。

十年後，風雲二人果真幫雄霸打下大片江山，此時雄霸再度找泥菩薩批自己下半輩子的命，但出乎雄霸意

(圖片擷取自網路)

料的是，泥菩薩只無奈的說：「你註定『成也風雲、敗也風雲』，一切命定、無需強求」。自此之後，雄霸就處心積慮分化設計風雲二人，窮極一且手段追殺他們。但到最後，雄霸卻依然死在風雲手中。故其實在老師眼中泥菩薩是不及格的命理師！因爲他只能算準雄霸的命運，而無法分析因果。

仔細探究雄霸死於風雲之手落得如此下場的原因，最根本理由不就是因爲他早年濫殺無辜，殺害步驚雲義父全家，種此了(濫殺)的因，才會得步驚雲想殺他報仇的果？而後爲了分化風雲，利用孔慈挑撥風雲二人，因此又害孔慈喪命，再度種下惡因，才造成連聶風也反他的惡果？

聶風在故事中是仁民愛物的君子，若雄霸懂得以德服人，聶風根本不會反他，如此一來，風雲二人只剩雲，也就不會有「敗也風雲」這個下場，因爲雄霸下場淒涼的前題是須風雲二人合力才成立。可惜的是，雄霸只想趕盡殺絕，故事的一個關鍵轉折點就在『鳳溪村一戰』，那時雄霸抓住了全村的村民，聶風對他求情道：「若你放過村民，我就絕不和步驚雲一起對付你」。但雄霸非但不聽還執意屠村，並揚言反對者全都需死，又種下屠村的殺戒惡因，才有聶風決定反他的惡果，否則如果雄霸當下同意放過村民，至少聶風不與他爲敵，只有步驚雲一人也無法威脅他！

所以，如果泥菩薩是個好的命理師，不該說凡事命定，若當初他能勸雄霸以德服人、不犯殺戒不種惡因，明瞭其因果關係，何來步驚雲報殺父之仇？何來聶風因其屠村殘暴而決心對付他？

回歸現實面，從常理與邏輯就可知道許多人的命為何不好，而改變命運最好的方法就是明白因果關係或者修行，而修行的基本五戒為「不殺戮、不菸酒、不偷盜、不邪淫、不妄語」，試問 若不邪淫何來桃花犯主、廉貪凶格？心懷正知、正見又何來鈴昌陀武限至投河？若不容易起貪婪、嗔恚之念，何來財與囚仇、何來因財持刀凶格？若不偷盜、不殺戮又何來刑囚夾印凶格？若常接觸善友遠離惡友，又怎會有誤入歧途的行運？

所以為何命理算許多修行者不會準確，原因在於修行者懷正知正見，領悟其惡運的「因果」而身體力行，也正因修行者了解其因果，不種惡因自然也不會得惡果。所以改變命運最好的方法就是『了解因果，不種惡因』，如此事在人為也就沒有不能改的惡運，

而老師就曾經遇過有向我問命的命造，命盤為廉貪+昌貪的凶格，且命造一看就知他很花心且會因桃色而出事，於是老師一直勸他改變心態、請他堅守單純的異性關係原則，但該網友卻一心擺明既想劈腿又想躲過一劫，之後老師就不想再多費唇舌，而這更加證明了凶格為何為凶格？原因就在於可憐之人必有可恨之處，若不心轉念轉，命盤中的惡運往往就是咎由自取，則凶格就永遠是凶格，而無法改變惡運扭轉命盤。

▲斗數中兼有風水、卦理

任何學問造詣一旦到了高深的境界，許多道理都能相通，命理五術也不例外，例如屬於命術的紫微斗數中也包含屬於相術的陽宅風水和手面相之精華。同時也能在其中找出與文王卦等卜術相互呼應的重點。可說是「斗數中有風水、風水中有斗數；斗數中有卦理、卦理中有斗數」！因此斗數是門能融合百川有如江海般高深莫測的學問，而未來更希望各位讀者能將斗數結合自己的專業，發現出斗數翰海中的新大路。

以文王卦來說，文王卦的占爻屬性依五行分爲五種—「長爻、友爻、養爻、財爻、官爻」，其中友爻除了表示自己的兄弟和平輩，也代表我自己，而卦爻彼此間的關係爲「長生友、友生養、養生財、財生官、官生長」。表示，長輩與父母生我，而我生養(晚輩、下屬)，而下屬晚輩能替我生

（斗數十二宮）

(父母)	(福德)	(田宅)	(官祿)
(命宮)			(交友)
(兄弟)			(遷移)
(夫妻)	(子女)	(財帛)	(疾厄)

（文王卦之卦理）

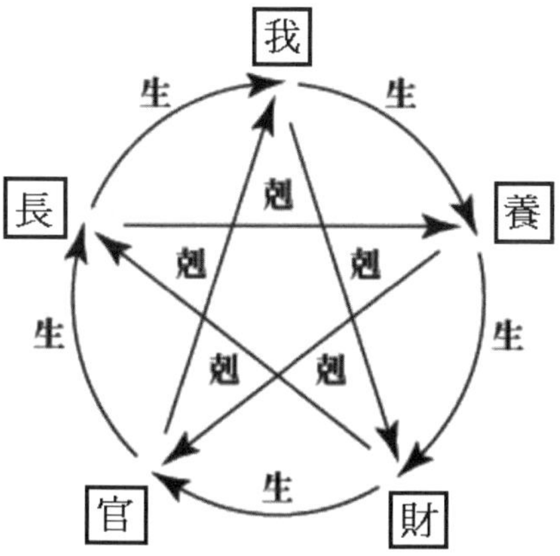

財，錢財又可以替我擴張事業版圖，而事業發達方能有更多的長輩貴人願意投入資源幫助我。而這樣的關係剛好也體現在斗數十二宮的邏輯之中，父母生我跟兄弟以及我生子女這類天經地義的事，就不必贅述。可是「養生財、財生官、官生長」的關係卻在斗數中也一一呈現。

首先，以紫微斗術動盤的角度來看，子女宮恰爲「財帛宮的父母宮」，表示古代斗數的設計邏輯上也認爲以農業的角度來看，有子女幫忙方有人力經營農地。而以商業的角度，有下屬張羅辦事，也才能將生意打理周全。再次，同樣以官祿宮爲立基點，「官祿宮的官祿宮正好是財帛宮」，也就意味著先有本錢才有事業基礎的邏輯。最後，斗數十二宮的設計又完美的將「官生長」的邏輯展現的唯妙唯肖。因爲一樣以官祿宮當成命宮爲立基點論斷，「父母宮不正恰巧就是官祿宮的『子女宮』」！表示父母爲官祿之子。故稱「官生長」。

在卦爻的相剋關係方面，文王卦主張「我剋財、財剋長、長剋養、養剋官、官剋我」，理由在於我是自己財務理財的決策者，錢財受我宰制。而財剋長表示，我長輩的生活品質多受制於我的收入多寡。再來，長剋養表示父母長輩遺傳給我的特質與對我的教育會深刻影響到子女的將來。然後，養剋官的關係表示，如果有豬一般的下屬，就只會讓我的公司敗事有餘。最後，官剋我的邏輯，顯示人生順利與否多取決於事業工作是否順利。

然而這些卦理邏輯卻完全呼應紫微斗數的兩個重要動盤邏輯『氣數位』和『本體位』，在紫微斗數中，任何宮的逆數第六宮皆爲它的本體位，因爲以任何宮當命宮起立基點，任何它的逆數第六宮的宮位都爲此宮的「疾厄宮」！而疾厄就是身體，所以疾厄爲命宮之本體。而將疾厄宮列爲命宮的逆數第六宮，背後的邏輯源自於前幾章談到的河圖洛書中所提到之『一六共宗北方水』概念。此外，任何宮的逆數第九宮，都是它的「官祿宮」，而官祿宮正是一個人的氣數位，因爲人生的事業工作決定人生大部分的成敗與價值，而將官祿宮列爲命宮的逆數第九宮，邏輯概念也出自河圖洛書，其概念爲「一九合爲十」。

故細看斗數十二宮的宮位設計，命宮爲財帛的官祿宮，表示我是財帛的氣數位，由我決定錢財的管理去留。接著，財剋長的關係，以斗數角度，財帛宮爲父母宮的疾厄宮，表示財帛宮一旦不好，父母宮也會跟著本體重傷。再來，長剋養的關係，以斗數分析，父母宮爲子女的官祿宮，表示父母宮爲子女的氣數宮位。然後，養剋官的關係，以斗數來詮釋，兄友線又稱「災劫線」，故任何宮位的兄友線論其負面，皆有災劫的成份，所以也呼應「有豬一般的下屬，事業上就有無止境的災難」之狀況。最後，官剋我的關係，在斗數中，命宮爲官祿的財帛宮，所以正如我宰制財帛的關係一樣，官祿也正好是宰制命宮的角色，也是決定人一生成就與價值的具體象徵。

因此，斗數與文王卦可說彼此學理殊途同歸，相互輝映！

◎斗數中的陽宅風水

既然斗數中有田宅宮，表示斗數的學問亦包含陽宅風水在其中，兩者更有許多共通之處，彼此環環相扣也息息相關。同時，當人的運氣在背時，所居住的屋宅也都會顯示相對應命盤現象的情況，例如田宅宮中有巨門星，多半屋宅的採光會有多處不足。

陽宅風水中，有套理論「紫白九星」更是直接可應用於斗數之中，紫白九星分別對應洛書的九宮格，並且也代表後天八卦的八個卦位與中宮。九星的順序爲『一白坎、二坤黑、三震碧、四巽綠、五黃、六乾白、七兌赤、八艮白、九離紫』。而進一步延伸，紫白九星也對應紫微斗數相應北斗七星的順序。所以，『貪狼爲一白、巨門爲二黑、祿存爲三碧、文曲爲四綠、廉貞爲五黃、武曲爲六白、破軍爲七赤』，至於剩下的八跟九，則是斗數的左輔、右弼兩

（北斗七星）

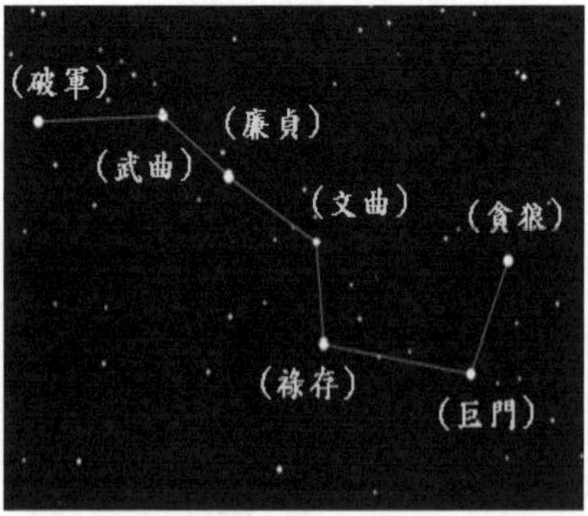

（紫白九星）

四巽綠	九離紫	二坤黑
三震碧	五黃	七兌赤
八艮白	一坎白	六乾白

顆星。在時間方面，紫白九星每星掌管二十年的天地元運，九星相加共一百八十年生生不息，周而復始。

陽宅風水的理論中，將二黑視爲「病符星」，更把五黃列爲風水中最嚴重的「五黃煞」，當二黑和五黃兩個最大凶星碰在一起時，正是足以讓人倒霉到極點甚至是蒙主寵召的『二黑五黃』。表示在斗數中，巨門就代表二黑病符星，黑色的性質將巨門的化氣爲「暗」搭配得入情入理。也正因爲巨門爲二黑病符星，所以巨門和天梁星並列爲紫微斗數的「醫藥之星」，但兩者不同之處在於，天梁與醫藥的關連在於天梁屬於庇蔭助人之星，而醫藥的本質正在於助人。然而巨門與醫藥的關聯卻是因爲巨門是病符星，因此與醫學和藥理有著密不可分的相關性。

至於五黃煞則屬於風水中最嚴重的煞，故風水學中流傳著「寧犯二黑，不犯五黃」的說法，故在紫微斗數全書中也同樣的對於廉貞會巨門限有著極端負面的評價。而既然廉貞爲五黃，也就意謂著丙年出生的人由於廉貞化忌，如果又恰巧在丙年犯到五黃煞，則凶應將比一般人更加凶險數倍，不可不慎。

不過談及一連串的風水凶應，各位讀者一定好奇「請問冠元大師，那斗數中是否有屬於正面有幫助的風水訣竅呢」？這問題就從大家都關心的「錢財」分析。

紫微斗數中的正財星爲「武曲星」，對應九星的是乾卦的六白星，並且武曲也正是乾卦的代表，它屬金有著金的財富，但也有金的冷硬，也正應了乾卦所表的西北方位之冷硬，而武曲既是財星也是將星，執行力與點子兼具，屬於武財，所以行銷、市場、業務、生意場這些需要和人一爭營收、擴張版圖的方式，就屬於武財，因此如果一間公司主要靠以上方式賺錢，則一定要顧好公司陽宅的武財位，不管是基本陽宅的九星盤，或者是九星飛泊，只要有關於六乾武財位的地方都需要好好佈置，並多增加可提昇武曲能量的風水佈置，如此，更能將公司的財運大幅提升。

▲紫微斗數究竟是不是科學？

一直以來，命理和紫微斗數被認爲非學術，並且被視爲非科學的理由在於，許多學者認爲紫微斗數有幾個問題有待克服—「(1)許多的理論和現象至今無法解釋其原因。(2)斗數和命理的分析和理論許多無法量化及數據化。(3)科學理論應該可形成完全準確的定律而既然命理可能不準確，那就無法形成放諸四海皆準的定律」。

其實同樣的質疑過去也曾出現在管理學中，許多學者挑戰管理學不是科學的理由，也是在於管理學有些部分無法公式和數據化，但事實上，管理學仍被大學殿堂列爲正統學術，理由在於雖然管理學部份學問，無法以數據和公式表達，但是卻能以科學方法與邏輯印證，因此，能以邏輯和科學方法印證的學問理當被視爲科學。

事實上，有關於人文與社會科學的學問，都一定有部分是無法或不適合以量化及數理分析的成份，因爲社會科學的主體是『人』，而人有文化有情緒有思想並充滿許多抽象概念，與冰冷的機器不同，所以不能單以數據分析，舉例來說，「愛」這個概念如何以量化分析？有辦法明確區分出愛自己的老婆幾單位或者愛自己的子女幾單位嗎？顯然不能！所以就連經濟學中用來衡量每個人效用的計數分析方法，開宗名義都強調「效用是主觀的」，也就是說效用理論都只能針對單依個案無法放諸四海皆準，而經濟學中的「無異曲線」，試圖用不同物品間的數量對比概念，試圖將「效用」這個抽象概念得以量化，例如某人願意拿10個蘋果換1個披薩，就表示在此人心中蘋果的效用如果是一那披薩就是十，那麼此人無異曲線圖的預算線斜率就會是（以X軸爲蘋果、Y軸爲披薩）負十分之一的斜線。但這樣的分析仍存在盲點，此盲點在於，如果要大家比較自己的妻子和兒子那個重要時就無解了，因爲妻子和兒子都只有一個無法計算兌換比率。由此可知，只要與人文科學有關的學術都定會存在抽象概念，也無法以數理純科學來詮釋，也因此斗數探討的主題是人的命運，也定會存在傳統數理無法完全適用的成份。也正如管理學一樣，管理學分爲組織理論和組織行爲兩個部份，前者討論的是企業的架構問題，後者主要討論人的行爲和心理學，所以同樣的組織行爲的相關理論中所內含的數學和量化分析成分就遠少於組織理論。而人力資源管理的數理量化成份也遠少於財管和生產管理是一樣的道理。

也因爲這些盲點，所以在近年才有『質化研究』的崛起，質化研究即是標榜以邏輯推論思考爲主體，而不使用量化分析的新式研究方法，而質化研究有多被應用在人文社會科學，以解決許多人文中邏輯與文化可以解釋但純數理無法詮釋的問題。因此老師認爲紫微斗數絕對屬於科學，但是因其大部分皆在分析人文問題，所以屬於社會科學的範疇，研究的方法也需以質化研究爲主，量化研究爲輔。

再來，命理被人挑戰不算科學的原因在於，如果是科學理論理應放諸四海皆準，例如畢氏定理、三角函數，不管在任何國家任何時候都不會有所改變，應該是鐵的定律，而既然紫微斗數和命理存在改變命運的空間和論命不準的誤差，那憑什麼可稱爲科學？對於這樣的質疑，首先需了解既然是預測一定存在誤差，關鍵只在誤差的高低以及論命者準確度的良率問題。而只要與人文科學有關也定會存在誤差，例如同屬數學範圍的統計學，對於統計結果也必會定出誤差區間和信心水準，因爲即使數學是純科學，但只要用以人文的範圍就一定會存在抽象和誤差問題，因爲只要是人就一定有差異，一百個人的想法和一萬個人的想法結果一定有差別，這也是統計學定存在誤差區間和信心水準的原因，此外，即便是物理學也有所謂的「測不準原理」，所以真正研究斗數的正確觀念應該是，如果某個命理理論預測十次可以準確九次，那麼應該討論及研究的問題應該是「不準的那一次，原因是什麼？」進而檢討改良，讓理論的正確度更加提升。而不是因爲存在極少的誤差，就將其不視爲科學。

最後也是最多人質疑命理和斗數的問題在於，斗數有許多理論和學問，只能反映豬事實而講不出「講不出爲什麼」，這點連老師也大方承認，即使是老師的這一系列『紫微斗數科學』也只是盡可能將大部份前人無法解釋的理論用科學與邏輯的方式分析，但是命理有許多理論因爲失傳或者已不可考，而成爲千年未解的問題，就例如河圖洛書，據傳說是古人在馬背和神龜背上所發現，但是光是這部份就爭議重重，又例如爲何紫微星的定法，需以生日除以五行局，其必然根據爲何？這些問題也皆是因爲失傳而不可考，但不表示這不是事實，更不代表這不是科學，因爲事實證明斗數能準確用來推算人的命運，那麼就表示斗數是學術也是真理，而不是巧合或者怪力亂神。充其量只能說，斗數的理論許多是現代科學所無法完全證明！而不表示不是事實。

最好的現實案例，就好像「金字塔」一樣，依據現代科學、建築學的理論與實務都認爲金字塔根本不可能蓋出，至今也沒有任何一位學者能解釋金字塔如何蓋成，但偏偏金字塔就是實實在在出現在世人的眼前，所以由金字塔的案例更可破解現代科學無法解釋出原因就不算科學的迷思。

所以，總結紫微斗數這門學問絕對屬於科學，而且是結合精緻邏輯與人文的社會科學，並存在許多現代科學未知無法破解的奧秘，存在更加豐富深入的進步及研究空間，值得學界更進一步研究發展出更多有益的深入理論模型。

▲紫微斗數與命理的可能來源

許多讀者看過老師前幾章所寫的五行相生相剋現代科學證明的個人創見後，一定會產生懷疑，認爲其中的重大盲點在於，老師所說的地球科學理論雖然合理，也完全能解釋五行相生相剋的道理，但這些理論都是經由現代科學與儀器才得以證實，古代根本沒有這樣的高科技能力，如何能了解這些遠遠超過古代文明的相關知識？

關於這疑點，老師也曾思考過，最後老師認爲合理的推論爲，命理的相關知識許多部份是來自於「外星人」的傳授！也就是各國命理的根源其實來自於外星人的知識庫，何以見得？首先先從由馬背和龜背發現河圖洛書圖案這件事來分析，常理來說龜背和馬背可能出現這麼工整的圖案嗎?當然不可能，一定是人爲刻意造成。而古代歷史確實也不乏有外星人的記錄，例如晉書拾遺

（山海經奇獸 1-鯥）	（山海經奇獸 2-鹿蜀）

記中就記載秦始皇就曾與外星人有接觸，拾遺記中提到有天忽然從天而降許多神人，而這些人臉如童稚、目光如電，並和秦始皇相談，而臉如童稚、目光如電正是典型外星人的長相特徵，並且在二十世紀出土的兵馬俑，俑中士兵身上的配劍的材質，竟然是二十世紀初歐美才發明申請專利的「鉻鹽化合物」，而學者也發現，秦始皇修築的萬里長城，城上的烽火台竟然與天空一百零八星宿完全對應。因此合理推論，秦始皇兵馬俑的科技技術，正如今天的美國科技一樣，有許多是經由外星人所傳授，並合理推測秦始皇烽火台對應星空一百零八星宿是為了讓外星人的太空船方便降落地球。

另外，有關外星人出現於中國的證據是，上頁圖中提到兩種山海經的動物——「鯥」和「鹿蜀」據現代人考證為海狗和班馬，問題是中國根本沒有海狗和班馬，甚至有美國的學者在北美洲西岸找到山海經所描述的山和北美特有的犰狳，更令人驚訝的是山海經中還記載非洲的大型狒狒「山魈」和南極的企鵝。但以中國當時的科技根本沒有高文明的交通工具可以環遊世界進行研究，所以多數學者合理懷疑所謂的山海經根本是中國人乘坐外星太空船環遊世界的旅行報告。

並也有一說，中國所謂的「龍」其實就是「飛碟」，而龍所垂下的龍鬚其實就是太空船的升降梯，因此所謂黃帝乘龍登天，有學者認為是黃帝走上升降梯和外星人一起離開，所以種種文獻的佐證，使人不排除命理知識是外星人傳授給中國人的科技知識。

☆《學習斗數和命理經常會遇到的難關》

不論是國英數史地或者物理化學生物，甚至是難度更高的經濟學、微積分、流體力學等研究所的學科，幾乎都能靠看書自學而學有所成。但為何多數看書學斗數的人十之八九都沒什麼長足的進步？主要的關鍵在於通常看書學習斗數，甚至是拜師都會遇到多數人經常碰到的難關，以至於斗數越學越混亂，功力永遠原地踏步，為了避免各位讀者重蹈覆轍，走冤枉路浪費時間，老師本節就將多數斗數學習者容易遇到的困難，以及命理界普遍存在的陷阱徹底公開，讓各位讀者未來學習斗數事半功倍！

▲難關一──買到書就像灌硬碟一樣拼命往腦裡灌

多數剛接觸命理的人，常犯的毛病在於，一買到書就拼命把書中內容拼命往腦中灌，但一來紫微斗數是門需實戰論盤經驗的學術，書中所寫的往往只是鳳毛麟角，其次，斗數和一般高中大學的學科最大的差異在於，大學殿堂的學術大多具有共通的語言、統一的標準，例如微積分中泰勒展開式、國文中的出師表，不管哪本書的內容都是放諸四海皆準，有統一的架構、標準的答案或共識。但是紫微斗數就完全不是這麼一回事，各門各派各有各的主張，有些論點甲門派認為正確，但乙門派完全不採用。形成「一個斗數各自表述」的問題。如此一來，就造成能否學好斗數就成了俄羅斯輪盤，初學者只能碰運氣。如果所選的第一本入門書是好書，那也許學習斗數之路順暢無比，可惜任何事物多半都是良品少見難得，斗數界也不例外，因此很多斗數初學者所買的第一本書反而是學習斗數的絆腳石，以及誤入歧途的導火線。

因此，一買到書就將書中的內容拼命往腦中灌，在不確定是否是好書的情況下，很容易吸收到大量的錯誤資訊，甚至是彼此矛盾的資訊，例如某本書提到廉貞加七殺必然命運逢重大血光，另一本書又說並非如此，這時反而造成學習者的困惑，更嚴重的是，有些學習者屬於對最先接觸的資訊特別有所堅持的類型。因此很容易將第一本書籍的內容深入吸收，造成錯誤認知根深蒂固烙印在腦海中，一路錯到底，未來即便接受到正確的資訊，反而因為完全顛覆自己原先的認知，而造成學習上的困難，甚至產生接受上的抗拒。更有些人會因為不同書籍的不同主張而困惑腦中一片混亂，導致最終放棄學習。

所以，學習斗數前，應先將各門各派的書籍，先初步瀏覽，接著依據每本書的邏輯性、準確度、學理原因敘述完整度、實證性逐一篩選，同時淘汰交代不出所以然、內容主張不合邏輯的書籍，去蕪存菁方能讓自己的斗數之路走向康莊大道。

當看書自學一段時間後，第二步就需建立自己的門派體系，因為紫微斗數學派林立，三合有三合的看法、四化有四化的主張、十八飛星有十八飛星的特色，推論邏輯都不同，所以如不確立自己的門派體系則分析邏輯模糊，論命也缺乏系統性。

▲難關二—多數斗數書籍不交代推論過程，甚至內容故意寫錯

只要是牽涉到商業利益，多半都存在藏私的問題，但藏私的問題又以命理界最為嚴重，琳瑯滿目的紫微斗數書籍中，大部份都只告訴讀者結果，甚至只用表格將各種星曜各種組合列出，然後只交代各種星曜組合出現在各種宮位的結果，而從不交代推論邏輯，使讀者知其然而不知其所以然，而除非讀者有電腦般的記憶力能背完整本書，否則這本書完全無法帶給讀者任何建設性。更甚，許多心術不正的斗數老師，為了招生營利，故意將書中的內容寫錯，同時再將正確資訊教給自己的學生。這樣的作為比藏私更可惡，因為藏私頂多讓讀者沒有學習到斗數的關鍵知識，但提供錯誤資訊將會誤導學習者，更可能造成讀者未來用錯誤的認知對命盤下錯誤的判斷，以致於遺憾終生。

此外，很多人以為如果要杜絕多數斗數書籍藏私和故意寫錯的弊病，只要閱讀紫微斗數的『古書原典』，就萬無一失。但令人不堪的事實真相是，斗數的古籍同樣錯誤連連，其中的問題在於，現代所留傳的「紫微斗數全書」是由明朝的羅洪先所編撰，但羅先生只負責將古代流傳的各家斗數文獻統合整理，但並不負責勘誤與考證，所以總體來說，紫微斗數的古籍說到底根本是「一系列雜抄的集合體」，故其中錯務頗多，更有許多不知所云，反而紫微斗數全書，比較適合高手級的斗數學者閱讀方能不被其錯誤資訊所影響。初學者閱讀斗數古籍反而會像霧裡看花毫無頭緒。

▲難關三──盲目追求神準炫技論法，而忽略斗數的核心價值

過去，老師曾遇過某個斗數門派，論命相當喜歡論及對方身體哪個部位有痣、哪個部位有斑痕、皮膚是否黑、腹部是否有胎記等特徵。以前老師曾有段時間也對於這類技法很有興趣，但其實熱衷於這類技法，正是很多初學者在學習斗數過程中容易遇到的盲點。剖析為何許多初學者會被這類技法吸引，不外乎是在於感到神奇、神準的驚訝崇拜心態。但是這類技法最大的弊端在於「只能用來炫技，而缺乏實質建設性」！也就是這些技法，最多就是在論命時能讓被論命者驚呼幾聲厲害，但對命主卻沒有實質建設性，就拿身上何處長胎記、何處長痣來說，要知道這些事情，只要請命主回家照鏡子就能一清二楚，論斷再多實務價值也不過等於一面鏡子，而過於熱衷這類技巧，就容易讓自己流於四處炫技，而面對命主所提出的人生難關卻拿不出任何解決方案的窘況。

因此，老師認為神準型的炫技論命手法，不是不能研究，但建議僅用於欣賞和學理驗證，主體仍要以運用斗數分析問題、解決問題為主軸，而炫技行手法僅是額外輔助及研究，至多占斗數學習用功的三成。

▲難關四—追求速成與放諸四海皆準的制式論命

學習斗數究竟要多久才能出師？如果你心中的答案是半年或一年，那表示落入了一般斗數學習者的錯誤思維中，以前老師曾經設計為期兩年的斗數教學班，但被許多粉絲抱怨兩年的學習時間太長。但老師心理卻想說，兩年其實已經是精簡過後的課程，憑心而論，如果真要學足老師的本事，最基本也需要三年，此外還要同時累積一定數量的論盤經驗，方能達到堪稱大師的最基本條件。斗數這門學問博大精深，因此如果有斗數課程聲稱學習一年就可執業，十之八九不是授課老師的真才實學太少，就是只能學到粗淺皮毛。就算學成執業，也不過就是一般九流術士。

另外，紫微斗數是門千變萬化，需要融會貫通不同資訊的學問，部分習慣公式化與標準化思考的學習者，經常希望能學到得以放諸四海皆準的標準公式論命法，以求論命答案標準化沒有模糊空間，最好能有標準作業程序既明朗又不複雜。但是，紫微斗數是用以反應並分析命運現實狀況的學問，而學術上的理論模型與現實實務最大的差別在於，學術上的理論模型，通常都會有「假設其他條件不變」的前提，以便精準分析探討變數間的關係。但是現實實務與理論最大的差別就在，實務中『所有條件隨時都在變』！因此，紫微斗數論命不可能做到完全公式化與標準作業化，否則就會流於僵化，或者與現實脫節，這也是為什麼現實社會中，不乏理論頭頭是道，但實務能力平庸的人。

正如過去西方的某位軍事家，只要看這位軍事家寫的軍事教科書的人通通打勝仗，諷刺的是唯獨這位軍事家一天到晚總是打敗仗。其中的關鍵差異就在於，學術上的理論模型幾乎都是簡化過並假設除了探討變數以外，其他條件都不變的狀況。如要成功運用在實務上，就需能夠將「各種理論依照當下條件進行統合」，再產生應對的決策和判斷，方能貼近實務，而不會機械套用以至於招致失敗。

例如，在經濟學中的供需法則裡，強調在其他條件不變下，物以稀爲貴，供給越少則因供不應求而使價格提昇，獲利方能相對提升，也因此擁有越稀有的物品，價值相對越高，但如果依照純理論，照理說飢餓行銷會變成現實行銷手法的顯學，但爲何實務上反而飢餓行銷不是行銷手法的主流呢？原因在於，現實實務上無論消費者心理、品牌價值都不可能假設完全不變，同樣採用飢餓行銷，蘋果的 I 系列手機和大陸長江排的山寨機，絕對是蘋果會有爭相搶購的效果，因爲蘋果既有品牌價值，更在消費者心中塑造了高貴品的形象，而長江大概無人關注，所以長江公司的決策者如果貿然依照經濟學的理論操盤，絕對剎羽而歸。

所以，總結紫微斗數這門學問，屬於實務科學，反應現實的命運，所以若想提升斗數的論命功力和準度，重點不在於理論背誦多熟，而是在於統合各項理論並結合現實各種條件的融會貫通能力！

☆《研究紫微斗數正確的方法與分析思維》

上一節提到，紫微斗數不同於一般學術，需要有統合不同條件綜合分析的能力。那麼哪些研究方法與分析思維才是使斗數實力大幅增進的法門呢?老師認爲研究斗數的方法首重歸納和假設試誤法，但其中仍有許多盲點需要注意，否則將會得到錯誤結論。

▲命例歸納法

常言道:「事實勝於雄辯」。萬般的猜想都比不上實際的命例來的有說服力，所以一般常用且有效的斗數研究方法，主要已收集命例的方式，將各種命運特質的命盤分門別類，再針對擁有共同特質的命盤進行研究，例如若要研究車禍的命理條件，最有實證力的方法就是收集上百張發生車禍的命盤，然後一一找尋每張命盤的共通點或共同條件，以歸納出發生車禍的命理條件脈絡。但是命例歸納法，雖然最據實證力，卻同時也有兩大缺點，容易成爲研究斗數上的盲點。

首先第一個盲點爲「歸因謬誤」，也就是因果與邏輯關係歸納錯誤，舉例來說，一般學理上，分析兩個因素間是否相關，主要在於觀察兩個因素間的連動性，例如我們觀察到緯度越高的地區動物的體型就越大，就可推論氣溫與動物體型之間有著正相關。但是，歸納法有時仍會發生謬誤的狀況。比如說，某甲三天前穿紅色衣服出門時發生地震，昨天穿紅色衣服出門又發生地震，接著今天穿紅色衣服還是發生地震，從此某甲就下結論：「穿紅衣服會導致發生地震」。但這樣的推論顯然不合邏輯！歸納的原因也顯然錯誤，因為有時兩個因素間看起來呈現相關性，可能只是「恰巧」同時發生，但兩者彼此間不存在邏輯關係，就像例子中的紅色衣服和地震一樣，兩者只是剛好同時發生不表示有邏輯關係。因此，單純的命例歸納法就可能發生依照命例的脈絡，歸納出命例的共同現象，可是這個共同現象可能與要研究探討的議題沒有任何的邏輯關連，只是純粹巧合而已。如果要解決歸因錯誤的問題，就需在分析命例找到共通點的同時，進一步解釋這些命例共通點的邏輯關係，比如說父母宮化忌的人，一般人緣都比較差，觀察到這點時同時也要能解釋出邏輯脈絡，如果解釋不出，就應先設法思考出合理的推論邏輯，而不能急於下結論。

而命例歸納法的第二個盲點在於容易「倒果為因」，例如老師看過曾有研究者歸納一百張智慧型犯罪者的命盤，發現都是天機巨門化忌的命盤之後，從此以後只要一看到命宮有天機巨門化忌的命盤就認定是智慧型犯罪者。雖然不能完全怪他，畢竟一百章命例的實證力確實很高，但這樣的思維犯了很嚴重的「以偏概全」的邏輯錯誤。因為天雞巨門化忌的命盤，實務上仍出過不少學者和研究者，也就是智慧型犯罪者只占所有天機巨門化忌命盤的「其中一部份」而已，而研究者基於研究主題，有目地性篩選命盤，就可能將結果倒果爲因，變成一竿子打翻一船天機巨門化忌在命的人。這樣的邏輯謬誤也就好像認識十個四川人，每個都愛吃辣，所以就認定只要是四川人就愛吃辣，顯然過於以偏概全。因此，如果各位讀者未來有志於研究紫微斗數，需謹記以上兩個命例歸納研究容易遇到的盲點和謬誤，以避免研究反被命例誤。

▲假設實證法

科學界的名言：「大膽假設，小心求證」，這樣的論證方法同樣也適用於斗數的研究，因爲實務上，即便是職業命理師，對於某些特殊命例也只能收集到個位數的命例，例如要研究漸凍人的命例，可能就是很大的挑戰，至少老師論過幾千張命盤，至今從未看過漸凍人的命例，所以上一段所提到的命例歸納法，另一個實務上的致命難關就在於特殊命例的收集困難度，如果只依靠命例歸納做爲研究方式，當遇到特殊命例時，就會因爲收集困難，而難以驗證無計可施。然而突破瓶頸的關鍵在於，紫微斗數並不是一門統計學，而是俱備邏輯與理論架構的一門學問，所以如果要克服命例限制的障礙，就需採用假設實證法。

假設實證法的核心精神在於，當研究者對於斗數學理深入了解到一定程度後，就能依據斗數的邏輯，進行學理上可能的假設，最後再從實證案例上做驗證，自然可以從不同的假設與驗證過程中得到不同的結論，例如「巨門化氣爲暗」既然巨門存在這樣的特質與邏輯，研究者就能依理論進一步推論巨門在田宅宮的人，可能居住的屋宅採光比較暗，也可推論巨門在福德的人，內心精神面也較爲陰鬱。然後再依照推論假設進行實證，如準確度十準八九，就表示假設正確。

不過，運用假設實證法時，有個錯誤心態是導致許多研究者經常論證失敗的原因，這樣的錯誤心態稱之爲『承諾升高』！承諾升高是指，當一個人在某項計畫或事物投入大量精力或成本後，即使計劃不如預期甚至前景黯淡，卻因爲原先投入資源成本過高而不願意放棄，因此反而堅持繼續投入資源以期待能翻盤。正如同，有些考生考三四年高考卻依然落榜，但由於已經在高考科目上投下三四年的心血，所以不想放棄，反而繼續投入更多時間準備以期待翻盤一樣。而同樣的問題一樣出現在假設實證法中，特別是原本能力高人一等、較自負的人越容易犯這樣的錯誤。這樣的研究者往往在立下假設之後，爲了證明自己的假設正確，而不斷找實證案例以證明自己的推論是對的。但如果真是對的也就罷了。如果是錯的，有些研究者爲了自圓其說，讓自己的推論站得住腳，即便花三四年研究即使發現自己的假設是錯的，但仍因爲投入研究的時間精力過多，不甘心就這樣做罷，因此反而投入更多時間精力永無止境的尋找能支持自己論點的有利命例和證據，反而因爲這樣的心態，不僅浪費更多時間資源，更永遠找不出問題的答案。

要避免這樣的心態盲點，最重要的方法就是做好研究規畫與時程管理，管理學中提到無論做任何事，規畫不但具有最基本得必要性，除此之外但凡規劃必有時間性。因此，當在做一項假設的主題研究時，必須規劃好設定好時間性以及時間停損點，如果到時間停損點仍易籌莫展時，這項研究就有暫時擱置的必要，反之，如果到時間停損點時，研究仍未有結果，但是卻已有指標性的重大進展和發現，方才考慮將研究計劃時間延長。

同樣的道理也體現在股票投資上，通常會賠到跳樓割喉的投資者，通常都是那種為了賭一口氣，即使賠錢也因為投入資金過多，不甘心認賠殺出，進而錢越投越多以期待翻盤賺回，但往往卻是加碼攤平，越攤越平，越投資越大洞，最後血本無歸，而厲害的投資者則懂得設停損點的重要性，即使賠錢時也能為自己的損失止血。因此，不論是研究或者計劃做事，都要考慮停損點，以避免白忙一場還越陷越深。

☆《學習紫微斗數的正確心態》

紫微斗數發展至今，百家爭鳴、派系林立，但有門派就不免有本位主義，加上自古文人相輕的風氣，致使很多斗數學習者在學習某一門派的論法後，就因本位主義，將自己門派的觀點視為最高真理，甚至試圖證明自己門派的論點才是精準正確，將其他門派的論點皆視為錯誤，貶低甚至拒之門外。

但不管哪種派別，必有其可取之處，也必有缺點，老師認為沒有最強的門派，只有最強的論命者。因此實事求是的心態應該要能海納百川吸收各門各派的優點，只要實證上正確、有實務價值的論點都應加以學習和研究，例如老師在自創門派以前，所學主要以四化派為主，但是和我截然不同三合派的紫雲先生所提出之「太歲入卦」的論點卻是我經常採用的論法。因此放下本位主義，去接觸各門各派實證上有價值的說法，才能學得更多，並更能觸類旁通。

並且學習斗數同時，也要學習能以其他學問相互印證，方能有新的突破性啓發，例如各位讀者在本書前幾章定能發現，老師能破解紫微斗數的原理並解開斗數中諸多千古未解之謎的關鍵就在老師能將各種學問相互印證，也許某個斗數中的盲點恰巧能在別門學問中找到解答，例如老師破解五行相生原理的領悟是從「地球科學」而來，而體會陽宅風水九星的原理也是從斗數體會而來。因此融會貫通不同學術正是斗數進步的關鍵。

《本章思考題》

1.

當問命者問到未來的工作規劃和出路時，由於未來的展業變化很難事先預料，這時該如何給與建議??

2.

如果一個問命者已經投入錯誤的行業十幾年，一時間要請他轉行也不容易，這時該如何給與建議??

3.

紫微斗數同時擁有 SWOT 分析、財務報表、策略地圖的功能和優點，那麼請思考 SWOT 分析、財務報表、策略地圖有何缺點?? 這些缺點會不會發生在斗數上?? 如果會如何克服??

4.

本章提到扭轉惡運的方法，並以知名港漫(風雲)爲例，但老師以前提到這例子時，有人提出另外的分析觀點，他認爲即使泥菩薩苦心規勸雄霸修德勵行，但雄霸修德勵行雖然能夠獲得善終，但也可能因爲沒有鬥爭而失去天下。如果要雄霸在一度曾經擁有天下，和不曾擁有但能善終，兩者中做抉擇，也許雄霸知道後還是會選擇原本的舊路吧~!! 那~~假如真是這樣，如果你是泥菩薩，要如何規勸雄霸??

《本章思考題》

5.
斗數中有卦理有風水，那是否也有手面相和其他數術??

6.
本章提到易經和命理可能是外星人傳授給中國人的知識，那何以西洋的占星和中國的斗數有許多相似之處??

7.
本章中列出許多學習斗數時會遇到的難關，但同樣的難關也會發生在其他命理數術的書籍中，斗數和手面相也許還容易收集範例加以印證，但如陽宅風水和占卜類的書籍，不僅收集確切案例難度高連驗證也較困難，遇到這類數術又有何分辨書籍好壞的方法??

五、學習紫微斗數前所需學會的斗數術語

☆《斗數與命理必知的專有名詞》

與各門學問一樣，斗數和命理界也有自己的專有名詞，如同各行各業的行話一樣，一旦對這些專有名詞沒有詳加認知，將會造成閱讀斗數和命理相關書籍的障礙，同時研究紫微斗數古書也會有如霧裡看花，完全一籌莫展，所以斗數的基本術語就和運球和射籃的基本動作一樣重要，是必備基礎。

▲命理學通用的專有名詞

六神：六神指的是東青龍、西白虎、南朱雀、北玄武、中勾陳與騰蛇。共六神。

二十八星宿：二十八星宿指的是東方青龍七宿「角、亢、氐、房、心、尾、箕」。北方玄武七宿「斗、牛、女、虛、危、室、壁」；西方白虎七宿「奎、婁、胃、昴、華、觜、參」；南方朱雀七宿「井、鬼、柳、星、張、翼、診」。

三才五行：三才為天、地、人三者，五行為「木、火、土、金、水」。

比旺：某事物遇到相同五行的事物稱之爲比旺。

洩氣：某事物遇到生出五行的事物稱之爲洩氣。

三合：相同於斗數的三方，爲十二地支相隔三位的地支組合，而十二地支中，「寅午戌三合火、亥卯未三合木、申子辰三合水、巳酉丑三合金」。

天干化合：天干化合係指「甲己合化土、乙庚合化金、丙辛合化水、丁壬合化木、戊癸合化火」。此理論多用於八字與部份斗數門派。

六沖：十二地支中，子午互沖、卯酉沖、丑未沖、辰戌沖、寅申沖、巳亥沖。

六合：十二地支中，午未合、巳申合、辰酉合、卯戌合、寅亥合、子丑合。

偏沖：除前面提到直接形成對沖的六沖地支外，部份門派會將三合方也考量進去稱之爲偏沖，例如子的對沖宮是午，但因爲申、辰兩地支是子的三合方，所以列爲偏沖。

太歲：當年度的地支和方位，例如丁酉年。太歲方就在酉。

用神：此一詞多出於占卜，指的是代表所問之事的爻支，例如問錢財，用神就是財爻。

龍虎邊：龍邊為左、虎邊為右。

▲紫微斗數的專有名詞

主星：主星指的是北斗紫微星系六顆主星和南斗天府星系八顆主星，總共十四顆主星。

七吉星：左輔、右弼、文昌、文曲、祿存、天魁、天鉞。

六煞星：擎羊、陀羅、火星、鈴星、地空、地劫。

中天主星：太陽、太陰。

四化：化祿、化權、化科、化忌。

曜：指的就是星。

化氣：指星曜的氣場和特質。

宮干：每個宮位的天干。

本宮、對宮：本宮指要探討的某個宮位本身，對宮指本宮的對面宮位。

大限：指的是從命宮起每個宮謂所代表的十年運。

流年：每一年的地支所代表的宮謂稱為流年命宮。

三方：每個宮位加上和它形成三合的其他兩個宮位稱為三方，例如以命宮為基準，和命宮形成三合的宮位必為官祿宮和財帛宮，所以命、財、官三宮為三方。

三方四正：除了三方的三合宮位外，再加上對宮，以命宮為基準，就是命、財、官三宮再加上命宮對面的遷移宮。

四馬地(四生宮)：四馬地又稱四生宮，爲寅、申、巳、亥這四個宮位。

四墓地(四墓宮)：四墓地又稱四墓宮，也稱做四庫地，爲辰、戌、丑、未這四個宮位。

四敗地(四敗宮)：四敗地又稱四敗宮，爲子、午、卯、酉這四個宮位。

天羅地網：指辰、戌兩宮。

天位：子、午、卯、酉四宮位。

地位：辰、戌、丑、未四宮位。

人位：寅、申、巳、亥四宮位。

虛歲：斗數採用虛歲，只要出生就爲一歲，每逢過年再加一歲。

坐、守：某顆星在某一宮位稱爲坐或守，例如貪狼星在命宮，就可稱爲貪狼坐命或貪狼守命。

會：會的意思有兩個，在現代普遍通用的紫微斗數學理上，會指的是某顆星雖然不在要討論的宮位，但卻在此宮的三方，這情況稱爲「會」，譬如以命宮爲基準，文昌星出現在官祿宮，因宮祿宮和命宮爲三方的關係，所以可稱爲「命宮『會』到文昌星」。

照：某顆星出現在要討論的宮位之對宮稱之爲照，例如以命宮爲基準，如果紫微星在對宮遷移宮，則可稱作「紫微照命」。

拱：拱和會的基本概念很接近，一樣指星曜出現在三方，但不同的是，會沒有把星曜出現在本宮內的情況算入，也就是會的概念不包含「坐」，但是拱則是把會跟坐兩者一起合併算入，所以簡單來說就是「坐＋會」的綜合體。所以，一般在戲劇常聽到的紫微星「拱照」，指的就是紫微星出現在三方四正，因爲拱爲三方、照爲對宮。

夾：兩顆星出現在某宮相鄰的兩旁宮位，好似夾住某宮一樣，例如以命宮為基準，如果文昌在父母宮、文曲在兄弟宮，分別在命宮的相鄰兩宮，則稱爲「昌曲夾命」。

沖：沖與照原則上意思相同，差別只在沖這個字爲化忌星專用。

入：每個宮都會產生四化飛星，當飛星飛到某個宮位就可稱飛「入」某宮。

向：對著某一宮。

極、帝星、帝座、尊星：皆指紫微星。

財、善、蔭、福：財借代武曲星、善借代天機星、蔭借代天梁星、福借代天同星。

日、月、印、庫：日借代太陽、月借代太陰、印借代天相、庫借代天府。

殺、耗、暗、囚：殺借代七殺、耗借代破軍、暗借代巨門、囚借代廉貞。

▲研究紫微斗數古籍時所需注意的重點

紫微斗數不同於大部份的數術，有著豐富可關的古籍資料，例如光是文王卦就有卜筮正宗、增刪卜易、黃金策。而風水更早有青囊書、何知經等文獻，從古代起就是主流的八字學更不用說了。然而紫微斗數雖然發跡於宋朝的陳希夷老祖，但斗數長期以來並非顯學，直到二十世紀中後期才成為中華民國和華人間的命理顯學，故在此之前，斗數界的古籍只留下一本明朝羅洪先所編著的「紫微斗數全書」，可是羅先生只收錄編輯，並不負責實證，也未有任何白話註釋，加上北宋到明朝間幾百年的時代落差，所以難免其中的錯誤有多少已不可考，所幸斗數在現代華人先進的努力研究之下，許多斗數內容都得以有辯證和實例依據。因此，如要讀懂紫微斗數古籍，首先，要先明白紫微斗數全書內容的用字遣詞邏輯，否則閱讀過後反而會感到舉步維艱，並充滿濃烈的挫折感。

首先，第一個重點在於，紫微斗數全書中許多古文的文體為漢賦駢文，而漢賦駢文的特點在於追求辭藻華麗，古代漢賦就曾用十幾句賦文只為形容一根手指。所以，要謹記漢賦駢文，基本上是一種耍帥成份極高的文體，但往往為了滿足用字遣詞耍帥的目的，經常會過於「微言大意」語焉不詳，更為了對仗工整，省略許多解釋字句，變成不知所云的文言文斷垣殘壁。導致整本紫微斗書全書有如二次世界大戰的情報編碼，需要有人註解解碼才看得懂，偏偏古人作者全部身亡，身為讀者又不可能觀落陰去詢問，所以如果要能讀通紫微斗數全書，並研究通透其中的學問，除了需俱備良好的斗數基礎之外，更要有實證精神以分辨其中真僞，此外更重要的是，要懂得駢文漢賦的特色，以及斗數全書中慣用的行文架構，克服這些前提難關之後，紫微斗數全書方能有助提升斗數功力以及實務價值，而不會反造成誤人子弟。

談到紫微斗數全書的用字遣詞邏輯，首先需留意紫微斗數全書經常會使用星曜或宮位的代稱或別稱，這也是爲何老師在前一節要將許多星曜的別稱交代清楚，就是因紫微斗數全書使用代稱非常頻繁，如未事先了解，未來一定遇到諸多瓶頸，例如紫微斗數全書的太微賦提及：

「**紫微輔弼同宮，一呼百諾居上品。文耗居寅卯，謂之衆水朝東**」。

「**善福居空位，天竺生涯；輔弼單守命宮，離宗庶出。**」

其中文耗居寅卯的「文耗」，指的就是文昌或文曲，以及化氣爲「耗」的破軍，而第二句的善福居空位，這句的「善福」指的是善星天機和福星天同，此外，如要理解紫微斗數古書的內容，同時也需對古代的人文背景有所了解，方能知道賦文的意思，例如第二句中提到的「天竺生涯」許多人會困惑，天機天同和空星在一起跟去印度有何關連？而其實所謂「天竺生涯」也只是賦文用來耍帥的文雅借代詞句，它所借代的其實就是「出家當和尚或道士的宗教生活」，以取經的玄奘，來借代出家爲僧而已，但爲了讓詞句看起來高深華美，所以不免矯柔造作。然後，第二句最後提到的「離宗庶出」，也需對於古代文化有所了解，方知所指爲何，在古代庶出指的是元配正宮以外小妾生的子女，所以套用現代除了可能是二房子女之外，也可能是小三小四所生的子女。此外，在宮位方面，斗數古書也經常使用借代手法，例如紫微斗數全書星垣賦寫到太陰時提到：

「逢昌曲清吉，是爲登第之論，福德爲陷，僧道宜之，相貌亦是」。

這句最後提到相貌亦是，許多人可能會感到丈二金剛摸不著頭緒，產生前文不對後文天外飛來一筆的疑惑。因爲看前後文陳述，前文明顯在敘述太陰逢文昌文曲清高吉祥，也多能金榜題名，但在福德宮就比較差了點，較適合禮佛修道，但「相貌亦是」這四個字明顯語意不通，因爲世界上哪有適合當僧人的相貌？而解開這謎團的答案很簡單，這句話中所提到的「相貌」事實上根本不是指長相和五官，而是借代『父母宮』，因爲古人以父母宮爲相貌宮位，所以用相貌來借代父母宮，因此這句話要表達的真意是「太陰在福德爲陷，宜出家修行，同樣的太陰在父母宮也是一樣」。

再來，紫微斗數古籍中，有許多寫法也需特別思考方能理解，相信記性機敏的讀者，在上一節解說紫微斗數專有名詞時，有留意到老師在「會」的註解中特別強調「現代普遍通用的用法」這幾個字，會刻意強調正是因爲紫微斗數全書中很多時候提到「會」這個字，概念並不同於現代用法，如果不清楚這點，將會完全無法理解古籍的內文，例如紫微斗數全書太微賦中提到：

「暗合廉貞，爲貪佞之曹吏。身命司數，實奸盜之技兒」。

紫微斗數全書經常會出現一些例如「暗合廉貞」或「廉貞會巨門」這類用詞，首先第一句「暗合廉貞」中的暗借代巨門，因爲巨門化氣爲暗，但熟悉斗數的人一定會質疑，廉貞根本不會和巨門呈現六合關係啊？同樣老師舉的例子「廉貞會巨門」，在現代的學理上廉貞和巨門根本不會出現在彼此的三方，根本不會有任何「會」的機率，那爲何紫微斗數全書敢公然寫出這種明顯不合斗數邏輯的賦文？其中的關鍵在於，紫微斗數全書許多時後，文中的「合、會、逢」指的都是『遇到某顆星的大限』，就拿前面舉的兩個例子，「暗合廉貞」和「廉貞會巨門」爲例，兩者其實指的其實就是是巨門座命的人逢到廉貞的大限，以及廉貞座命的人行運走到巨門的大限。

此外，紫微斗數全書另外一個重點在於漢賦駢文，爲了要帥所以字字句句都內含引經據典，如果不明白賦文的用典特色，許多字句將會不知所云，甚至顯得自相矛盾。例如紫微斗數中的名句：

「廉貞七殺，路上埋屍」。
「廉貞七殺，爲積富之人」。

同樣是廉貞七殺，路上埋屍和積富之人顯然差距極大，乍看之下也根本自相矛盾，難道積富之人就一定會路上埋屍？或是兩者存在任何一者都有可能，但就算兩者都算廉貞七殺的特質，爲何相差如此之多？而答案的關鍵在於，漢賦駢文的字句經常用典，所以第一句，「廉貞七殺，路上埋屍」。其實指的是劉伶的命盤，所以白話的意思，只是在表達「廉貞七殺的命盤正是那位路上埋屍劉伶的命盤」。而第二句同理，也是在講中國古代巨富石崇的命盤，意思同樣是再說，這張廉貞七殺座命的命盤，就是巨富石崇的命盤。因此，懂得舉一反三的讀者，回顧上一頁提到的「暗合廉貞，爲貪佞之曹吏」。其實這句話同樣也是在敘述某個貪官汙吏的命盤，所以在閱讀紫微斗數全書時，最好對於古代的典故有所熟悉，否則容易不明究理，形成閱讀障礙。

《筆記欄》

六、紫微斗數主星與其他星曜特質

紫微斗數最為重要的兩大關鍵分別為星曜和四化，星曜等於斗數的軀體，四化等於斗數的靈魂，在前五章對於命理與斗數的基礎進行打底之後，本章將從紫微斗數的星曜特質一一分析，以讓讀者能體會斗數中每個星曜的核心概念與精神，便於日後實際論命得以對每章命盤有更深入的體會，也能掌握星曜本質舉一反三，透過理解，不管星曜放在哪個宮位都能解釋得有條有理，而不會演變成，同一顆星曜每當換一個宮位就得背一種解法。紫微斗數是入門容易但易學難精的數術，如果不能以理解的方式學習其中的邏輯架構，就容易學無所成。尤其如果用死背的方式學習斗數，除非擁有電腦般的記憶力，否則背到天荒地老也背不完。

而學習斗數星曜所需掌握的關鍵主要有幾個，第一是星曜的「化氣」也就是星曜本身的基本特質，第二是星曜的五行，第三是在不同性質宮位的意涵，第四是雙星的特質變化。一旦清楚掌握上述四原則，就能將命盤解釋透徹，而不會遭遇許多初學斗數的人容易遇到的難關—「遇到多星在一宮就不知如何解釋」、「同一顆星曜在某個宮位會解釋，但有的宮位解釋不出來」、「即使同一顆星但在不同地支宮位卻分辨不出差異」，以致於卡關多年毫無進展。

☆《紫微星的介紹與分析》

紫微星的星曜基本簡介為──「化氣為尊、五行屬性屬己土、為帝星、不化祿也不化忌、八卦亦不納任何卦，唯有乙年化科，壬年化權」。同時為北斗星系之領袖。

而紫微化氣為尊為皇帝，因此在與人相關的宮位，如父母、兄弟、夫妻、子女、交友這類宮位，則該六親多半較為強勢或自尊心高，或者氣勢較強，只要紫微沒被忌星沖破，則多半與人相關的宮位所表示的對象，多半就會有與帝王相關的特性與氣息。但所謂皇帝可以是康熙可以是唐太宗，同時也可以是紂王、阿斗。但古往今來，綜觀中國古代歷代帝王，多半是壞皇帝多於好皇帝，最主要的關鍵在於『權力使人腐化以及是否懂得自我檢討與反省、以及是否能察納雅言』。因此，紫微星在命的人，雖然多半先天擁有權柄和氣勢值得恭喜。但也相對一輩子必修的課題是需將自己的主觀與固執轉為理性以及能客觀檢討與改進，否則就容易變成自以為是剛愎自用。而也因為自尊心較高或主觀、所以容易堅持己見甚至難以接受不同意見，這樣的情況以紫微化權時最為明顯。而縱看古今帝王，流芳百世的皇帝，多半希望並鼓勵周遭大臣能直言是非敢於勸諫，並知錯改錯，例如一代名君「唐太宗」，正因有雅量接受魏徵猛烈的直言批評，才造就貞觀之治，不過其實據歷史記載魏徵的批評相當直言見血，唐太宗有好幾次氣到差點想殺魏徵，但正因唐太宗有察納雅言的肚量，方能創造盛世，非但不惱恨魏徵直言，反而留下千古名言『以銅爲鏡可以正衣冠，以史爲鏡可以知興替，以人爲鏡可以明得失。今魏徵已逝，吾遂失一鏡』。

因此，紫微星在與人有關的六親宮位，相關六親可以是知書達禮明是非的領袖人物，但也可能變成公主病與王子病的重症患者，而兩者往往只有一線之隔。格局的高低就取決於個人的雅量和觀念。同時，紫微的天性在人緣的光譜中較偏向「孤星」，因此，紫微星在命的人，最好命宮的三方四正有「左輔、右弼、文昌、文曲」拱照，得之則可稱爲『君臣慶會格』，反之如果三方四正完全沒有輔助的星曜拉抬，則紫微星也不過就是孤君罷了。當然，即便左右昌曲不在三方四正，如果在臨宮夾命宮同樣能發揮輔助之效。

在有關「事」的方面，由於紫微爲帝星化氣爲尊，所以紫微在事代表領袖或傑出地位以及高水準，因此像董事長、一級主管、冠軍、龍頭產業、高級國家機構都有紫微的影子在其中。因此像「官祿宮」這種代表工作和做事的宮位，有紫微星駐宮就容易在善長領域表現傑出或工作績效及能力領先眾人，同時也俱備領導能力和領袖架式，如果和天府同宮則由於兩顆帝王星相互加成，相關特質將更爲突顯。所以，紫微星在官祿宮的人如未被忌星沖破，應多加精進自己的專業能力已達到在某一領域得以稱王的水準，方能發揮命盤的先天優勢，並且也要多研究有關領導管理的相關書籍以利於未來領導團隊達成績效目標時能夠得心應手，駕輕就熟。

此外，有關「物」的方面，紫微所代表的物品多爲高極品、精品、高貴品，可以是豪宅、昂貴首飾、五星級飯店、國際龍頭機構，譬如如果田宅宮有紫微星則多半居住地附近容易有豪宅、摩天大樓、高級政府機構、龍頭企業、高級建築。此外財帛宮有紫微星，一生也容易購買高級名車、豪華服飾。

▲紫微星有關之流年容易發生的時事

紫微星不化祿亦不化忌，只有乙年時化科、壬年時化權，所以乙年和壬年時，紫微星所代表的事物才會有較具體的重大事件或變化以及歷史事件。

例如每逢壬年皆微紫微化權，而紫微代表領袖，理所當然也包含國家領導人，因此每逢壬年紫微得化權之氣，故能掌權，因此每逢壬年多半對於國家元首皆有拉抬氣勢的效果，也因此壬年通常也是推翻舊有政權難度最高的一年，因爲在紫微得氣的流年向代表紫微的元首挑戰，無疑逆天行事以卵擊石。所以通常每逢壬年，即便國家元首的民調低迷施政多有缺失，只要不要差到無藥可救多半也都能化險爲夷平安過關。故壬年對原先在任者有利，而對反對黨及挑戰者不利。

事實勝於雄辯，以台灣過去的選舉爲具體事證，但凡選舉逢或接續壬年，多半執政者都能連任，譬如中華民國２０１２年總統大選，選舉投票日選在壬辰年過年前，此時因接續紫微化權的磁場，所以即便當時的執政黨因施政不佳，民調直直落，但馬英九總統仍在一片民調低迷中以六百八十九萬票大勝連任，正是因爲二零一二承接的是紫微化權之氣場，對元首與執政者有利，所以馬總統才能在一片不利情勢中還能高票當選。

進一步回顧2012年的十年前，2002年爲壬午年，一樣是紫微化權，當時的台灣正如火如荼舉行『北高市長選舉』，而不論是台北市或高雄市都是執政者連任，台北市部分，馬英九市長以壓倒性票數打敗民進黨的挑戰者李應元順利連任；而高雄市的部分，即使挑戰者黃俊英選前呼聲極高，最終仍敗給力拼連任的謝長廷。

但是，作爲國家領導人，最重要的還是能力與基本面，否則就算壬年能因爲紫微化權而得氣顯達，也只是一時風光，壬年終有過完的時候，一旦過了壬年失去時運的庇護，種種的施政能力與是非都仍會血淋淋的受到各方檢視與評價。所以如果人在好運來臨時過份消費自己的好運，而不知自我提升與進步，最終也必然在運勢低迷時得到惡果。

如同在二零一二年時，執政黨連續實施許多引發民怨的政策，又是油電雙漲、又是證所稅、又是二代健保，弄得怨聲載道，但就算如此，當年仍沒有任何人、任何勢力能有效牽制馬總統做這些政策，正是因爲當年紫微化權的緣故，所以即使總統諸多施政產生爭議，仍然穩坐大位，大致順利不受阻礙。可是，一過了二零一二年，好時運結束，馬總統與執政黨的聲勢就筆直下滑，短短兩三年間，先是13年因違法監聽鬧得滿城風雨，在九月政爭的官司中也接連失利。接下來一年多反對勢力更如烽火漫延，滿地的陳勝、吳廣揭竿而起，14年的太陽花學運後，馬總統民調更是跌到歷史新低，當年底的五都市長選舉執政黨更是慘敗收場，最後終於在總統大選失去大好江山，而國民黨也從此面臨江河日下土崩瓦解的危機。

所以，老師寫時運分析時，很怕有人在看了老師的時運分析後，投機取巧，在自己行運好時倚仗好運爲所欲爲、予取予求，而忘記自我基本面的充實與進步。那就失去老師寫時運分析的意義了。因此，正確的觀念應該是，在時運好時，把握時機盡量伸展自己的志向抱負，如果是國家領導人則要廣納建言後，積極進行有建設性不會對社會造成負擔的政策。如此一來，就算未來遭遇運氣低迷的流年，也能因先前在時運好的流年累積大量的績效、施政滿意度與具體功勞，而不至於遭逢難以負荷的傷害。

就事論事，「油電雙漲」正是執政黨當初最致命的錯誤決策，這項政策爲何是錯誤政策？理由在於，油電爲基本的民生必需品，一旦漲價勢必各行各業的營運成本都會提高，而提高的成本就會反映或轉嫁在物價上，造成百物飛漲。用經濟學的專業模型分析就是AS總供給線減少左移所造成的停滯性通膨。而偏偏在經濟學中物價又有個特性，就是物價具「向下僵固性」，講白話即是一旦調漲就回不去了，也就造成後續即使國際油價重挫下跌，物價仍然不見下降的情況，使人民生活日趨艱困。而讀者可能會納悶——「如果油電的成本增加是導致物價上漲的原因，那爲何油價跌物價卻不會連動跟著跌呢」？背後的理由在於，當油價下跌時，確實各行各業的成本減少，但同時也表示相對商家的獲利也變多，在這樣的情況下，在商言商的企業爲何要主動放棄這些獲利空間，因此這就是物價之所以向下具僵固性的原因。因此，油電漲價絕對是需要三思後果的政策，否則一定造成不可收拾的後遺症。

不過，思考敏銳的讀者仍會懷疑—「可是老師，在以前石油危機的時候，台灣一樣是物價大漲，那爲何卻沒有激起民怨，反而台灣還是一片欣欣向榮的光景呢」？其實答案的關鍵在於『薪資』，因爲物價上漲其實不是最致命的問題，真正致命的關鍵在於，什麼都在漲，但是『你的薪水沒漲』！因爲如果物價漲但你的薪水沒漲，就等於荷包變相縮水，換言之，如果今天政府有能力讓你的薪水漲得比油價還多，那物價上漲實質上根本不構成威脅。所以過去石油危機時，之所以物價上漲，大家生活仍然富裕和樂，根本原因在於台灣當時的國民收入水準是以極高的成長率上升。因此，制定政策時，定需有完整的全盤思維，否則就只會解決了一個問題，卻製造更多更棘手的難關，因此，除非執政者有本事讓國家經濟與全民收入獲得大幅成長，否則不要輕易採用油電雙漲的政策。

☆《天機星的介紹與分析》

天機星的星曜特質爲—「化氣曰善稱做『善星』、兄弟宮主、五行屬性屬乙木、爲智慧之星、益算之星、變動之星、斗數的五術宗教星之一、頭腦聰明善思考善計畫、八卦納坎卦，乙年化祿、丙年化權、丁年化科、戊年化忌。封神榜代表人物『姜子牙』」。

天機正如同他所代表的封神榜人物姜子牙一般，屬於企劃家、智庫、學者、研發人員，凡是需要腦袋快速運轉思考的工作都多和天機的性質及磁場切合。因此，通常有關人事六親的宮位有天機星，十之八九該宮位所代表的人事大多聰明，比如天機在子女多半子女聰明睿智，而若是在兄弟和交友宮，則容易有頭腦聰明的兄弟姊妹，而在交友宮也意味著一生結交的朋友多是聰明人。不過思考與煩惱憂慮，往往只是一線之隔，因此在六親宮之天機遇到忌星的情況下,相關的人事儘管聰明歸聰明,但容易發生幾種狀況，一者是該六親容易杞人憂天或疑神疑鬼，或者容易造成命主的煩惱。

在事物方面，天機有如軸心、軸承持續不斷的運轉，因此馬達、機車、汽車、飛機這些需要馬達轉動的機器都有天機的成份。又因天機就像不斷運轉的軸承，故天機又主變動，爲紫微斗數中的一大驛動之星，因此如果遇到天機在遷移宮，且又在四馬地的大限，該大限很容宜四處外出或出差跟旅遊。此外若是在田宅宮，則居家附近容易有機車行、車行、運輸或物流中心、交通工具機構或與馬達轉軸相關的環境。

此外，在有關做事與工作的官祿方面，如天機在官祿則因俱備天機的睿智與聰明，故相當適合動腦策劃類的工作，也適合研發與研究，所以不論是顧問、學者、企劃、幕僚都非常適合，因為天機是非常稱職的智庫，沒有智庫的帝王就如沒有孔明的劉備，縱有權威也一籌莫展，相對名軍師若沒有賢君三顧茅廬，也只能埋沒才能。因此天機在命或在官祿的人才，通常不適合自己當領導帶人在業界衝鋒陷陣，反而最重要的關鍵在於要找對能讓自己發揮才幹的領導者，另外雖然天機善思考運籌帷幄，但善思考和擅於執行是兩回事，故天機在命或官的人雖多半聰明，但執行力通常跟不上腦筋運轉的速度。

▲天機星的孤星特質與宗教五術特質

天機是斗數中的一大孤星，如遇化祿情況還好，但其他情況甚至化忌，孤星的性質將特別明顯，而為何天機為孤星？理由在於天機由於智力卓越，思考速度較一般人快，思維的深度和廣度也比一般人更深遠，自然比常人多想到許多深入的層面，就容易造成多數人的思維跟不上天機的思考能力，導致容易因思考落差跟眾人格格不入，而經常成為團體中孤獨的先知，此為天機為孤星的第一個理由。

第二，天機善動腦，因此經常容易深入研究或吸收某些學問，而研究和念書多半都是獨力完成的工作，一般而言，學者只需要有一間獨立研究室和足夠的文獻，就幾乎可獨立從事研究，從一般的習慣用語『埋首研究』四個字中，就不難體會，研究的特質與一般的團隊工作差距甚遠，由於需要深入思考，所以往往需要高度的專注度和精神投入，而不喜打擾，長此以往就會形成天機的交際機會變少，自然也就成為孤星的行列。

不過塞翁失馬焉知非福，孤星的特質雖對於社交是較為不利的影響，但對於接觸宗教卻是一大優勢，因為宗教人士多為方外之人，故古時候認為僧侶與神仙多半為清孤之人，並且宗教的哲理經常需要深入的體悟與思考方能悟道，天機的善長思考恰巧能幫助自己思考出更深的哲理，因此這也是天機之所以為宗教星的原因。

並且，命理五術也經常需要體會許多人生哲理與生命哲學，尤其有思想的人更能有一番出類拔萃的見解，所以也適合喜歡獨立思考的天機。因此，天機座命的人不妨多接觸宗教命理，更能讓自己了解生命的哲理。

▲天機星為眾生星

天機既為兄弟宮主，在家的兄弟等於手足，出外的廣義兄弟則為朋友和云云眾生，故天機同時也是眾生星，因此一旦天機化忌同時又在兄友線(兄弟、交友宮這兩宮位)，則由於兄友線為災劫線，再加上天機為眾生星，故表示先天欠債於眾生，而且是龐大眾生債，如果有這樣盤相的人，千萬要注意出門的安全，否則經常容易因眾生而捲入意外或是非之中。並且如果遇到某些大限天機化忌重疊大限的財帛宮，千萬不要和眾生玩金錢遊戲，例如股票或期貨，因爲既然欠債於眾生，卻和眾生玩賭博，絕對輸得一乾二淨。

▲天機星是四肢、思想、頭腦

天機是爲兄弟宮主，兄弟即爲手足，所以天機在身體部位上可以是手足，可同時因爲天機善思考，故同時也可以代表頭腦和思想。因此，許多與思考和頭腦有關的疾病是由天機所引起，例如天機化忌有時就很容易因爲思慮過度而疑神疑鬼，甚至因此而患憂鬱症或精神相關疾病的案例也不在少數。

此外，天機也主肝臟，所以天機在疾厄宮而被忌星所破的人，除了要注意前述所說的四肢手足之外，更要多小心肝臟的的問題。中醫有云：「肝主肌、腎主骨」，而指甲爲筋之餘，也表示爲肝氣強弱的表現。故在手面相中以指甲是否堅固是否有凹槽來判斷一個人肝氣的強弱，以及心神的焦慮狀態。而在手面相學中，如果指甲既薄又軟，則表示肝氣不足，再來，如果指甲呈扁平狀，則表示容易操煩思慮、壓力也較大或易怒，而如果指甲上有許多坑坑洞洞，則表示命主最近精神或心靈面定發生打擊，或發生重大影響他心情的事件。因此觸類旁通結合斗數，如果遇到天機星化忌影響疾厄時，就容易出現以上相關的情況，這時就需要多多調養心神，方能讓天機得到修養的機會。

▲天機星容易讓世界發生什麼樣的事件？

天機星從乙年起到戊年連續四年，從化祿、化權、化科、化忌持續不斷改變世界的洪流、時代的發展，也正意味著天機星一次主宰一個十年世代四年的成敗！那麼天機星究竟會帶給世界什麼驚天動地的影響呢？

所謂，祿因忌果，化祿是原因，化忌是結果。因此老師本節就針對天機化祿和天機化忌分析天機帶給時事與歷史的重大影響。首先，天機主想法、點子，又主變動。而每逢乙年必然天機化祿，配合天機屬木之特質，所以每到乙年必然世界會有重大的新點子、新變革、新觀點、新制度如草木般萌芽，而這些新的想法和變動不同於一般革新，往往是造成劃時代變革的新想法或新變動。

回顧過去，二零零五年是『乙酉』年，當年度就出現了許多劃時代的新觀念與變動，例如曾經叱吒風雲的「藍海策略」就是在05年提出，並打破過去百年商業界傳統的紅海競爭觀念，成爲最新劃時代的經營顯學。此外，台灣立委選舉的新變革制度「單一選區兩票制」的規劃點子也是在05年提出。在政黨變革方面，05年也是國民黨史上第一次實施黨員直選黨主席的選舉、也是史上第一遭國親兩黨主席赴大陸與共產黨高層搭橋會面進行交流，打破以往國共不兩立的局面。就連文壇作品方面，金庸大師的最新改版武俠小說也是在05年正式出版。一切的事實，都在在顯示當逢乙年的流年，天機化祿將會帶給世界劃時代的新想法、新觀念、新變動。

而在更早之前的一九九五年，當年時值(乙亥年)，同樣發生震撼世界的劃時代新變革，最著名的例子就是在九五年，微軟發表影響全球電腦使用者的劃時代作業軟體『windows95』！「視窗95」的問世，不僅打破過去黑底白字的DOS系統，也改變了原本要輸入繁雜指令的運作模式，讓原本麻煩的拷貝指令，簡化成連小學生都能輕鬆上手的「複製、貼上」，而「視窗95」的操作模式，更是徹底改變全世界電腦使用者的使用習慣，除了「WIN8」之外，從95之後的『98、NT、XP、VISTA、WIN7、WIN10』，所有的作業系統的操作模式幾乎都是以95為基礎藍圖，操作模式大同小異。差別只在於XP開始的系統不再支援DOS而已。所以，就算用時光機回到過去，讓二十年前只用過95的人來使用WIN7，基本上不用多久時間就能輕鬆上手，因為兩者操作方法與使用架構大同小異，只有些微不同而已。

並且九五年，在電腦遊戲方面，華人世界一樣出現劃時代的新作品『仙劍奇俠傳』！這套遊戲由台灣的大宇公司製作，遊戲劇情方面更是突破以往舊有傳統故事，以較為冷門的「女媧傳說」為點子發想嶄新的故事企劃，同時採用四十五度角的角色扮演戰鬥畫面，帶給當時的玩家深刻之新體驗！因此之後仙劍奇俠傳迅速風靡華人圈，成為家喻戶曉的經典遊戲，大宇公司也自此脫穎而出，成爲華人社會單機遊戲的翹楚，直到今天，仙劍奇俠傳的續作仍不斷的推陳出新，而95年所推出的仙劍一代，至今仍是永恆的經典，並不斷在現在的手遊和廣告中陸續改編爲新遊戲推出。試問有多少遊戲作品能夠影響世界二十年以上仍屹立不搖？

同樣就在不久前的二零一五年，正值乙未年，也同樣出現不同以往的新想法與新變動，例如國民黨總統參選人提出不同以往的「一中同表」觀點，同時15年在世界潮流上，也出現即將顛覆未來生活型態的新變革「物聯網」。因此，乙年天機化祿帶給我們的啓示是每逢乙年要積極改弦易轍、突破傳統，要積極規劃創新的計劃和思維，往往在乙年能有豐富的成果與收穫，也更能開創新局面，更容易創造出『劃時代的新企劃、新變革』。

不過，天機會化祿，相對也有化忌的時候，每逢戊年天機就會遭逢化忌，也就暗示著在戊年實行新想法、新變革、新企劃、新點子多半會失敗收場，因此戊年是個從事新變革和新想法容易處處受到阻礙的流年，並且不幸的是，世界的時事也往往會發生負面的變動事件。

例如清朝末年的新變革就是最爲鮮明的例子，清朝末年在甲午戰爭的慘痛戰敗後，隔年乙未年受到乙年天機化祿的影響，中國發生由康有爲、梁啓超所提出震撼全中國的『公車上書』！公車上書的內容和想法，對於當時的中國絕對可稱『劃時代的新想法和新變革』，因爲康有爲、梁啓超的主張－『君主立憲』，可說直接從根本改變中國長達數千年的封建制度與家天下之政治局面，同時廢除中國長達千餘年的科舉制度，也制定中國前所謂有的「憲法」，對中國來說，不但是新思想，而且變法維新的各項內容，無一不是對於舊有中國有著劃時代的變革與創新。

而光緒皇帝也是從乙未年就日以繼夜想著讓國家變法圖強，也積極佈局如何振興中國，從策劃袁世凱的新式小站新軍到聘請日本舊首相伊藤博文來中國當維新變法的顧問，在在都展現天機星的變動特性，然而爲何光緒皇帝的維新最終失敗收場？以實務面分析，理由在於變動過於快速激進，光緒將政府舊有組織進行變革，勢必裁撤許多舊有官員，使得很多官員從此失去飯碗，並且也勢必斷了許多親王貴族長久以來的既得世襲利益，在得罪過多舊有勢力的狀況下，維新當然會以失敗收場。

而以命理的角度來看，光緒皇帝變法失敗的百日維新，錯就錯在光緒積極進行變革的年剛好是『戊戌年』，故又稱戊戌政變，偏偏戊戌年時天機剛好化忌，本來就容易造成新想法、新變動推行大受阻礙，可是光緒偏又在戊戌年維新得特別積極，最終當然會只維新百日就胎死腹中，以失敗收場。

同理可證，爲何二零零八年時，馬總統信誓旦旦的提出「六三三政策」，又開支票號稱「馬上好」，卻一到年底就情勢不佳，改成「馬上漸漸好」，正是因爲08年爲戊子年，不利新想法與新計畫，而且更嚴重的是，既然是天機化忌，表示戊年還容易發生讓國家及世界遭逢重大傷害的變化。例如零八年就發生讓全世界永生難忘的「雷曼兄弟倒閉」、「金融海嘯」，導致該年度股市幾乎無限量下跌，甚至後來跌到三千九百點的歷史新低，失業率更是狂飆到人心惶惶，台灣當時的各大科技園區更猶如空城一般，一片死寂。此外，戊年更加要注意的重點在於，即便新計畫、新想法得以順利提出，由於受到化忌的影響，也容易造成『劃時代的負面效果』，譬如台灣在零八年為了因應金融海嘯引起的高失業率，而制定『大學生22K任用方案』和『無薪假』的新計畫，本來用意在於降低失業率，但實際上卻造成了企業壓低年輕人起薪和濫放無薪假的歪風，形成台灣年輕人至今無法擺脫的惡夢。所以，戊年天機化忌帶給我們的啓示是當逢戊年新的想法、新的變動經常容易實施困難，而且還容易變成『劃時代的餿主意』，因此每當戊年想嘗試新想法、新變革，勢必要更加謹慎小心，以免遭遇失敗。

☆《太陽星的介紹與分析》

太陽星的星曜特質爲──「中天主星、官祿宮主、五行屬性屬丙火、納八卦之乾卦、爲夫星爲男人之宿、熱心熱情喜助人，亦主功名、表現和法律。太陽星的四化爲──庚年化祿、辛年化權、甲年化忌，唯獨沒有化科，封神榜代表人物『比干』」。

太陽星，顧名思義與天上的太陽息息相關，太陽在命的人只要不失輝，也像太陽一樣充滿熱情並表現自己，精力與活力也較一般人來的旺盛充沛，情緒表現也較爲鮮明明顯，同時也像照耀大地的太陽一般，將溫暖與光芒披澤於萬物，所以太陽星也擁有樂於助人的特質。用卡通動漫人物來做比喻，最典型的代表人物就是灌籃高手裡的「櫻木花道」以及玩偶遊戲中的「倉田紗南」。

太陽在與六親和人有關的宮位方面，主要代表該宮有關的人會擁有太陽的特質，例如在不考慮四化的前提之下，如果父母宮有太陽星，則容易遇到喜歡幫助自己或者喜歡表現或外向熱情的父母，但如果是太陽化忌的情況，則父母的對外表現就容易有不得體的情況發生。而太陽主陽剛，所以男人、父親、丈夫、兒子都屬太陽的範圍，因此太陽在女人的命盤上又可稱爲「夫星」。此外，太陽又主情緒和脾氣，故太陽通常情緒鮮明，但相對脾氣不好時也容易發怒發飆，並且太陽在命的人通常臉也比較豐圓一些。

再來，太陽又主功名與表現以及社交，故太陽在有關做事和工作的「官祿宮」，主工作表現、工作評價，同時也因為太陽的社交能力，所以也可表示工作上的社交，而在事物方面，由於太陽散發能量的特質，不論廣播、能源、發電廠、電燈等都屬於太陽所代表的事物。所以，如果田宅宮裡有太陽，居家附近亦可能有類似電廠、加油站這些和能源有關的環境出現。

此外，因為太陽主情緒和表現，故在太陽化忌也就表示會將太陽的特質往負面引導，所以太陽化忌也就容易產生脾氣不好、說話容易失言、表現不得體的情況發生，也因為太陽也屬於法律星，故也容易因此引發爭端與法律官非。更因為太陽主表現和功名，所以如果命盤中的太陽屬於弱勢，則走到太陽所主的大限時，就容易名落孫山難獲功名。

另外，太陽在身體疾厄方面，代表心臟、血液、眼睛和小腸，同時也代表身體的元氣和活力，所以如果太陽在命盤中位於較強勢的宮位則通常命主活力充沛，反之則否，故由於十二時辰裡「寅時到申時為白天」所以太陽在寅、卯、辰、巳、午、未這六個宮位為得位，能量較強。反過來說，「酉時到丑時為日落到夜晚」太陽的能量較弱，故酉、戌、亥、子、丑、寅這六的宮未對太陽來說為「失輝」，相對太陽的能量、特質也變得較為低調、不彰顯，同時太陽的優點也會因此被削弱。並且，如果太陽在失輝的宮位，可是太陰卻在寅宮到申功的範圍，則就構成所謂的──『日月反背格』！而日月反背格的人通常因為日月都較為無力，所以人生難免比較辛苦也比較勞累。反之日月皆得位的人，相對來說，人生阻礙會比較少，比較一帆風順較不會經歷較多磨難與困境。

然而，太陽在命盤中也存在一個重要的功能，那就是太陽能驅巨門之惡，也就是巨門所顯現的缺點一遇太陽就能輕鬆化解，形成兩者重要的互補作用。

▲太陽星爲外交型官祿主

紫微斗數中代表官祿主的主星不少，除了太陽外，尚有紫微星、廉貞星，雖然同樣是官祿主，彼此之間卻有著不同的差異性，以太陽來說，太陽在官祿方面，善長以外交和社交的方式經營自己的人脈，藉由統合各方人脈與各方打好關係的方式來群策群力，加以領導來達到事業目標。因此，太陽的領導方式有著縱橫家的特質，著重運用關係導向來進行領導。所以太陽很適合當外交官、專案經理、行銷與業務主管這種需要跟產官學界與各方廠商勢力斡旋的領導者。

反之，紫微星和太陽星雖然都適合當領導者，但不同於太陽的是，紫微不善長八面玲瓏的外交手腕，反而適合以專業和能力見識服人，並以實力和權威做爲領導的基礎，如果太陽是縱橫家，那紫微就是實事求是中央集權的法家和兵家。因此紫微的領導風格較偏向任務導向，靠的是專技權和獎懲權來實施領導，如果打個比方，太陽星的領導風格較像統合各邦的天下盟主「齊桓公」，而紫微星則像以能力智謀平四海的「康熙皇帝」。

▲每逢太陽化忌必有重大戰火及衝突事件

在太陽星的四化中，每逢甲年則必為『太陽化忌』，而太陽主脾氣、血又是法律星，一旦遭逢化忌，就會把太陽的特質引導到負面而產生惡質的影響，故每逢甲年十之八九必有衝突，小則血光衝突、大則發生戰爭，同時也容易引發官非刑訟，因此每逢甲年除了是新的十年的開始，卻也常是多事之年。

就拿剛過不久大家印象深刻的民國一百零三年「甲午年」來說，該年太陽化忌，台灣發生癱瘓立法院數十天史上超大規模的「太陽花學運」，不僅全國各大院校全面響應，巧合的是因為太陽化忌，連學運的名字都叫做「太陽花」，為民國近年來最為重大的學生抗爭事件。同年五月，台灣發生民國捷運事件中，史上最為慘烈的隨機砍人事件，造成了多人死亡以及數十人輕重傷。緊接著同年的八月，高雄發生震驚全國的八一氣爆事件，造成高雄地區爆炸四起，整個市區千瘡百孔、滿目瘡痍。綜觀學運的衝突、捷運列車的流血死傷、高雄的能源氣體爆炸，都一一可見太陽星『血、衝突、能源』的特質，只是因為化忌的緣故使這些特質轉變成『衝突官非、流血事件、以及爆炸』。

無獨有偶，歷史上的甲午年也不遑多讓，一樣在甲午年，清末爆發聞名世界的「中日甲午戰爭」，同時也是中國有史以來最大規模的海戰。種種例證都顯示每逢甲年，不論是國家領導人或者是一般市井小民，都要謹言慎行。出門在外更要做好各項保護自我安全的防護措施，以便發生意外時得以自保，而不至於受到傷害。

當然比較有好奇心的讀者一定會想問：『請問大師，同樣是甲年，同樣是太陽化忌，不同的甲年，會不會有不同的情況或差異呢』？如果你心中也有著同樣的疑惑，表示非常難得，因爲做學問和研究，要能對於不同的差異能追根究底深入剖析，方能分析出不同變數所造成的影響，也才能將命運分析得更深入更細緻。至於這個問題的解答，老師認爲同樣都是天干爲甲的流年，如果地支不同，確實會有不同的影響和結果。

以老師自己考證的心得爲例子，同樣是甲年，一樣爲太陽化忌，『甲申年』和『甲午年』就有著不同的味道和重點，甲申年據老師的考證結果，發現甲申年雖然一樣容易發生戰爭和衝突以及流血事件，但是只要是甲申年的衝突和戰爭幾乎都跟『政治』有關，而且不外乎是圍繞政權和權力的角逐爭奪有關。小至權力衝突，大至政權更替都容易在甲申年的鬥爭和戰火中發生。

事實勝於雄辯，回顧歷史上的甲申年，在公元一六四四年，在一年之內就發生改變中國歷史的多起重大戰役，先是一六四四年初闖王李自成攻城掠地，並攻破北京城，結束大明王朝兩百多年的統治，並建立「大順王朝」，然而大順王朝才剛建立不久，李自成就因刑虐吳三桂的父親又霸占陳圓圓，惹怒吳三桂衝冠一怒爲紅顏，引清兵入關大敗闖王，接著短短不到兩個月的時間，清軍主帥攝政王「多爾袞」以卓越戰力大敗闖王於一片石，入主北京開啓大清帝國長達兩百多年的統治。而巧合的是中國在公元一六四四甲申年所引發大規模的大規模戰火，都與「政權」有關，更在這一年之內連續出現三個皇帝，更改朝換代了兩次。

無獨有偶，清朝末年的甲申年也同樣發生和政權有關的衝突，光緒年間，清王朝的政權主要掌握在東太后慈安和西太后慈禧，以及恭親王奕訢手中，但在甲申年卻爆發慈禧和恭親王雙方衝突，最後慈禧用計使恭親王下野，而導致清朝權力核心重新大洗牌，歷史上稱之「甲申易樞」。

以古鑑今，離我們最近的一次甲申年(民國九十三年)，相信更讓大家印象深刻，當年時值二零零四年總統大選，當年度發生陳水扁選前疑似自導自演，以兩顆子彈博取同情票扭轉選情的重大事件，而選後，馬上引起國親兩黨不滿，除了造成藍軍支持者重重包圍中選會和總統府之外，更引發政黨間的衝突，並同時引發各大專院校發動學運要求澄清兩顆子彈事件的真相，風波持續動盪一個多月才逐漸落幕，當時的台北股市也因爲那次的政治衝突而大幅重摔。同年年底，國親兩黨也因是否合併整合而多有摩擦。而這些衝突都是圍繞著政權、權力，無一例外。

可見不論是明、清、民國，都在在證明甲申年的衝突多與政治和權力有關，差別只在嚴重程度和規模大小罷了。故每逢甲年都要特別小心太陽化忌帶來的負面影響。

☆《武曲星的介紹與分析》

武曲星的星曜特質爲—「財帛宮主、五行屬性屬辛金、納八卦之乾卦、爲財星爲孤寡之宿、亦爲將星。體格多偏矮壯、聲音宏亮、主錢財與金屬。武曲星的四化爲—己年化祿、庚年化權、甲年化科、壬年化忌，封神榜代表人物『周武王』」。

武曲星爲紫微斗數中最正統的財星，所以同樣是化祿在財帛宮，武曲化祿對於財富的力道就遠遠高於天同祿、天梁祿。同時武曲星也可視爲命盤中另一個財帛宮，最怕逢忌星，容易有大破財事件。而在有關人的宮位，武曲就帶有孤寡的特性，因武曲雖是財星，卻也是斗數中的孤星，先以命宮分析，武曲在命的人通常個性比較冷硬些，女生的話容易性格較剛硬，所以武曲基本上除非化祿或化科，否則利男不利女。接著武曲在命的人通常身高偏中矮也比較壯，聲音偏宏亮也精力旺盛，歷史上的曹操據傳聞就是武曲座命，故而曹操身高偏矮，不到162公分，但同時期的英雄好漢劉備身高176、關羽217、孔明184幾乎都比曹操還高。但身高不高不表示成就不高，武曲在命的人通常執行力高，又因爲是將星，開疆闢土所向披靡，因此在三國的君主中，曹操向來評價高於劉備和孫權。而在三國時代，曹操有次接見匈奴使者，爲了怕自己身高不高有失體面，特別請一位人高馬大的侍衛假扮自己，曹操本人則反過來假扮侍衛在床前站崗，等到匈奴使者離開後，曹操派人詢問匈奴使者對魏國國君有何看法，結果匈奴使者卻語出驚人的說：「魏王確實是一表人才，但床前捉刀人才是真英雄」。由此可見，雖然在手面相中，多以高大為吉、矮小為凶，但以武曲星座命的人來說，偏中矮反而對武曲星的氣場強化有幫助。不過，任何事物有優點必有缺點，武曲雖是將星執行力強，就像曹操攻城掠地稱霸天下，但同時也因為孤寡的特性，所以曹操的知心朋友也相對較少，也比較不像孫權和劉備常和人推心置腹。

再次，武曲在事物方面由於帶有金錢和將星的特質，所以武曲在命和在官通常都表示執行力較強，大多數情況下執行力強於思考力，將星的優勢就在於開疆闢土、攻城掠地，在古代適合當將軍元帥，在現代則適合在商場上和人爭奪生意版圖，成為商場的耀眼將才。而在工作行業方面，財務金融業、貴金屬、銀行、金屬器械都有武曲的味道。此外，武曲在財帛為最佳之處，只要不化忌必因得位而日進斗金，並且雖然武曲在命宮一樣主財，但武曲在命，就難免勢必要接受武曲孤寡的缺點，但在財就沒有孤寡相關的問題。另外，武曲於物品不僅可以為財物，也可為刀、兵器、金屬工具，這也意謂著，逢武曲忌時也有條件可以形成刀傷、械鬥的災難，也有變成開刀手術的機率。但同樣的特質，若擺對位置壞處也必能化為好處，儘管武曲有刀械的特質，卻同時也有將星的特質，因此需要舞刀弄槍的武職工作，例如軍官、警官、武術家就很適合武曲星。

然後，雖然武曲為將星，卻同時也是斗數中有名的「修道星」，故武曲座命的人，如對於開拓事業沒興趣，則可追求心靈的沉澱與寧靜，修道與宗教是一條相當合適的路。武曲適合修行修道的原因在於，武曲先天的性質爲冷硬及孤寡，而修道正需要看破紅塵超脫世俗，故修道與出家的孤獨與武曲的冷硬相互契合，同時修道亦需修煉七情六慾心如止水，依武曲冷硬特質，要達到這樣的境界更是占有先天優勢。故這就是武曲之所以爲修道星的原因。

▲武貪不發少年郎

古書云：「武貪不發少年郎，縱是發達也是虛」。表示武曲貪狼的人，大多中年才功成名就、財官顯赫，就算是在少年時期就進財可觀，到頭來也會變成一場空。然而多數讀者一定不解，不管是武曲或貪狼，都是斗數中的財星，何以兩者卻不能保證一生富貴，而非要努力到中年方能有所成？

背後的學理原因有二，其一是武曲貪狼，分別納八卦中的乾卦和坤卦。乾卦及坤卦爲父母卦，故武曲和貪狼需年至爲人父母的年齡方才顯達，氣場與磁場也才與星性相符。其二是貪狼五行屬甲木、癸水，武曲則屬金，甲爲十天干之始，但甲木一開始卻被武曲的金所剋，故代表人生年輕時就先經歷被剋的命運，後來才有武曲金生貪狼癸水的成果，所以武貪格的人，命運必先受剋而後成功，只不過行百里路半九十，如果在年少時經歷磨難就自暴自棄，即便到中年也成就有限，換言之如果年少時披荊斬棘，累積能量積極上進，到中年則水到渠成，名利雙收。所以武貪的人應從年輕就自我砥礪，遇到困難與挫折都要堅持達到自己的願景和目標，並不斷自我充實和培養自己未來成功的特質，方能在未來好運的大限時嶄頭露角！故武貪年輕時的打拼，將決定這顆將星未來將是一代名將或只是山寨頭目的格局。

以斗數學理的分析角度，雖然造成武貪不發少年郎的理由有兩個，但第二個理由只適用於武貪兩顆星在一起的情況，也就是武貪在丑未同宮，以及武貪在辰戌對座，兩種狀況。因此，以「不發少年郎」這件事發生的程度和機率來說，武貪同宮和對座的狀況將表現得最明顯。而如果是武曲或貪狼和其他主星組成的雙星組合，在不考慮四化的情況下，則表現的程度又更低。

▲武貪格的最大弱點

前述的「不發少年郎」頂多年少奮鬥難成而已，只要年少有志氣，最終仍有揚名立萬的一天，但武貪格真正的致命弱點，卻足以讓人一事無成、困頓一生。由於武曲逢壬年化忌、貪狼逢癸年化忌。故不管是武貪同宮或武貪對座，每十天干的循環中，必然會連續遭遇壬癸兩年的忌星衝擊命宮，直接對本體造成傷害，故往往每逢壬癸兩年對武貪格的人都會造成重大傷害。但這還不是最慘的狀況，武貪格的人最慘的情況在於如果又是壬年出生，必然人生如履薄冰、險象環生，這原因在於，壬年出生的人必然先天武曲星化忌，同時因爲十天干配十二宮的關係，一定會有一組天干重複，很不幸人年所重複的天干就是「壬和癸」，也就是壬年生的人在子、丑、寅、卯四個宮位，連續有兩組壬干和癸干，同時意味著命主的人生必須連續四個大限連續四十年承受惡運，歷經重挫後方有苦盡甘來的一天，但四十年的磨難往往令人心灰意冷、萬念俱灰，甚至對於人生消極以對。因此，如果各位讀者未來在爲自己的小孩選擇出生命盤時，但凡丁年和壬年出生的命盤最好避開武貪格局的盤，以免造成子女人生的磨難！

▲武曲應經常笑口常開

由於武曲冷硬，所以第一眼比較不容易接近，也比較慢熱，冷硬就容易有距離感，也比較比較不容易整合團隊，在重視團隊合作群策群力的現代比較吃虧。故武曲座命的人最好經常笑口常開，一來增加親合力，二來能讓自己的形象變的開朗近人，藉此增加社交的成功率，方能替自己開拓人脈，使武曲的孤寡造成的負面效應得到緩解與改善。

▲武曲化忌時所帶來的難關

每逢壬年必爲武曲化忌，武曲忌和貪狼忌都是殺傷力極大的忌星，武曲爲財帛宮主，所以通常面臨武曲化忌的流年，世界通常都會發生與經濟或金融財務相關的負面事件，因此上至政府小至個人，在武曲化忌的流年盡量不要有大規模的投資計畫或金融制度上的改革，否則容易功敗垂成。

例如離現在最近的壬年是二零一二(壬辰年)，當年台灣的執政黨不但提出油電雙漲的議題，又抛出課徵證所稅的議案。不但使得經濟與民生受到無法磨滅的打擊，民眾的錢財也形同被大量剝削，而證所稅的議題更是引起立法院多次協調破局，同年更造成台北股市重挫蒸發兩千多點，其中不管哪一項都使國家和個人的財產越來越窮困，一切的一切都顯現出武曲忌對於財務和經濟的殺傷力。同時放眼世界，在二零一二剛過完年不久，希臘馬上引發第二波的歐債危機，並向歐洲諸國求援第二波的紓困案，紓困金額高達一百三十億歐元的天文數字。

此外，在歷史上的壬年，也都有著類似的問題發生，例如二零零二年時值壬午年，當年就發生著名的「美西封港」事件，造成許多仰賴出口貿易的國家營收大減，對台灣這個四分之一出口對象都是美國的國家來說，猶如一箭穿心，故當時的台北股市也因此跌到七千點以下，久久難以恢復元氣。

▲武曲化忌時容易造成的傷病

武曲雖主要象徵錢財，但在物也表刀械、鐵器，所以很多時後武曲忌造成的傷害不小，如在與身體有關的宮位，例如命宮和疾厄宮，都有遭遇刀傷、金屬器具割刺、手術傷等傷害，然後武曲屬金，具有金的堅硬特質，因而身體中較爲堅硬的部位都與武曲相關，例如筋骨、牙齒都與武曲有關。除此之外，胸肺、呼吸系統、大腸與女人的胸房也都與武曲相關。這也表示，與身體相關的宮位遇到武曲忌，也相當容易骨折、筋骨受傷，遇到容易發生癌症的大限運也特別要留意大腸癌、血癌、肺癌、乳癌的問題。不可不慎。

▲武曲化忌時的破財消災法

前述林林總總有關武曲忌所引發的傷病，感覺非殘即傷且駭人聽聞，各位讀者必定好奇，如遇武曲忌影響身體健康的行運大限，是否有對策能降低武曲忌引發的殺傷力？

事實上，解決的方法在於，因武曲而起的問題，也必能從武曲化解，武曲的磁場所主的事情有兩項，一者是錢財，另一者是前段提到的相關疾病。而命盤的磁場的總能量固定，所以化解武曲忌的上上之策，就是多花錢治病養病，這樣就能將武曲忌的能量，從「身體損失」分散一大部份轉化爲「金錢損失」！畢竟兩害相權取其輕，金錢的損失再賺就有，但身體的損失攸關性命，沒有健康再多金錢也無意義！

☆《天同星的介紹與分析》

天同星的星曜特質爲——「福德宮主、五行屬性屬壬水、納八卦之乾卦、爲福星化氣爲福、主福氣與快樂。天同星的四化爲—丙年化祿、丁年化權、庚年化忌，唯獨不化科。封神榜代表人物『周文王』」。

天同因化氣爲福，又爲福德宮主，故天同雖天生腦力通常中上以上，但多半性情較不積極，有時更有庸散之困擾，而外觀只要不化忌多半也比較有福態，個性上較爲開朗或處之泰然，並且天性多善良博愛，唯獨天同忌時較爲操煩煩憂。此外，天同在人也主小孩，並且與六親相關的宮位如有天同，也表該六親有天同的性格特質。

再來，天同在事物方面，由於天同有玩樂的特質，故休閒、娛樂、童玩、遊戲、遊樂設施皆與天同有關，又~天同又俱備博愛的特質，所以愛心與公益事業也和天同息息相關。此外，天同也主小孩，有關兒童的行業與協會更是典型的天同代表性事物。最後，天同屬水，所以飲料店、小吃攤也歸屬天同的星性範圍。另外，天同如在與做事有關的官祿宮，除了表示做事上比較不具衝勁之外，只要沒有忌星破壞也代表較容易賺輕鬆之財。故古文云：「機月同梁爲吏人」。其中天同上榜的原因，正是因爲天同適合賺輕鬆之財，而古代的吏人即爲現代的公務人員，朝九晚五周周休的生活相對輕鬆穩定，工作變動也相對較低，與天同的特性可謂天作之合。

▲天同在疾厄宮的啓示

天同在疾厄宮，命宮必爲紫微星，命宮與疾厄互爲表裡，故暗示天同決定紫微的病處，由於紫微星象徵帝王，因此天同在疾厄所帶給領導者的啓示爲「玩樂與享受爲君王之病處」！放眼古往今來，亡國之君或罵聲千古的昏君十之八九都因玩樂及貪圖享受，進而荒廢朝政，最終導致國家滅亡，而天同也主較爲慵懶，故而積極度不佳的君主多半也懶於勵精圖治，致使朝政暮氣沉沉，難以富國強兵。所以但凡領導者、企業總裁應時時不斷精進，保持做事與領導的積極度，才能創業、守業得心應手。

▲天同又主協調

協調在中國人的社會是門大藝術，因爲中國人相當重視人脈網絡與關係，一旦人際關係複雜，勢必牽扯多方意見、多方利益，往往會因意見的相左、利益的衝突而產生糾紛，因此如何協調，『喬』到各方滿意或者多數人認同，就是關鍵中的關鍵！也因此華人社會中，能登高一呼號令各方的往往未必是能力最頂尖的人，而是八面玲瓏能協調統合各方勢力與各種人才的人。

而天同在斗數中正是象徵協調的星曜，因此如果天同在與做事有關的宮位化吉，則多半命主在工作上與人協調的能力優秀，也多能協調工作上的各方利害關係人。

▲天同化祿替時局帶來的好處

天同的星性充滿著玩樂、享受、娛樂的特質，每逢丙年都會使天同化祿，也因此天同化祿的流年，總會有令人耳目一新，帶動全民風潮的娛樂事件發生！

就例如今年民國一零五年，時值丙申猴年，就出現讓全民瘋狂著迷、交通意外頻傳、一堆抓寶喪屍的當紅炸子機『神奇寶貝—寶可夢』！寶可夢的玩法不但顛覆過去宅在家的線上遊戲模式，更讓所有玩家有著極高的參與感，更引發全球的抓寶風潮，這嶄新的娛樂革新正是天同化祿的功勞。當然娛樂活動的範圍不只有遊戲和電玩，歌曲與舞蹈也算，所以每逢丙年也經常會出現很多全球流行的歌曲及舞步，例如今年丙申年紅遍全球，連周子瑜也跟著趕流行的洗腦歌曲「ＰＰ

(2016 丙申年的寶可夢風潮)

(圖片擷取自網路)

ＡＰ」就是最讓人印象深刻的例子。而不僅是今年，在過去的丙年一樣有著流行全球的娛樂活動和歌曲，像二零零六年丙戌的「甩蔥歌」以及更早一九九六丙子年的「馬卡里那」，尤其在九六年沒有臉書連網路都是沒幾個人有的年代，「馬卡里那」卻成爲世界人人朗朗上口、必跳的流行歌曲。而能如此大紅大紫都是拜天同化祿所賜。

此外，天同也主慈善博愛和小孩，所以丙年時通常也有令人讚揚的公益新聞，以及對小孩有益的計劃或者娛樂活動。例如民國九十五年(丙戌年)，中華民國立法院三讀通過禁止體罰的教育法規，正是小孩權益抬頭最佳證明，唯獨可惜的是我國的教育因零體罰所產生的後遺症遠大於益處，爲一大需檢討的弊端。

這樣事實的背後也暗示我們，就算見到化祿也不能過於樂觀，縱然化祿一定能讓我們得到某些好處，可是祿與忌永遠是一體兩面，有一失則必有一得，相對有一得也必有一失。猶如陰陽一體兩面！故不論是制定計畫和決策，還是論命，得到祿星好處時同時也須深入剖析祿星好處所可能延伸的壞處，進而規畫好縝密的配套措施，方能避免未來承受因祿星好處而引發的傷害。

以零體罰政策而言，原本立法的目地在於「老師有時會因情緒，而給與不當或具羞辱性的『不當體罰』，例如打耳光、毆打至全身是傷」。故而實施零體罰政策。此舉雖然解決的老師因情緒導致的不當體罰，但同時也導致壞學生從此打人、施暴、性侵樣樣來，甚至變本加厲，更將許多原本的好學生也一起帶壞。製造大批恐龍家長和怪獸小孩。等於解決一個問題，卻延伸另外一個更棘手麻煩的問題。結果就猶如引虎驅狼，結果虎禍大於狼害！

但政府始終都在狀況外，其實問題核心從來就不在「體罰」，體罰本身並沒什麼不好，正如管理心理學所言，增強有兩種，一種爲以獎勵爲主的正增強，另一種爲以處罰爲主的負增強。偏偏一樣米養百樣人，有給予獎勵讚美特別有效的人，自然也有非要給予處罰才安份守法的人。因此真正的問題關鍵在於『不當體罰』！也就是實務上體罰本身是有效且必要的，而合理的體罰能有效提升學生品行與維持優良風氣，真正該反對的是像呼巴掌、將學生打到送醫這類不當體罰，老

（零體罰實務上造成的麻煩）

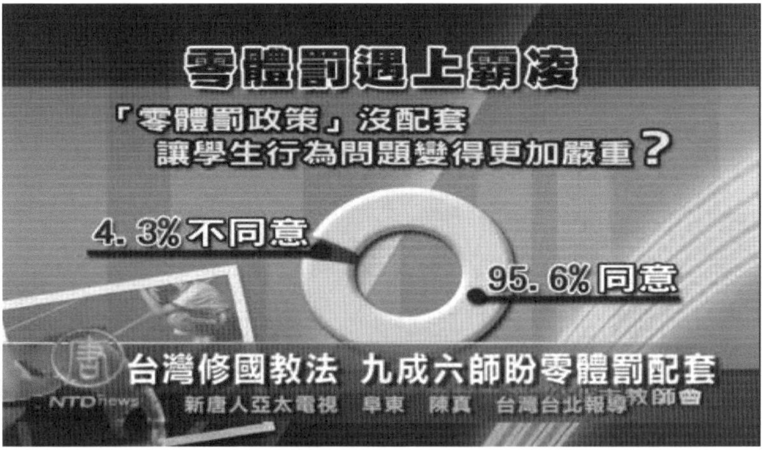

(圖片擷取自網路)

師自己雖然贊成體罰，但一樣反對像罰跪、呼巴掌這類體罰，理由在於這是種對於人格上的羞辱，也容易造成小孩將來有樣學樣，追根究底體罰真正的目的在於讓學生知道自己不能犯錯，並且意識到未來在社會上，犯錯必須爲自己的作爲付出代價。而不是爲了羞辱學生。

然而台灣在制度上學習國外也都是學習半套、不倫不類居多，政府當局看到國外對於體罰的限制而提倡愛的教育，卻完全忽略國外的教育制度仍存在「體罰室」的配套措施，詳細分析教師爲何會出現不當體罰？理由往往在於老師一時的情緒以及個人習慣導致，因此體罰室的設置主要交由專司體罰的專人處理，正是爲避免老師當下因一時情緒激動而進行不當體罰。表示國外教育制度的邏輯精神也認爲體罰具有價值，不應偏廢矯枉過正。否則，零體罰最終也不過是讓以前無法無天的壞學生如同脫韁野馬，進一步傷害其他人罷了。也使得近年新聞上青少年相關犯罪事件越來越嚴重。

從天同祿的啓示裡，更能告訴我們，在進行標竿管理時，首先要對學習的標竿對象有深入的了解，更重要的是，還要仔細分析學習對象的成功經驗是否適合自己的狀況與條件，如果缺乏全盤考量，一味模仿只會畫虎不成反類犬，製造更多問題。

▲天同化忌對世界帶來的影響

天同除前述所提到的有關娛樂和小孩之外，也主「協調」，故而每逢庚年天同化忌之年，世界就容易發生雙方協調不良、很多事情喬不攏的情況。也因此庚年是個很容易引發衝突的流年，但與太陽忌所引發的衝突味道有些不同，太陽屬火引起的衝突多激烈而火爆，但天同屬水，多屬談判協商破局這種較爲理性的衝突。那麼歷史上的庚年究竟對世界造成什麼影響？就讓我們仔細分析。

過去，在公元兩千年也就是民國八十九年(庚辰年)就是天同化忌最典型的活教材。在兩千年時，適逢「中華民國總統大選」，當年因爲參選的人物都是重量級人物，有施政滿意度九十趴以上，帶領台灣有史以來最高效率省府團隊的宋楚瑜、民進黨紅星陳水扁、國民黨大老連戰，可說盛況空前。政論節目、政治模仿秀也從那年開始蓬勃發展。但是，兩千年時，從年初到年尾，幾乎都在上演協調不良喬不攏的戲碼。先是年初總統大選，國民黨在候選人方面就發生連宋兩人究竟由誰代表藍軍參選、該如何棄保而發生協調不良的問題，最終的結果導致藍營分裂失去政權，民進黨漁翁得利。接著，選舉剛結束，馬上發生藍營支持者因誤信國民黨高層馬英九、劉兆玄的假民調導致敗選憤而包圍總統府的事件，即使馬英九到場勸說與支持者協調，仍遭到蛋洗的命運。但這一連串的協調不良還沒結束。事發沒多久，國民黨內因爲敗選進而追究相關責任，使得黨內眾多反李勢力要求李登輝必須辭掉黨主席職務以示負責，但李登輝當然不願意，最後李與黨內協調破局撕破臉，被國民黨開除黨籍，也因此才有後來的台聯黨，在此同時，國民黨高層敗選之於，也想召回只和陳水扁票數差距極小高人氣的幹才宋楚瑜，但這樣亡羊補牢的決策，也因爲黨內派系協調不良而破局，導致最後宋楚瑜另立山頭，成立親民黨。

不過，前述這一連串的協調破局事件都著眼在國民黨，放眼當年台灣的整個政治圈，一樣不平靜，猶記得民進黨上台之後，就馬上與泛藍陣營發生多次的協調破局，導致一到年底，國民黨就號召所有藍營勢力，組成大聯盟一起反扁，使得剛上任的阿扁因畏懼可能的罷免壓力，而在總統府內親拍道歉影片。無獨有偶兩千年也幾乎在差不多的時間點，民進黨爲展現用人唯才的大聯合政府氣度，任用唐飛擔任行政院長，但因唐飛出身國民黨，光是核四問題，就多次發生府院不同調、兩黨不同調的窘況，而府院衝突最後也以唐飛辭退做結尾，事後阿扁還說出諷刺意味十足的驚人之語：「擋路的大石頭終於搬開了」。

而在一般行政單位間也發生協調不良互踢皮球的問題，兩千年時最令人記憶猶新的行政事件莫過於「八掌溪事件」，而本次事件造成四人罹難的原因就在於各救援單位間因官僚體制的僵化行政而互踢皮球造成延誤救援才導致四人罹難。因此民國八十九年可說是從頭到尾整年都在上演天同化忌協調不良的戲碼。

同時回顧歷史，天同化忌導致協調破局最具代表性的例子莫過於清朝末年發生的「庚子拳亂事件」，甚至引發震撼中國歷史的『八國聯軍之戰』！而這一連串重大的歷史事件的起因就出在慈禧太后與列強的協調矛盾。理由在於，光緒皇帝因維新運動失敗，而被慈禧軟禁在中南海瀛台，並對外宣稱光緒得重病故需在瀛台休養。

可是，列強各國非常欣賞光緒皇帝維新改革勵精圖治的作為，因此一面倒支持光緒而反對以慈禧為首的守舊派，因而要求由西方派遣西醫替光緒看診確定是否身體有恙，並在看診完確認光緒身體無恙之後，宣佈未來西方各國只認光緒的印信。此舉當然讓權力慾極高的慈禧心生不滿。

之後在山東又發生德國公使被殺的事件，引起西方各國強烈不滿，要求懲辦禍首，同時要求慈禧將光緒皇帝交由列強安排在指定地點辦公，並且各國只承認光緒的詔書。此舉徹底讓慈禧失去理智，又以為義和團民氣可用，便徹底和列強各國翻臉，不但雙方徹底協商破局，慈禧更直接與八國宣戰，造成轟動世界的「庚子拳亂」以及「八國聯軍」！也造成中國各地死傷遍野，連慈禧都落荒而逃西行避難，最後還是仰仗李鴻章與八國聯軍代表斡旋才保住一命。然而，按道理八國列強的武力遠在清廷之上，是眾所皆知的事實，光是其中一國都能輕鬆打敗中國，更不用說是八國聯軍。但為何在八國聯合施壓協商之下，卻會落得個協商的結局？

主要的問題就出在，庚子年化天同忌，所以勢必協調不良、喬不攏，也才會發生連三歲小孩都知道與八國聯軍對戰必輸無疑，但國家領導人卻寧可協調破局也要賭一口氣對八國宣戰的荒謬狀況。

故每逢庚年都要注意因爲天同忌而引起之協調不良的狀況。並且既然稱作協調，那就與兩人或多人有關，因此進一步深入討論，天同化忌也可代表人事問題，故在庚年很多人事上的矛盾或問題往往會浮上檯面或惡劣化。

同時前段提及天同與娛樂和孩童相關，所以在天同化忌的流年，也容易因爲娛樂而造成損失，舉例來說，以二零一零年爲例，當年度台北市政府大張旗鼓舉辦「花卉博覽會」，不僅大肆宣傳，也投注大量資金營運。但遠近馳名的花博最後卻成爲台北市最燒錢的蚊子館，不僅快速退燒門可羅雀，還燒掉上億預算，造成入不敷出的赤字窘況。同理可證，庚年通常也是對於娛樂業最不友善的一年。如果有讀者從是娛樂產業，庚年就要做好度小月的心理準備，以積穀防饑、未雨綢繆。

☆《廉貞星的介紹與分析》

廉貞星的星曜特質爲—「官祿宮主、五行屬性屬乙木、丁火、己土、納八卦之艮卦、化氣爲囚、主貞烈、邪惡、官非、次桃花。廉真的四化爲—甲年化祿、丙年化忌，而沒有化權和化科。封神榜代表人物『費仲』」。

廉貞同時擁有木火土三個五行屬性，因而在斗數中屬於駁雜多變的一顆星，同時也表示廉貞引起的問題通常複雜難解，在性格上，廉貞的人多半有些機靈的智商，通常也有幾分才華，卻同時也是斗數中排名第二的桃花星。並由於廉貞化氣爲「囚」，故在思考方面又主框架、設限。用得好則處事順利，但行運不好時，也可造成一連串的麻煩。

廉貞是官祿宮主，但不同於太陽的外交風格與紫微的領導氣場，廉貞的官祿較偏向「行政作業程序」，故作業流程、處事步驟都屬廉貞的管轄範圍，因此廉貞在官祿如逢化祿，不但工作順利，工作流程也較能得心應手。因此廉貞在官的人只要不化忌，通常也善於處理作業程序相關的工作。另外，在事物方面，廉貞可爲監獄、官非、軍火庫、電腦、犯罪等與囚禁及犯罪有關的事物。在風水上更是惡名昭彰的『五黃煞』。

而在身體疾厄方面，廉貞主血液、精神相關疾病、腫瘤癌症，廉貞化忌時更需小心防範，另外因爲廉貞五行屬性駁雜，所以通常和廉貞扯上關係的病症都屬駁雜之證，不但難根治也難控制。但相信多數讀者通常對於「爲何廉貞可爲精神身心相關疾病」這點比較不解。要解開這疑惑，就需從廉貞「化氣為囚」與駁雜的特點探究，常見的精神身心相關疾病大略為憂鬱症、躁鬱症、強迫症和恐慌症，而導致這些疾病成因的共通點，經常都是患者對於某些事情或目標有著「強烈的執著」，但這些執著若長期以來無法達成或者形成偏執就容易形成精神相關疾病。這樣的現象，就有如思想被框架受限住無法跳脫以至於異常執著，而框架正是廉貞「化氣為囚」的典型表現，也因此精神身心相關疾病很多時候都是由廉貞忌所引發。

▲天相能制廉貞之惡

廉貞在古文中被列為凶星，雖然有時古籍過於以偏概全，但確實廉貞有其麻煩難處理之處，不過在斗數中也有著能克制廉貞缺點的星—「天相星」！廉貞較負面的部份為雜亂、邪惡、官非，但天相的本質為體面、正義並有些打抱不平、同時又為配印的大官。如此氣場自然能制住廉貞的負面特質，故廉貞與天相同宮只要不化忌，可說相得益彰如魚得水，相對廉貞不太適合與貪狼同宮，理由在於貪狼為第一桃花星，廉貞為次桃花星，兩者在一起桃花過重，容易鬧出不可收拾的桃色風波。而如逢化忌，貪狼的貪與桃花加上廉貞的惡，更如惡虎添翼為害更甚。由此可知近朱者赤、近墨者黑，廉貞如跟六煞星在一起則為禍連連，反之廉貞適合跟天府、天相一起，藉此激發廉貞的優點，減少缺點。

▲廉貞化忌的流年通常都值多事之秋

每逢丙年廉貞必定化忌，但如先前所說，廉貞的性質相當駁雜，故廉貞化忌所引發的事件通常都不是什麼好解決的事件，並且需融會貫通活用廉貞的所有特性，才能觸類旁通理解廉貞忌的流年所會帶來的不良影響。而由於老師現在寫這本書的流年剛好是二零一六，恰巧正值丙申年，相信今年的事件會讓各位讀者有深刻的印象，更能深入理解廉貞的特質。

今年二零一六(丙申年)，很多讀者一定深感疑惑，為何今年一下子飛彈誤射、一下子松山車站火車爆炸，似乎今年只要有關電器、火器就問題一大堆，以往不曾發生過的事件今年卻層出不窮，究竟問題出在哪裡？其實以斗數的角度，就可抽絲剝繭，將問題的核心一一破解。會發生這些問題，關鍵在於今年是「丙年」，斗數中每逢丙年必為「天同化祿、天機化權、文昌化科、廉貞化忌」。而造成今年這一連串事件的關鍵就在於『廉貞化忌』！由於廉貞其中一個五行屬性就是「火」，同時廉貞化氣曰(囚)，所以，綜合以上因素，今年廉貞忌，就會出現許多能夠「囚禁」人或事物的容器以及空間會發生與火有關之意外！

所以仔細觀察今年的幾個代表性事件的特徵都能找到廉貞的特性：

◎飛彈事件

二零一六年的三、四月時，台灣發生國軍軍方操控飛彈誤射民間船隻，造成民眾傷亡的慘劇，而本次事件的主角「飛彈」不就是個『囚禁著火藥及爆炸火力』的容器？

◎火車事件

接著在今年的五六月，台鐵松山火車站發生驚人的炸彈客引爆列車案，列車車廂不但被炸得滿目瘡痍，更造成多人傷亡，震驚社會！細觀本次事件，說到底火車車廂不就是「囚禁」著乘客的一個空間，然後「爆炸」不正是與（火）有關的特質？並由於丙申年廉貞化忌，所以這些事件都會以壞的情況收場。

但更棘手的是，廉貞所引起的問題沒有這麼簡單。因爲廉貞也主官非和行政程序和電腦電器，所以廉貞化忌時所發生的事件多也會牽扯到這些範圍，例如

（2016 年松山車站爆炸案）	（2016 年飛彈誤射事件）

今年發生的「一銀跨國盜領案」和「陸客火燒車」就是最典型的例子。不同於飛彈和火車爆炸案，這兩個事件都牽扯到與廉貞忌相關的嚴重「行政流程疏失」。

◎一銀跨國盜領案

今年七月，台灣發生震驚國際的跨國提款機盜領事件，東歐詐騙集團以駭客手法侵入第一銀行提款機的控制系統，進一步操控提款機吐鈔，藉此盜領大量金額，成爲台灣史上金融界最嚴重的跨國盜領案件，而提款機不正是「囚禁」著鈔票的容器？除此之外，廉貞也主電腦，剛好也呼應盜領案的根本原因「電腦程式遭駭」，除此之外，事後證明盜領案一部份的原因在於一銀在電腦作業程序上存在漏洞，所以才被駭客入侵，而「行政作業程序」也恰巧是廉貞所管轄的範圍，並且廉貞又主官非，故導致今年目前爲止的事

（2016 年陸客火燒車事件）	（2016 年一銀跨國盜領案）

件都屬嚴重度非常高令社會震驚的駭人聽聞案件。

◎陸客火燒車事件

發生在今年七月的陸客火燒車事件，更是充滿廉貞忌的味道，這次事件起因於二十幾名大陸遊客在搭乘遊覽車時，因駕駛不慎衝撞公速公路欄杆，導致火燒車，所有遊客無人逃出全部罹難。此時懂得舉一反三的讀者，馬上就能進而思考到，本案的特質也是典型的廉貞忌，因爲陸客被「囚禁」在遊覽車上，而且被「火」燒死，無論囚禁和火，都屬廉貞的特質！但是火燒車事件的廉貞忌特質，還遠遠不止這兩項。經深入調查後更延燒出台灣積習已久的『重大行政流程疏失』。

首先，先從本次事件的小處著眼，試想爲何發生火燒車無人能逃出？事後調查發現，第一導遊在危機處理的「作業程序」上根本完全錯誤，因爲本事件是由於司機空腹喝酒喝到醉醺醺，接著還帶著汽油在車上才引發火燒車，首先導遊明知司機喝得大醉，爲何還讓他繼續駕駛？明顯有作業疏失。加上遊覽車的窗戶根本沒有逃生功能，才釀成慘劇，這部分也是遊覽車公司對於車輛品管的一大行政疏失。

但本次案件延燒出最大的弊案在於，由於這次火燒車事件，政府開始對於全國遊覽車進行調查，發現全台大部分的遊覽車都沒有逃生窗功能，同時國內的客運也存在多數不合格的舊車，而深入追查後更發現問題的關鍵竟然是交通部長期以來在遊覽車的相關檢查程序上都默許這樣的情況。而且積弊多年，至今才因爲火燒車事件而曝光。所以這次事件不但反映出廉貞「火和囚」的特性，更凸顯廉貞忌的『行政作業疏失』問題！(以上圖片皆擷取自網路)

▲丙年丙月廉貞忌的殺傷力最可怕

由於丙天干能使廉貞化忌，故丙年時如又逢丙月，猶如雪上加霜、火上加油，造成的殺傷力更是全年之最，就拿今年丙申年的丙月來說，剛好時值農曆七月，換算國曆則是八月。然而，無巧不成書，三星公司本年度的最新旗艦機種(Note7)也剛好在八月開始大量銷售，緊接

(2016 三星 Note 爆炸事件)

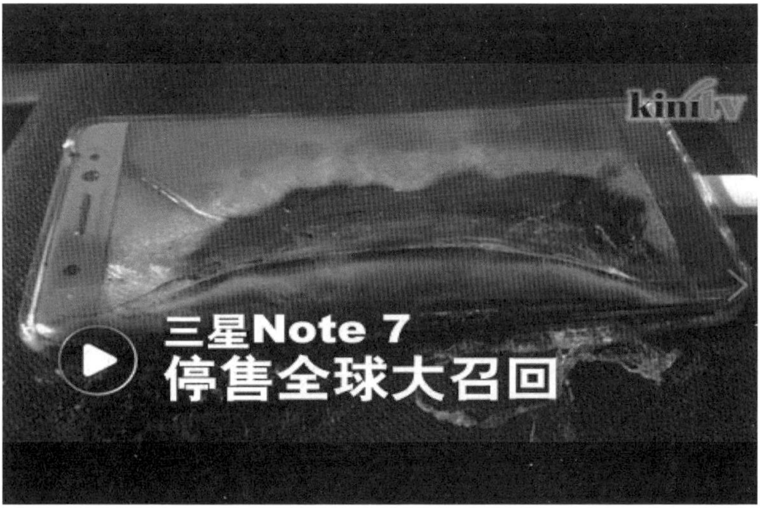

(圖片擷取自網路)

著N7就從國曆八月開始在世界各地引發一連串的電池爆炸事件，先是美國有人的車因N7而火燒車、然後是各種床邊引爆事件，接著各航空公司也全面禁止N7上飛機，並且一路從八月爆炸到現在十月，仍不停歇。這一切也是拜廉貞忌所賜，聰明的讀者相信也已經找出這次事件中廉貞的蹤跡，首先手機電池就是「囚禁」能源的容器，而爆炸事件正是呼應「廉貞屬火」的性質。而這震撼全球的紕漏更直接反映出電池廠商的品管「作業程序」有重大疏失，才導致全球大規模的爆炸案件。

又由於N7手機是在丙月發生爆炸瑕疵，故嚴重度會特別嚴重，因此相較飛彈誤射案、台鐵爆炸案、一銀盜領案、陸客火燒車這些只限台灣且短期結案的事件。N7手機爆炸案，不僅擴及全球，規模遠超過前述任一事件，連後續影響的時程都遠超過前述任一事件，至今延燒三個月仍不知何時能解決，損失的金額更遠超過跨國盜領案不知千百倍！在在顯示，如在化忌的流年，又遇到同樣天干的流月，此時的流月就將是使事情惡劣化的幫兇，猶如屋漏偏逢連夜雨般悽慘。

而以上一連串今年發生的重大事件，相信能讓各位讀者更加深入體會廉貞忌所造成的影響，未來如果又遇到丙年時就能防患於未然，趨吉避凶！

《紫微星系章節思考題》

1.
甲年同樣都是太陽化忌，為何甲午年的衝突不一定有關政權，但甲申年幾乎都與政治或權力相關，導致這樣的差異理由是什麼??

2.
即便同樣是甲午年，2014 的甲午年和 1894 甲午戰爭時的甲午年，以及 1954 年的甲午年，發生的事件也都不同，世界上所發生的衝突事件嚴重度也都不同，一樣都是甲午年卻都有著差異，造成這些差異的原因為何??

3.
同樣是丙年，今年丙申年跟十年前的丙戌年，乃至跟其他所有丙年，同樣都是廉貞化忌，但每個丙年間又存在哪些不同??

4.
紫微、太陽、廉貞皆是官祿宮主，那麼何者入官祿宮為好??還是各有千秋??

5.
紫微本身不化忌，但如果雙星同宮的狀況下，另一顆星化忌，又會變成哪種狀況??

《紫微星系章節思考題》

6.

前面章節提到天機化忌時最好不要做出新的變動和計畫，否則容易失敗，但現代社會處於時時創新的情況，要完全不做任何新變動或新計畫可行性不高，那麼在天機化忌的年度如何克服這問題??

7.

太陽星爲外交型的官祿宮主，但如果太陽雖然在官祿宮，但偏偏在失輝的地支宮位，那麼條件爲一好一壞，命主會產生什麼特徵??

8.

武曲是財星，但性格卻也冷硬孤寡，那麼遇到哪些條件能使武曲的冷硬和孤寡特質有所改善??

☆《天府星的介紹與分析》

天府星的星曜特質爲──「府庫之星、五行屬性屬戊土、不納八卦、化氣曰賢、主賢德與才能。天府星不參與任何四化，但爲天府星系之首，與紫微星同爲帝星。封神榜代表人物『姜皇后』。

天府既然有個府字，就表示星性中帶有府庫、府邸的成份，雖然天府與紫薇同是帝王星，但論品級高低，紫微仍略高一截，與紫微相比，紫微若爲天子皇帝，天府則比較像王爺或諸侯王以及皇后。但雖然氣勢略低紫微一些，但相較紫微，天府顯得更外向，更有親和力。

封神榜中天府的代表人物爲紂王的正宮姜皇后，出身名門爲四大諸侯王東伯侯姜桓楚之女，姜皇后不但談吐舉止高雅，也雍容大度，更是愛民相夫的賢慧女子，只是不幸爲妲己的奸計所害而犧牲，死後靈魂永柱天府星。

天府星也正如姜皇后的特質，只要不逢化忌天府星的女生多半有氣質，體面雍容極少市井粗俗之態，而男生也多半也不會穿著邋塌，而姜皇后的賢慧正也呼應天府的化氣曰「賢」，故而天府不論男女多半能力強於一般人，智力也不差。但也因爲有帝星的的特質，所以天府主見也會較重，只不過相較紫微來說程度較低罷了。

在與人有關的六親宮位如果有天府，則多半表示該宮所代表的人物先天有賢能或者架勢體面，所以天府宜入命宮、父母、子女、夫妻等和自己切身相關的宮位，而不宜入交友或兄弟宮，因爲如此一來天府的賢能就跑到朋友和兄弟去了。

再來，天府在與做事和工作有關的宮位，主工作表現好、做事智商不錯，也主適合當領頭人物。然後在事物相關的宮位，天府可以是倉庫、國庫、金庫，也可以是政府機關、高級府第、高級產業，並且與紫微一樣，即便不化權也天生帶有權令。

而在身體與疾厄方面，天府主要與脾胃相關，如在疾厄一生需多顧好脾胃，另一方面紫微與天府因司權令並有關能力，故兩顆星相當不適合在疾厄宮，如此等於將自己的權令與能力浪費在疾厄上，猶如化千金爲塵土。

▲天府的夫妻宮永爲破軍

任何命宮裡有天府的人，不論是天府獨坐或是武府、府廉、紫府哪種組合，夫妻宮必有破軍，無巧不成書的是，天府代表人物是姜皇后，破軍星的代表人物卻也正好是惡名昭彰的紂王！故天府在命的人，除了破軍化祿或自化祿，或者破軍在子午兩宮形成「英星入廟格」的時候感情較沒問題之外，天府的人一生必要承受破軍所帶來的感情破耗，破軍如遇化權、化忌則又更嚴重，因此天府的人在感情經營與擇偶必定要謹慎經營，否則遭遇困難與阻礙的機率非常大。

▲武曲最喜天府

前段提到天府的人一生都要注意感情與婚姻的經營，不過各位讀者一定在想：「大師這不用你說我也知道，但重要的是，老師你得告訴我對天府感情有利的條件是什麼才有具體的解決方案啊」！所以老師爲了不讓讀者產生這樣的疑惑，老師就詳述對天府有利的主星有哪些！

首先，以星性而言，武曲最喜天府，理由在於武曲與天府一者爲財星一者爲庫星，相輔相成，兩星搭配等於既有億萬金銀同時又有府庫，既能發財又能存財，故武曲配天府可說如魚得水，武曲天府同宮一樣有如此氣勢。當然先決條件是武曲和天府不能逢化忌，否則就財散庫破囊空如洗。

而在五行屬性方面，天府土可生武曲金，可使武曲的財源更加廣進，同時也因兩者相生，所以如果天府女配武曲男，可說是幫夫運十足的賢慧妻子。同時天府的健談也能中和武曲的孤寡，而武曲和天府在一起能帶來更多財富，魚幫水水幫魚，上上之選。

▲天府、七殺琴瑟和鳴

天府與七殺是個有趣的組合，因爲任何命盤天府的對宮必爲七殺，相反七殺的對宮也必爲天府，故天府坐命的人因七殺在遷移的緣故，故雖然表面常給人雍容大度的感覺，但內心卻隱含七殺的性格，所以內心往往有所急躁或變動，理由在於命宮與遷移互為表裡陰陽，命宮為表、遷移為裡。換言之七殺的人，表面上看起來性情急躁變動多，但內心性情卻有一定的從容，故而天府和七殺的人都有著對方性格，所以雙方搭配起來會更有默契也琴瑟和鳴，所以天府配七殺亦是天生絕配。

更進一步討論天府和七殺的五行屬性，七殺同時有火和金的屬性，七殺的火可生助天府的土，然後天府的土又能生扶七殺的金，可謂赤兔配呂布，進而爆發出一加一大而二的結果。所以天府與七殺的配對，只要不逢化忌多能互相比助一同邁向康莊大道。

▲天府不喜天機和擎羊

天府如和天機搭配，則天機木剋天府土，天府將處處覺得不自在，加上天府雍容賢能的外表下隱藏七殺的急躁與執行開創，與處處深思熟慮的天機相處，多半容易受不了天機做事前總要來個長篇思慮與分析，更沒耐性聽天機娓娓道來自己的精闢分析與旁徵博引，甚至認為天機杞人憂天，久而久之兩人將容易因性格落差過大而格格不入。

此外，天府亦不喜和擎羊相配，命盤上也不喜歡兩者同宮，因為擎羊為刀具為刺刃，而天府為庫星，如遇擎羊猶如府庫被刀刃刺破大洞，是為庫破，既容易留不住財更有損天府的雍容與體面。所以兩者也不適合。

▲從天府看劉備、曹操、孫權

東漢末年群雄並起，最後征服群雄脫穎而出的三國君主，正是大家耳熟能詳的劉備、曹操和孫權，而劉、曹、孫三人分別爲劉備紫微坐命、曹操武曲坐命以及孫權天府坐命，而在三國故事中也維妙維肖的展現出紫微、天府及武曲的關係。

首先，同樣是帝王星，劉備爲紫微、孫權爲天府，所以在三國故事中劉備總是比孫權更有帝王的架式，更是出身於皇家，而比較兩人天生的權令，由於紫微的權令磁場略高於天府，故從故事中不難看出，在蜀國，通常只要劉備決定的事，沒人敢反對，即便有反對意見，只要劉備堅持，最後也拗不過他，就連孔明也不例外。也正因如此，當關羽華容道放走曹操，孔明要按軍法斬關羽也因劉備一句話而不了了之，就連劉備發兵七十五萬攻打東吳，孔明和趙雲都盡全力勸阻，但劉備仍七十五萬大軍說打就打，無人可攔。而劉備之所以能隨心所欲無人反對，正是因爲擁有紫微的權令，而暢行無阻。

反觀孫權，雖然同樣是君主，權令和劉備相比就差了一截，在孫權登基爲吳侯時，凡有戰事都需顧及周瑜的意思，甚至單論軍權，周瑜的權令還大於孫權，而在周瑜死後，魯肅接任大都督，魯肅在東吳的地位僅在周瑜之下，故孫權決策仍要顧慮魯肅的意思，最好的證明就是魯肅主張維持孫劉同盟，但其實孫權對劉備懷恨在心已久，但礙於魯肅才遲遲不和蜀國翻臉，所以東吳一直等到魯肅過世，才全面攻打荊州與蜀國撕破臉。

進一步比較兩人的處事風格，天府比紫微更容易和人打成一片也健談，故三國對於三位君主的領導風格評價爲『曹操以權術相御、劉備以性情相契、孫權以義氣相投』。故而劉備除了和關羽、張飛、孔明較親近之外，和其他下屬大多有距離感，感覺高而不可親，雖然追隨者眾但知心者少，關鍵就在，劉備爲紫微坐命，雖然他的紫微有眾多部下和百姓拱扶，但仍無法完全去除紫微的難以接近與孤，才造成雖追隨者眾，但知心無幾人的情況。

相較於劉備，孫權的天府雖然權令略低一籌，但相對親和力高，也較健談，故而孫權與將士較能打成一片，主動社交的能力亦較高，正如孫權十歲時就能孤身入荊州與劉表談判要回父親的屍身。至於曹操，武曲本身爲孤星，故曹操統御下屬，很少以親和力、搏性情這種關係導向的領導方式，而是以權術和法治爲領導手段，也因此曹操相對在領導上手段較劉孫二人都強硬。而楊修就是個曹操權術領導之下的倒霉鬼。三國中有關楊修的故事主要有幾個，首先是有次曹操在盒酥上寫著「一合酥」，楊修見狀就叫大家將酥分食。原因在於楊修看出曹操的用心爲「一人一口酥」。又有次新府落成，曹操在府門上提了「活」字，楊修見狀，就猜出曹操嫌門太闊了，趕緊請人把門修窄。但千不該萬不該，曹操因害怕半夜有人行刺他，聲稱自己半夜會夢遊殺人，並還假裝夢遊殺死幾個太監，取信於人，但太監被埋葬時，楊修竟白目的說出：「丞相不在夢中，而你卻在夢中」。到了這時，曹操就打從心底想殺掉楊修，最後，曹操發兵打漢中，因敗績連連，進退兩難，當天下令軍中的晚餐是雞肋。楊修一想，認爲雞肋食之無味棄之可惜，於是就叫各營打包準備回國，曹操見到大驚，一聽竟是楊修所說，便以擾亂軍心的罪名斬了楊修。

楊修如果跟的是劉備或孫權也許還不至於下場如此淒慘，可惜他遇到的是以權術相馭的曹操，事實上曹操在下令晚餐爲雞肋之後過沒多久就退兵了，故楊修被殺的關鍵在於好使權術的君主通常喜歡「恩威難測」，一旦被部下摸透，那君主哪有任何權術和恩威可言？從酥到門其實都只是一則小小的智力測驗，曹操當然希望大家猜不出來，才顯得他的高明。但楊修屢屢破梗，就使好權術的曹操心生不滿。因此，這也表示有時在團體中即便嶄露鋒芒也要顧及他人觀感。

▲從曹操和孫權看武曲和天府

前述提到武曲最喜天府，兩者相輔相成，這樣的關係在三國中也是可見一般，孫權年紀在三位君主中最爲年輕，曹操與劉備嚴格來說都比孫權大一倍，在孫權年幼時，曹操和劉備煮酒論英雄，談到天下群雄時，將袁紹、袁術、馬騰、公孫贊、劉表等諸侯貶得一文不值，只有對劉備，曹操說出：「天下英雄，唯君與操爾」。也就是孫權尚幼時，曹操心目中的真英雄只有劉備一人，但當時的劉備已經四十幾歲。

而到了孫權成年，曹操看到孫權的行軍與處事，驚爲天人，脫口而出：「生子當如孫仲謀，劉景昇之子如豚犬」。就足以見得武曲對於天府的喜愛與認同。

▲天府星較爲吃虧的地方

天府雖化氣曰「賢」，表示天生能力比一般人好，也有機會懂得比一般人多，可是相較其他星曜，天府不參加任何四化，也就是雖然在天府單星的情況下命宮不會有任何忌星破壞，但相對也表示化祿、化權、化科這些好處也通通得不到，也因此天府的人一輩子多要自我要求與自我突破，以頂尖爲目標，不然很容易能力方面只有比上不足比下有餘的水準。而天府如是雙星組合則有機會可因其他星曜而有化祿、化權、化科的好處，其中又以逢祿和科最好，因爲天府畢竟是尊星，對宮又是七殺，以星曜組合來說通常較偏剛性，有祿科的柔化，可收剛柔並濟之效，此外，因天府是庫星而化祿主財，財最喜入庫，因此如化祿逢天府在財帛或田宅，則妙不可言，相當有機會日進斗金、錢銀滿庫。

☆《太陰星的介紹與分析》

太陰星的星曜特質為—「田宅宮主、五行屬性屬癸水，亦有一說應加上己土、納八卦之坤卦、為女性之宿、為妻星、為母星、主柔和與清秀。太陰星的四化為—丁年化祿、戊年化權、庚年化科、癸年也化科，乙年化忌。封神榜代表人物『黃飛虎之妹』」。

有陽就有陰，有熱情如火、能量充沛的太陽也就有相對溫柔賢靜的太陰，兩者屬性互為相對，太陽主男人、太陰主女人，太陽的表現為激烈爆發，太陰則為細水流長。太陽屬火相對太陰屬水。而又因太陰為女人，故又可代表與命主身邊的女性相關人物，例如妻子、女兒、女性友人，故若逢太陰化祿而太陽落陷或化忌，則多半表示一生女性對命主幫助較大，男性則成事不足敗事有餘者居多。換言之，如果太陰化忌，太陽在旺地或化祿，則男性幫助較大，女性較沒幫助。

並且太陰入命者，女命則多半外觀看起來陰柔或有女人味，想要當母老虎都一定有不搭調的感覺，最多極限就是固執個性比較剛硬些，同時太陰入命的女生多半皮膚較白，所以如果遇到雙星同宮在命的狀況，例如天機太陰、天同太陰，這時該如何判斷命主的外觀較偏哪顆星呢？判斷的方法有幾個，首先如果命主外觀皮膚比較白，則偏太陰的成份居多，而天同太陰的狀況，主要以身材為判斷依據，假如命主身材玲瓏有致，或有女人味，則表示命主的外觀和性質較偏太陰。

換個角度分析，若是太陰的男生，則不管外型是否高大，都比較有陰柔的成份存在，甚至細皮嫩肉，有時讓人感覺男人味不太夠，我們的馬前總統，就是太陰在亥宮座命，所以即使他高大，卻總是讓人覺得有那麼幾分的陰柔。也有白面小生的感覺。

在天文中，太陽太陰為中天主星，太陽顧名思義就代表天上的烈日，所以太陰理所當然代表星空中的一輪明月，正因如此，太陰座命的人，晚上出生優於白天出生，又因屬水，晝短夜長的冬天出生強過夏天，此外月的圓缺也會影響太陰的能量，滿月時太陰氣盈充沛，新月和下弦月則氣力不足，基於這些條件，對太陰最有利的情況為，冬天出生、加上時值滿月、同時又在午夜、太陰星又剛好坐落在亥宮，此為最頂尖絕倫的太陰命格。妙不可言。相對如在農曆月底、炎炎盛夏、又日正當中、偏偏太陰又坐落在午宮，則為最壞的狀況，即使不化忌也要經歷諸多勞苦。

▲太陰屬土的新論點

一般流通於大眾的常見說法為太陰屬水，但我的老師輩提出新的見解，認為太陰理應屬水又屬土，不應單單屬水，背後的學理邏輯在於，太陰納八卦中的「坤卦」，而坤屬土，故太陰應也屬土，並且屬土也較能搭配太陰的田宅主特性。並也因為田宅主的特性，使得太陰也可論為財星，只是他的財為細水長流之財，非武曲的浩大之財。

▲太陰在事物的表現

太陰屬水，又爲田宅主，同時也主清潔，故太陰在田宅如不化忌，則居家多半較爲乾淨整齊，並且周邊可能會有跟女性有關的環境或者類似池塘一類的環境，而在行業與事物方面，可表鏡子、女人、月亮、女性用品、房屋、水，故紅樓夢有云：「女人是水做的肉」。其次，行業方面太陰可主女性用品、清潔公司。

疾厄方面，太陰主要與婦科問題、腎臟、泌尿系統有關，另外，偶爾也與腹部有關。

▲太陰兩次化科的爭議

太陰星的四化，最廣爲普及的版本爲，庚年化科而且癸年也化科，過去曾有命理師認爲這論點錯誤，認爲庚年應該是庚陽武同陰，理由在於如果按照庚陽武陰同的順序則太陰化兩次科不合理，但實際上這個論述本身也存在盲點，如果理由在於兩次化科不合理，那麼依庚陽武同陰的順序，則太陰在乙年和庚年也都各化一次忌，變成兩次化忌，如此一來，就形成一大矛盾，即是既然認爲太陰不能化兩次科，那爲何反而可以接受太陰化兩次忌？因此這樣的邏輯實際上欠缺說服力，故大多數學派，仍維持原本太陰化科兩次的基本設定。

▲太陰化忌對世界造成的影響

太陰每逢丁年必然化祿，但每逢乙年必定化忌，那麼太陰化忌會對世界或國家造成何種影響？首先，太陰爲田宅主，故每逢太陰化忌的年頭，則容易發生土地或房地產的損失，可是先別一看到損失兩個字就開槍，損失有時是好事有時爲壞事，如果損失的是自己的土地，則當然屬負面。但若是房價蕭條，損失發生在房屋的交易熱度，那對於買屋的人來說卻是福音。這時就需檢驗各個乙年太陰化忌所帶來的影響。

以去年二零一五年來說，適逢乙未羊年，正值太陰化忌，故發生房價下跌的狀況，理由正是因爲太陰是田宅主，也因此太陰化忌之年反而爲年輕人買房的好時機，當然有些冰雪聰明的讀者此時一定會舉一反三問到：

(2015 房價大跌新聞)

南部失守 六都房價全下跌

2015-10-23 03:20:00 經濟日報 記者郭及天／台北報導 存新聞

(圖片擷取自網路)

「那請問大師，這是不是同時也表示，太陰化祿的年，房地產可能會漲價」？會問這問題非常好，表示聰慧過人！沒錯，雖然不是百分之百，但十之八九在太陰化祿的年，也就是明年丁酉雞年，極大可能發生房價上漲的狀況，但這時不要又看到太陰化祿就狂喜，一樣是幾家歡樂幾家愁，笑的是炒房客，愁的是買房的年輕人。

更進一步，思路更敏銳的讀者更會想問我：「大師，那除了房地產之外，太陰化忌還可能造成什麼樣的房地產損失」？能思考到這層面更表示資賦極佳！老師就拿同樣是乙未年為例，在二零一五年的一百二十年前，也就是一八九五年，中國歷史上發生改變台灣重大命運的「乙未割台」事件，清朝政府甲午戰爭戰敗，簽下馬關條約，導致中國必須在隔年乙未年割讓台灣、澎湖兩島給日本，對於中國而言損失了整個台灣省的土地，如此的土地損失也呼應太陰化忌的影響力。

然而天理循環天公地道，五十年後，一九四五(乙酉年)美國在日本的廣島和長崎投下原子彈，造成大片土地化為焦土，日本同年八月十五日投降，第二次世界大戰結束，日本歸還台灣澎湖給國民政府，結果而言日本一樣承受太陰化忌的業報，而且比當初的中國還慘，不但歸還台灣、澎湖，國土還被炸得滿目瘡痍，損失更多土地。

到了近代，世界多處和平狀態，太陰化忌反映在國土割讓或國土受到炸毀的發生機率微乎其微。如果不反映在房價，則磁場很可能會反映在可用土地的損失，例如土地被汙染導致不堪使用，或是土地流失以及因土地房屋而起的糾紛。就以去年民國一百零四年來說，台北市政府就發生鬧得滿城風雨的『大巨蛋合約風波』，而爭議的焦點在於台北市政府的對於合約的審核標準，以及動線和安檢的要求兩件事與遠雄意見相左進而產生糾紛磨擦。

雙方的糾紛一直僵持到今年才稍見進展，然而在這一年多以來，大巨蛋的閒置不但成爲台北市最大蚊子館，也成了烏龜與野狗的樂園。這些土地利用上的損失正是反應太陰化忌的特性，同時，大巨蛋引發的府商土地糾紛，也是太陰忌所帶來的問題。所以，老師大膽推測，明年民國一百零六年，適逢丁酉雞年，太陰磁場轉變爲「化祿」，估計大巨蛋的問題得以有近一步的破冰性進展。

（2015 開始的大巨蛋爭議）

(圖片擷取自網路)

▲太陰化忌也代表雜亂、骯髒

由於太陰為清潔主，因此太陰化忌的年，也代表容易發生雜亂和髒亂，就拿去年民國一百零四年來說，光是台北市而言，大巨蛋的閒置，除了造成土地的閒置損失之外，內部環境更是雜亂無章，各種流浪動物、水族生物盤據一方，不僅雜亂、衛生也堪慮，無獨有偶，柯文哲市長偏偏正巧也剛好在去年乙未年拍板定案決定拆除歷史超過三十年的忠孝橋引道，並且在乙未年底春節連假前就開始趕著拆除，雖說是建設前的破壞，卻也造成北市西區滿天塵埃與雜亂碎石，而這些公共建設的拆除以及滿天塵埃的雜亂，自然也是出自太陰化忌的手筆。

不過最令人印象深刻的髒亂事件莫

（雲林縣垃圾大戰新聞）

垃圾大戰 環署、雲縣互槓

2015年10月13日 04:10 許瀚分 / 台北報導

雲林縣境內暫置垃圾場已快堆滿（本報資料照片）。

(圖片擷取自網路-中國時報)

過於二零零五(乙酉)年焚化爐弊案引起的垃圾問題，當年度台灣雲林縣發生的「林內焚化爐弊案」，事發的起因疑似因爲達和公司爲取得雲林縣林內鄉焚化爐開發經營權，事前規劃七千萬元公關費，再與另一家負責焚化爐土地開發的旭鼎公司簽約，並將此項費用列入土地款中，其中三千萬元透過旭鼎負責人徐治國行賄時任雲林縣縣長張榮味，匯一千萬元至張榮味的好友呂昆展的美國帳戶。後來雲林縣長因此吃上官司，使得林內焚化爐自此因涉及違法問題而被『凍結』！並且一凍結就超過十年。

各位讀者可能會問，這與太陰化忌有何關聯？邏輯就出在，因爲『林內焚化爐無法啓用』，所以從二零零五年起，雲林縣就開始發生垃圾無處焚毀，垃圾場全被垃圾灌爆的窘況，更嚴重的是每年由於縣內舊有焚化爐無法消化縣內的垃圾量，導致雲林縣政府每年都要將縣內的垃圾往外縣市的焚化爐送。但是別的縣市自己也有垃圾量要消化，因而拒收雲林縣的垃圾。導致中南部各縣市爆發『垃圾大戰』！互踢垃圾，最終的結果就是導致許多縣市垃圾推積如山、骯髒不堪。

而眼尖的讀者有發現老師上頁引用中國時報網路新聞的「日期」嗎？零五年(乙酉年)因焚化爐所起的垃圾大戰，直到去年二零一五(乙未年)仍在爆發垃圾大戰，而且原因仍是源自於林內焚化爐長期以來因爲法律與政治問題，無法啓用所造成，而爲何都在乙年爆發這些垃圾髒亂問題？理由全源自於乙年清潔主太陰化忌之故！

☆《貪狼星的介紹與分析》

貪狼星的星曜特質為—「化氣曰『桃花』，為斗數第一桃花星、五行屬性屬甲木和癸水，納八卦之坤卦、同時為桃花之宿亦為修道星，有著才藝、美感之特質。貪狼星的四化為—戊年化祿、己年化權、癸年化忌，唯獨不化科。封神榜代表人物『妲己』」。

貪狼星是斗數中的第一大桃花星，也是人緣星，因此貪狼坐命的人，如不化忌一生都容易有異性韻事。又由於貪狼與美有關，所以也可引申為「美感」。故也能延伸為藝術與才藝。並且貪狼星在封神榜中的代表人物為絕世美女「妲己」。也因此，貪狼坐命的女生，只要不化忌，且又在有利於貪狼的宮位，則多半婀娜多姿或花姿招展，前凸後翹風情萬種。而且貪狼坐命的人多半體態也不會太瘦，骨感美女極少。

但不只是女人，貪狼在命的男人，多半也相當有社交手腕，風流事蹟通常也不少，例如共產黨的鼻祖「毛澤東」就是個社交手腕強而且極度喜好男女之事者，而貪狼如在命，七殺就一定在官祿，故貪狼坐命的人多大先天做事的衝勁與幹勁夠，做事也不喜歡拖拖拉拉、扭扭捏捏，這是貪狼的一大優點。然而，貪狼在命，卻也代表破軍必在財帛，所以破財或大花錢在所難免，況乎貪狼又有欲望之神的名號，故據老師考證，貪狼在命的人，約五成以上，會為了心中的欲望或物質而花大錢購物不手軟。所以，這類型的貪狼要特別注意自己這部分的罩門，以免造成存財障礙。

▲貪狼桃花與修行兩者共存的矛盾屬性

乍看之下，修行者大多孤高、清心寡慾、超脫世俗；與桃花、社交、八面玲瓏完全背道而馳。那何以貪狼卻能同時囊括這兩個彼此矛盾的特質？背後邏輯在於，貪狼同時屬木又屬水，多數屬木的星，都有智慧、追求真理、知識、修行的特點，反之屬水的星曜多屬桃花星，偏生貪狼這兩種五行都有，因此就造成如此獨特的磁場。

也就是說，貪狼的人通常花枝招展、社交活躍，但當真的要專心修道時，卻也能修得更出色，也因此貪狼雖爲桃花星，卻也是修道星、宗教星。故貪狼的人，爲數不少會給人亦正亦邪的感覺。不過相對也表示貪狼星如果好學，能有非常豐富的人生閱歷。

▲貪狼在事物方面代表什麼？

貪狼由於主美的事物又爲桃花，也爲才藝或宗教星，故貪狼在官祿宮，於做事上適合從事與美感、藝術、才藝有關的行業，例如人體彩繪、美容、才藝班、命理宗教業之類。在事物方面，貪狼可以是遊樂園、風月場所、夜店、歌廳、酒店，也可以是畫廊、彩繪藝術坊。此外，如果在遷移，則表示多往外跑、多遠走他鄉，則貪狼的桃花、社交特性就容易展現出來，至於疾厄部分，貪狼星有關的疾病主要與腎、四肢、與男女關係有關的病症爲主。

▲紫微斗數古書把貪狼講的非常難聽！何故？

古文紫微斗數全書中，經常把紫微捧上天，而把貪狼、巨門、廉貞講得非常難聽，以貪狼來說，古文中對貪狼的負面評價非常多，例如——「在數則喜放蕩，其性機關。隨波逐浪、奸詐瞞人」，「放蕩疏狂、弄巧成拙」，「女有偷香體態、男有穿瑜之體」⋯等等不勝枚舉。似乎把貪狼歸類為奸詐荒淫之輩。

這些評論許多貪狼坐命的人，閱讀之後，也許怒髮衝冠、也許義憤填膺，甚至想把古書撕了。但歸根究底古人的這些相關評價，到現代都要因應時代而修正！並且有很多純屬古人的偏激看法，因中國古籍在用詞上都習慣使用看似驚天動地的修詞以增加看頭！所以，貪狼在命的讀著先別急著撕書，看完古人的邏輯之後，就會覺得說到底純屬古人的小題大作與儒家封建思想作祟而已。

中國古代，女人多半被要求三從四德，除鄉下地區，多被要求在家相夫教子、大門不出二門不邁。甚至古代女人被視為男人的財產，在父權社會的架構下，女人經常被壓抑，不得犯七出之條，甚至連拋頭露面都不能。可是偏偏貪狼的天性就是社交手腕好，而且適合才藝、做事有衝勁！這樣的女人在古代，當然不適合靜靜待在家當家庭主婦，適合在外打拼社交，如此一來，「花枝招展」在古代就被視為偷香體態、「社交手腕好」在古代提倡剛毅木訥近仁的年代，自然被視為「喜放蕩、天性機關」。然後適合美感和才藝，在中國古代壓抑創造力和藝術、萬般皆下品唯有讀書高的背景下，理所當然被視爲「放蕩疏狂、奇技淫巧不務正業」。

但是，隨著時代的演進，上述這些特質都是商場必備的能力，同時女性意識抬頭，具備這些特質的女人在商場往往是職場上叱吒風雲、不可或缺的女強人，更是難得的行銷與業務幹才。所以，許多時候在閱讀古書的評論時往往要理解古代的時代背景，方能不被古書所綁死，而對於某些主星代入先入爲主的成見！

▲貪狼在何宮桃花最強？

除廉貞之外，大多數的桃花星皆屬水，貪狼亦同，放眼十二地支宮位，同樣也有五行屬性，所以，貪狼如果在屬水的地支宮位，桃花的力道最強，反之如在屬土或屬火的宮位則相對弱勢。以十二地支來說亥宮和子宮屬水，亦即貪狼在這兩宮位桃花滾滾來！擋都擋不住。故貪狼在子又稱「泛水桃花」，但由於桃花太強，因此感情糾紛難免。再來，貪狼在亥宮也不遑多讓，因爲貪狼在亥必與廉貞同宮，兩大桃花星雙效合一，桃花力量加倍，故廉貪的組合更需在感情方面下更多功夫，否則惹來桃花劫的機率更高。

▲貪狼化忌對於時事的影響

貪狼化忌，與其他星曜化忌相比，有著與眾不同的意義，理由在於，貪狼每逢癸年化忌，而癸年恰巧是十天干的最後一位，故貪狼化忌也代表著某一周期「結束」的意涵，而貪狼爲美感、理想，故貪狼忌的年容易發生許多令人失望的事，但所謂令人失望的事過於籠統。因此，從另一個角度來探討貪狼，貪狼既稱貪狼，也就表是貪狼在化忌時也會表現與「貪」有關的負面事件，故進一步推論，可知在貪狼化忌的流年，世界容易發生『貪污事件』！

就以剛過不久的二零一三年來說，當年時值(癸巳)，當年就連續發生林益世和賴素如的貪汙索賄案件以及張通榮的酒駕關說案，接著下半年又發生「馬王政爭」，而政爭事

(1985 聯盟凱道遊行)

(圖片擷取自網路-公視新聞網)

件的導火線也是因關說而起。足見癸年貪狼化忌，對於時事的影響多與貪污關說有關。並且，如前所述，癸天干具有某一周期「結束」的意涵，故有許多過去沿用已久的制度也會在癸年走向終結！以馬王政爭來說，這次事件所間接導致的制度變更，就是過去長期以來特偵組的監聽權力，受到「通保法」的影響走向終結，之後檢察官對於最重三年刑期以下的罪，再也無法調閱任何個資資料，也沒有監聽的資格。

談到二零一三年，最令人印象深刻的事件，莫過於「洪仲丘」事件，而事件的起因在於，洪仲丘因當眾揭發長官效率低落，進而在未違反規定的情況下，慘遭關禁閉處分，後來在禁閉室中被虐待致死，相關單位五四二旅的疏失受到舉國民眾撻伐，民眾更自發組成『一九八五聯盟』，規模多達近二十萬人，齊上凱道替洪仲丘討回公道！而這次事件所導致的影響就是—「同年度立法院以高效率在8月6日，三讀通過《軍事審判法》修正案，明文規定非戰時之時期，現役軍人犯軍刑法之罪移由『普通法院偵審』，洪仲丘遭凌虐致死案亦移交桃園地方法院審理」。其背後的重大意義也象徵「中華民國建國至今的軍事法庭制度與關禁閉制度『從此走入歷史，步向終結』」！

爲求謹慎論證，老師再將時間點往前拉到二零零三年，也就是民國九十二年(癸未年)，當年年中就發生陳由豪涉嫌挪用東華開發公司款項達新台幣八億八千餘萬元的貪腐案件，陳由豪因而成爲通緝犯，並明列行政院所公布的「十大通緝要犯」！

而當年也適逢總統大選前一年，不論藍綠，雙方都使盡渾身解數，針對對方的弱點猛攻。而在癸未年底（註：當時雖然已是二零零四年初，但仍算癸未年），陳由豪就接著引爆震撼政壇的黑金貪腐事件「陳由豪政治獻金案」，該事件之所以曝光，是由於被通緝在外的重犯陳由豪，不滿當時民進黨政府對他的處置，故而拿出當年陳水扁收了陳由豪大量政治獻金的票據，藉此打擊陳水扁所謂的清廉形象，一度造成陳水扁的形象受到重大打擊。在在顯示貪狼忌的威力！

另外，因爲貪狼主桃花，所以在貪狼化忌的年份，亦很容易發生桃色醜聞，在此同時對於娛樂產業或桃色相關的產業也容易有所打擊。但這部份由於現在社會世風日下、治安敗壞，一天到晚在上演桃色事件、情色犯罪，故這部分的論點，爲老師依據學理所合理推測的邏輯結論，實際案例老師並無做任何統計，這部分請有興趣打破砂鍋追根究底的讀者，可研究統計看看。

最後，不論武曲或貪狼，化忌所引起的殺傷力都極強，不過武曲主要以金錢的傷害爲主，但貪狼的殺傷力則幾乎無所不包，故處理起來比武曲忌更加棘手。所以對於個人來說，貪狼化忌之年，經常會發生棘手的癌症事件，而且通常很難順利化險爲夷，因此面對貪狼忌，要十二萬分的謹慎，方能否極泰來！

☆《巨門星的介紹與分析》

巨門星的星曜特質爲—「化氣爲『暗』，爲斗數之是非星、五行屬性屬己土、癸水、辛金，納八卦之兌卦，爲暗星爲醫藥星、爲法律星又爲病符星。巨門星的四化爲—辛年化祿、癸年化權、丁年也化忌，唯獨不化科。封神榜代表人物『姜子牙之妻馬氏』」。

巨門與廉貞是斗數中兩大屬性駁雜的星，其中巨門的駁雜度又比廉貞更複雜，除了既屬土又屬水還屬金之外，還化氣爲暗，故巨門是顆令人難以了解、看清的星曜。也因此，牽扯巨門的事情，有許多負面的部分皆不好處理，而且結構既複雜又麻煩。

▲巨門屬土與屬金的依據

巨門最廣爲人知的五行屬性爲水，其次許多學派還認爲巨門同時也屬土。但近年來，有學派提出巨門不只屬水和屬土也「屬金」。但如老師一向的標榜與堅持，研究學問應知其理論根據，不應人云亦云。不管屬水也好、屬土也罷，甚至是屬金，都應交代出足以服人的學理根據，否則不過徒增論戰罷了。

推究其背後的原因，老師認爲三者皆有所道理，所以巨門理應三種屬性都有，只是比例多寡的差別。首先，先從屬水的觀點分析，巨門之所以屬水，理論根據在於巨門「化氣爲暗」，故代表顏色爲「黑色」，在色彩五行中，黑色正屬水，故巨門屬水。第二，從屬土的論點剖析，何以巨門屬土？邏輯在於，巨門在陽宅風水的九星中爲「二坤黑」，然而坤卦恰巧屬土，形成巨門也有屬土的成份在其中。

至於「屬金」的論點，大多數的學派並未採用，但卻並非沒有根據，所以老師仍將金屬性列入巨門的五行之中。而巨門之所以會和「金」扯上關係，主要的邏輯在於，巨門納八卦中的「兌卦」！兌卦正是「屬金」，故而造就巨門集水、土、金三種屬性於一身，但卻也同時使巨門的屬性多而駁雜。並由於巨門納兌卦，兌卦主口，故巨門與『口』相關，稍微對紫微斗數有所了解的讀者，坊間的書籍只要談到巨門，就會提到巨門主口舌、嘴巴，其背後的原因正是因爲巨門納兌卦所致。

論及兌卦，兌卦所代表的事物不只是嘴，在六親中兌卦主少女，故巨門在性別中主女性，但這也表示，對於女人而言，「修口德」爲女人的一大重要課題，如同前面章節講到，太陰主女性，但在紫微斗數的星盤結構中，巨門永在太陰的福德。帶給我們的啓示是口德的好壞，經常決定女人的福份以及是否有女人味！

社會上，有許多漂亮美麗的女人，婚姻經常不佳，甚至與伴侶天天吵架，原因往往出在於說話過於難聽、傷人或尖酸刻薄，而使自己的女人味大大扣分。無獨有偶，貪狼座命的人，巨門必在父母宮，如受忌星影響，即使外貌美麗出眾，依然會因講話失言與說話苛薄，造成許多無謂的糾紛，不可不慎！

▲巨門的基本屬性

巨門由於化氣爲暗，故巨門的人除非有化祿加持或太陽星的搭配，否則個性上大多偏靜與內向，而不會熱情如火，甚至經常想法多爲負面，此外，巨門的人聰明也善辯，分析力亦強，同時口才也好，但由於巨門爲是非星，故巨門的人可以是口若懸河也可能禍從口出，可能是辯才無礙，卻也可能話語如刀。

在巨門化祿時，命主的口才可說是妙語如珠、情理並重，但在化忌的時候，說出的每句話都猶如一把利刃，刀刀傷人。造就成也巨門、敗也巨門的狀況。而巨門化氣爲暗，故主憂疑，憂疑兩個字乍看之下感覺很負面，但如將憂疑擺對位置，則亦可巨門立大功。一般來說，學術研究最需要巨門的憂疑與分析能力，正如胡適的名言：「做學問要於不疑處有疑，待人要於有疑處不疑」，意思在於，勸人做學問，在平常看起來理所當然的地方，也要有主動深入懷疑的精神，方能研究出更深入的突破理論。故巨門的憂疑非常適合用於思考研究，善加利用足以成就大學者。除此之外，因巨門又爲是非星，故又是註明的法律星，加上巨門主口才，當不化忌時，從事法律相關職業非常適才適所，正如我國前總統陳水扁，就是巨門座命，而他卻剛好是法律系出身，過去也是以律師爲業，也因此，阿扁之所以擅長法律、又辯才無礙，就是因爲他把巨門的星性發揮到淋漓盡致的緣故。但也因爲巨門，阿扁一生始終圍繞著是非與糾紛。

▲巨門在事、物上各代表什麼？

巨門在官祿，多半表示在工作上善於分析，如遇祿權科，多半也表示在工作上口才不錯，同時巨門爲病符星，古云：「久病成良醫」。故巨門也與醫學、藥學有關，自然也與藥物相關。此外，巨門又爲是非星，所以和法律、官司、訴訟、糾紛也具相關性，故從事相關行業，可謂人盡其才。

再次，巨門在物品上，可以是藥物、醫院、中藥行、暗溝、法律事務所、法院，也可以是飲食店。除此之外，巨門也代表中古的事物。在身體部位上可表口、食道、腸、腎。且又因巨門化氣爲暗，故有時巨門也代表壓力和邪祟。

▲什麼樣的老闆最適合巨門？

巨門的人雖然聰明、善分析、口才好，但難免如果遇到化忌時，就會顯得說話得罪人，而歷史上，最典型的巨門人物就是「魏徵」！魏徵雖是唐朝的功臣，但由於他的直諫敢言與毒舌，有好幾次，唐太宗都恨得牙癢癢的，想把他拖去砍了。但畢竟唐太宗是明君，深知良藥苦口利於病，忠言逆耳利於行，如果沒有魏徵的直諫敢言，也就沒有遠近馳名的「貞觀之治」！由此可見，像唐太宗這樣肯聽真話、虛心納諫的明君，正是最適合巨門的老闆，因爲這樣的明君有包容不同意見的雅量與聽實話的胸襟，可以讓巨門暢所欲言，對於事情就事論事，而不用顧忌因失言而觸怒老闆。

▲太陽與祿存能制巨門之惡

紫微斗數中能將巨門的缺點化解，同時拉抬優點的星曜主要有二，第一就是太陽，其次為祿存，其背後的學理在於，巨門化氣為暗，因為黑暗，所以產生許多負面的影響，例如想法負面、自信心略差、壓力大、是非多等問題。而太陽主光明，故巨門最適合與太陽同宮，只要不化忌，太陽的光明可照亮巨門的黑暗，使巨門不再受到黑暗的負面影響，反而可以結合太陽的優點，發揮一加一大於二的效果。可是，先決條件是不能遭逢化忌，一旦遭逢化忌，不但太陽失去驅暗之功，甚至還會加重巨門與太陽兩顆星的缺點，使事態更加惡化難以收拾。此外，太陽要能趨巨門之暗還有個關鍵重點，就是太陽需在亮位趨暗才方顯效率，否則如果巨門在巳宮、太陽在亥宮，像這類巨門在亮位、太陽在暗位相互顛倒情況則稱為「明暗反背」，然而在夜晚的太陽基本無力驅除巨門之暗，所以明暗反背的人基本先天通常也會較為辛苦。

此外，能化解巨門的負面特質的星還有祿存，但同樣的關鍵仍在於「不能化忌」，一旦巨門與祿存同宮遭遇化忌，則就變成惡名昭彰的「羊陀夾忌格」，如此一來不但化解不了巨門之惡，還使得問題的嚴重性比單純遇到化忌更加嚴重！

▲巨門化忌容易對世界造成什麼影響？

巨門每逢丁年必然化忌，而巨門主是非、法律，故巨門化忌之年，通常都是多事之秋，也經常會發生重大的法律糾紛以及口舌。所以丁年經常是政界與法界經常有大事件的流年。

以過去的二零零七(丁亥年)爲例，當年時值民國九十六年，當年度就因爲九十五年底馬英九市長的特支費問題，引發所有政治圈高官與地方首長的特支費風波，在九十六年，不但馬英九因此而辭去黨主席，特支費案還在零七年時一路延燒到綠營的各大天王，呂秀蓮、游錫堃、蘇貞昌、謝長廷，通通中箭落馬。引發台灣政治界有史以來的風暴，使得這次事件被稱作「歷史共業」！

(2007 各首長特別費案)

(圖片擷取自網路-中天新聞)

同時，零七年由於受到巨門化忌影響，一樣爆出許多爭吵與口舌及嗆聲，例如該年度也屢屢發生嗆聲事件，當時的總統阿扁和副總統呂秀蓮，不管走到哪裡幾乎都有人嗆聲，先是阿扁巡視世貿音響展，遇到嗆扁查理，當面對阿扁疾呼「日子快過不下去了」，接著阿扁去參加某間學校的校慶，馬上又遇到來嗆聲的家長，使得老師還記得當時的時事新聞標題還寫著「到處都有查理」。而零七年底因政府施政無方，導致近年來第一波物價大幅上漲，就連時任副總統的呂秀蓮到傳統市場巡視豬肉是否漲價的狀況，也被攤販不留情面的狠狠嗆聲，成為史上國家元首公開被嗆最為頻繁的一年。

無獨有偶，零七年政壇還出現所謂的『上杜下謝拉連莊』三位到處引發口舌爭端的官員，除本來就經常引發爭議的教育部長杜正勝之外，更有後起之秀謝志偉，不但在立法院備詢時爆走演出，更因為其特立獨行的行為引起諸多爭議，因而當時被人們與杜正勝一起合稱為「上杜下謝」兩大爭議人物。之後更是爭議人物輩出，教育部主秘—莊國榮，不但公開嗆馬英九是小吞吞遇到中共膝蓋就軟掉了，還因為拆中正紀念堂匾額事件，放話要郝龍斌哭著回家找媽媽。使得政壇充斥著一片口水戰，而這三人也成為時下政壇的「三寶」！人稱「上杜下謝拉連莊」！故總結整個零七年，為何即便在政治界都會發生這種有如小學生吵架的嗆聲戲碼和口舌之爭，以及一系列荒腔走板的鬧劇，理由都源自於時值「丁亥年」，巨門化忌，才導致這麼多令人瞠目結舌的口舌爭吵事件！

此外，也因爲巨門主口，故在巨門化忌之年，會延生出許多因「食物」而產生的弊端或負面事件，例如同樣在零七年，就發生菜價大漲，時值內閣官員的蘇嘉全，備詢時因爲一句「青菜五元」而引起民眾撻伐不知民間疾苦，就連同樣是內閣官員的邱義仁也因爲在立法院說出「米價沒漲」而引起立委一致砲轟，不但如此，零七年末更成爲民生食品通通起跑漲價的一年，哪怕是油品、泡麵、米、青菜通通飛漲。連當時的遠傳電信還以漲價的時事爲主題拍攝廣告，廣告中的部長還被記者追問：「請問部長，現在什麼都漲，還有什麼沒漲」?結果廣告中的部長只能尷尬的說：「有，那就是你的(薪水沒漲)」！

而因爲米、菜、油、鹽、肉，這些食品屬於民生必需品，一旦調漲，就會牽連所有物價一起調漲，造成百物皆漲，因此警覺性高的讀者相信已經察覺到，接下來民國一百零六年春節開始，就是(丁酉年)，勢必又會有大大小小的糾紛，同時也更有可能因爲食物或飲食，而引發民間的困擾，不可不未雨綢繆！

☆《天相星的介紹與分析》

天相星的星曜特質爲——「化氣爲『印』，爲宰相之星、王佐之星，五行屬性屬壬水，爲貴星、能制廉貞與擎羊之惡。然而天相與天府相同並不參與任何四化。封神榜代表人物『殷商太師聞仲』」。

天相星，既然有個相字，也就有宰相的意思，而既然稱「相」，也就表示有輔助的意思，故爲相當好的輔佐之才，封神榜中的聞太師，就是天相的代表人物，聞太師何許人也？他是殷商王朝數百年基業的大功臣，輔佐多代商朝的帝王，在紂王治國的前期，內有聞太師外有武成王黃飛虎，一片四海昇平、五穀豐登的榮景，最大的功臣正是聞太師對於紂王的教育，即便到後期，紂王與妲己荒淫無道，只要聞太師在朝，紂王和妲己就相對收斂非常多。甚至即便周朝舉兵伐紂，聞太師也是商朝最大的中流砥柱。以孤軍率領金敖島十天君，和周朝的各路神仙分庭抗禮。最後，雖然戰敗身亡，但其忠勇與賢能，卻也爲各方豪傑所尊敬，故死後靈魂永柱天相星。

天相座命的人，如不逢忌星，外表給人感覺莊重或者有氣勢，並且天相星的人大多體寬，很少是瘦皮猴，理由就在於天相的宰相架勢，而天相屬水，如前面章節所述，屬水的星大多都有桃花的成份在，故如果天相星又在桃花較旺的四敗地，則桃花的機會更加旺盛。

▲天相所代表的人事物

天相星，在人主群帶關係，例如朋友、同事、兄弟，這些都屬群帶關係，故在屬人的宮位，都與該宮的群帶關係有關，同時天相也是斗數中有名的「笑星」，只要不化忌，通常也容易有笑容，並且如前所述，天相爲宰相之星，在職場中又可代表高階主管。同時天相也是少數天生帶有幾分義氣的星，而現代社會人情薄如紙，多的是自掃門前雪的人，如果身邊有講義氣的天相朋友，應多加珍惜。

在事物方面，天相被稱作「衣食之星」，故天相與衣食有關，特別是服裝，並且天相又主高級品，故能配得上天相二字的事物，多爲高級品，例如高級服裝、高級精品、高級首飾…等等。更具重要意義的是，天相爲「印星」，所以舉凡印章、關防這類與印相關的事物，都屬天相的範疇。換言之，以環境來說，公家機關、刻印店、服飾店、精品店，也通通都屬天相的範圍。

又因爲天相主群帶關係又講義氣，故天相的人，或者走到天相的大限時，容易有許多朋友或者支持者，前呼後擁眾星拱月的情況有如家常便飯，故天相的本質多爲正面居多，但天相仍然有所缺點，與天府相同，天相不參與任何四化，優點是除非雙星組合否則不會被忌星所拖累，可惜這項優點恰恰同時也是缺點，不參與任何四化，相對也就意味著天相也得不到祿權科三化吉的好處！

▲天相化忌的爭議

十天干中的庚干之四化，長期以來都是各門各派的爭議點，除了最廣泛通用於各派的「庚－陽武陰同」之外，也有主張「庚－陽武同陰」的門派，再來還有「庚－陽武府同」的版本，但最引人注目的主張莫過於有學派主張「庚－陽武同相」，亦即庚年應該太陽化祿、武曲化權、天同化科、天相化忌！使得天相這個四化不沾鍋，頭一次被列入斗數四化的爭議之中。

主張庚年應該天相化忌的門派主要有二，一者為北派斗數，另一者為占驗派斗數，那麼天相化忌究竟可不可成立？有沒有道理？經老師長期觀察，庚年的四化主要還是以「庚－陽武陰同」為主，但偶爾確實也會出現天相化忌的情況，那麼如何判斷是否受到天相化忌的影響，主要判斷標準有幾個。

首先，天相為衣食之星，故庚年一旦出現服儀不整、衣著邋塌，就是天相化忌的一大寫照，再來，由於天相為高貴之星，故如果經常一身貴氣的人，到庚年卻給人感覺貴氣全失，就表示受到天相化忌的影響，導致失去貴氣。此外，正因為天相為「印星」故當庚年也要小心印章損壞或印鑑遺失，以及被人盜用的問題。

並由於天相與泌尿系統有關，故如果在庚年時泌尿系統問題特別多，十之八九表示你正在承受天相化忌的威力！

▲天相能制廉真與擎羊之惡

紫微斗數古文云：「天相能制廉貞之惡」，同時也能壓制擎羊之惡，就故事面來看，廉貞爲封神榜中的奸臣「費仲」，而聞太師剛好是有如諸葛孔明般舉足輕重的一國之相，故有聞太師在，朝中的奸臣大多不敢作亂，有能力壓制惡星，再正常不過了。

而以學理面來看，廉貞主雜亂，但天相主莊重，故因莊重的特性使得廉貞的雜亂特值得到大幅度的改善，此外擎羊也是，擎羊多主刑傷、脾氣差，遇到天相這種莊重之星、笑星恰巧能使擎羊的殺傷力得以緩和，而不會持續爲惡。

不過，天相能應付廉貞與擎羊任何一者，卻無法同時對付兩者，同時對付兩者將分身乏術寡不敵眾，形成惡名昭彰的「刑囚夾印格」，其中「刑」指的是擎羊，「囚」指的是廉貞，而「印」自然就是指天相，此外，斗數界有先進認爲「刑囚夾印」中的刑，除了擎羊之外，天刑一樣符合條件。而此壞格局，不化忌就已有相當缺點，一旦化忌更是一發不可收拾，因此，有刑囚夾印格局的人，最忌丙年出生，因爲丙年廉貞化忌，如有化忌搗蛋，天相不但制不了廉貞之惡，還會被廉貞忌反拖下水，如加上擎羊爲幫凶，則猶如火上澆油。然而即便是廉貞化祿的甲年，廉貞天相的組合仍要避免出現在子宮，因爲甲年子宮的天干爲丙，將使廉貞產生自化忌，造成強大傷害。

▲從天相的對宮可看桃花

天相的對宮可看出一個人的桃花源自何方，舉例來說，如下圖，如果天相在財帛，則對宮爲福德，表示命主對於喜歡的對象，重視心靈層面的契合與內涵。

如果天相在田宅，則對宮爲子女宮，表示命主的桃花大多來自幼齒桃花，老牛吃嫩草的機會極高。而若天相在夫妻宮，對宮則爲官祿，代表桃花大多源自於工作結緣或者工作場合。反過來說，如果天相在官祿宮，則表是桃花來自於配偶或者因配偶而認識。而如果天相在命遷兩宮，則有沒有桃花取決於自己想不想要而已。而如天相在兄友線，則桃花多來自兄友。

(父母) 巳	(福德) 午	(田宅) 未	(官祿) 申
(命宮) 辰			(交友) 酉
(兄弟) 卯			(遷移) 戌
(夫妻) 寅	(子女) 丑	天相 (財帛) 子	(疾厄) 亥

▲天相與破軍永在對宮的關係

紫微斗數的設計中，天相與破軍永在對宮，而天相與破軍的性質卻完全相反，天相莊重但破軍雜亂，所以不論是天相或破軍的人，必然有某一方面存在完全相反的反差，也就是莊重的天相，內心一樣有雜亂的一面，較亂的破軍，內心也有其從容或體面的一面存在，彼此矛盾。

▲天相最喜武曲加天馬

天相只有在寅申兩宮會與武曲同宮，天相與武曲一者為印星，一者為財星，兩者同宮可謂財權兩得，古人云：「腰纏十萬貫，騎鶴上揚州」。道盡世人三大人生目標「財富、當官、成仙長壽」，武曲與天相恰好與財富和當官磁場相應。而如果武曲、天相再加上天馬，就成了「財馬配印格」！不但出將入相，而且名利雙收，如春秋戰國時代，連下齊國七十二城的燕國名將─樂毅就是武相座命的命格。因此，如果各位讀者家中有子女恰好為財馬配印格，則要多讓子女多多遊歷各地，並鼓勵子女從事國際型工作，四處拓展事業版圖，將來定能遠近馳名、功成名就！

☆《天梁星的介紹與分析》

天梁星的星曜特質爲—「化氣曰『蔭』，是爲「父母宮主」，爲壽星、庇蔭之星，又爲醫藥之星，五行屬性屬戊土，爲五福壽星之一，納八卦之『巽卦』。天梁星的四化爲壬年化祿、乙年化權、己年化科，而不化忌。封神榜代表人物『托塔天王李靖』」。

天梁化氣爲「蔭」，所謂「蔭」顧名思義就是庇蔭他人的意思，故天梁在命的人多半有老大作風，並且天梁座命的人十有七八，身高高挑，並且多半外向健談，但也因爲外向健談，故天梁在斗數中被部分學者歸類爲「吹牛星」。因爲在某些條件下，部分天梁能夠口沫橫飛講得精采無比，但所述事蹟多半是他人事蹟，或是自己加油添醋。

而又由於天梁爲蔭人之星，就有如父母一般，故天梁又爲父母宮主，此外天梁又爲壽星，主健康與長壽，此外，由於天梁的老大作風，因此天梁是機巨同梁這種靜態格局的主星中，少數適合當主管或老闆的星。而天梁星的人多半也秉性聰明，同時桃花亦不算差，可說是斗數中一顆人緣頗佳的星。

不過，即便天梁的特性多屬正面，可是就四化來說，天梁化科卻是毀譽參半，本來化科主名聲、教化、教育、但天梁和化科在一起，有約六七成左右的機率容易涉及索賄或者一些不法事件，這樣的現象值得深入研究。

▲天梁為醫藥之星

醫者父母心，父母先天的職責就是庇蔭子女，而天梁又為父母宮主，相對引申，天梁便可引申為醫藥之星，正如懸壺濟世的醫生以庇蔭各方病患為己任。此外，醫生是醫病，命理師是醫命，對於問命者所遇到的人生困難，給與人生的指引與建議，並開出解決人生難關的藥方。而討論得更加深遠的話，宗教也屬於另類蔭人的醫藥，因為會尋求宗教的幫助，多半是遇到人生令人茫然的事情，或者遭受人生的重大鉅變，導致身心靈備受煎熬，因而尋求宗教的心靈層面幫助，所以，天梁不只是醫藥星、也是命理五術星、更可引申為宗教星。一言以蔽之，凡屬幫助他人、庇蔭他人的事物都屬天梁的星性範圍。

▲天梁與巨門同屬醫藥之星的差異

天梁和巨門同屬醫藥之星，那麼兩者的差異為何呢？以性質來說，兩者最大的差異在於以星性來說巨門為病符星，故巨門與醫藥的關聯來自於，因病而與醫藥結緣，而天梁則是因為蔭人的特質，故與醫藥有關。此外，以藥性來說，道家尚陰，故巨門得陰屬性，較篇中醫與中藥，同時巨門得暗雜屬性，一樣呼應中醫對於暗雜病症的陰陽調和。而天梁屬陽性，故特質比較接近直接了當治療明症的西醫和西藥，但基本來說，天梁和巨門不論中西醫皆有緣份，差別只在成份屬性的多寡而已。

▲天梁所代表的事物

天梁在工作和做事相關的宮位，可表醫藥、養生、宗教、救護團體、命理五術，這類以幫助他人爲主的工作，同時天梁在事物方面，可表示藥膳、藥品、西藥、醫院、藥局、廟宇，有時還可引申爲化妝品。亦可延伸爲氣功、養生等等。

而天梁爲蔭星，只有大樹方能成蔭，加上天梁所納八卦爲巽卦，巽屬木，故天梁也可表示樹木，故天梁在田宅宮，居家附近相當可能有許多樹木或者盆栽。另外，天梁在身體部位主要代表脾胃。

▲天梁化忌的爭議

一直以來，辛年普遍以文昌化忌爲最讓人廣爲接受的版本，但依八卦納甲的原理，辛年原應天梁化忌，但斗數學界有學派主張，天梁本就爲壽星、蔭星，照理不應化忌，故以文昌代替天梁接受化忌，因文昌爲天梁之輔星。可是同樣的爭議也發生在七殺上，斗數界有前輩認爲，七殺會隨著文昌化忌，並認爲邏輯在於文昌爲七殺的伴星，故伴星化忌會使主星遭受連累。也因此辛干天梁是否化忌就成了斗數界一大爭議點。

▲天梁化祿對於世界的影響

天梁每逢壬年，必定化祿，而祿多半爲好處，雖然天梁帶來的祿多半抵不過武曲忌的威力，但凡事必然有好處有壞處。儘管有武曲忌的缺點，但仍有天梁祿所帶來的優點。

天梁主醫藥、宗教、命理，其中又以醫藥爲主,故在天梁化祿的年份，通常世界或時局上容易出現醫療方面的利多或者有利於醫療的政策。

例如二零一二年，時值壬辰年，當年，中華民國政府爲解決健保連年擴大的財政缺口,因而實施二代健保，從股利、獎金中徵收百分之二的金額作爲二代健保的補充保費。姑且不論二代健保的徵收理由是否合理，但就

(2012 二代健保政策)

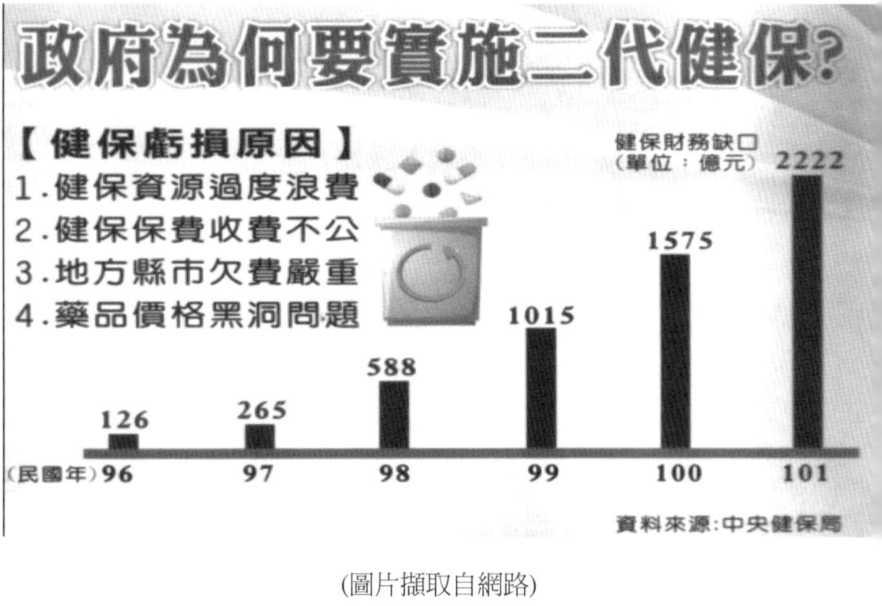

(圖片擷取自網路)

健保面臨的財政黑洞來說多少有削弱健保財政壓力的具體效果。

▲天梁化權對於世界的影響

同樣的，乙年天梁化權，所以也容易出現醫藥與醫療上面的積極性革新政策，徹底改變台灣醫療制度的「全民健保」，就是在一九九五年(乙亥年)實施上路，一路走來，雖然面臨不少難關，卻使得台灣大大小小的家庭，都能免於因爲經濟壓力而失去醫療的機會。同時，台灣也成爲醫療最爲實在的國家，在國外，即使小病小症，經常也要付出折合台幣一兩萬的醫療費用。但凡任何事，皆有一體兩面，尤其乙年天梁爲化權，化權爲小忌，即使有政策上的革新，也通常會有所後遺症，以健保制

(2005 健保總額給付制)

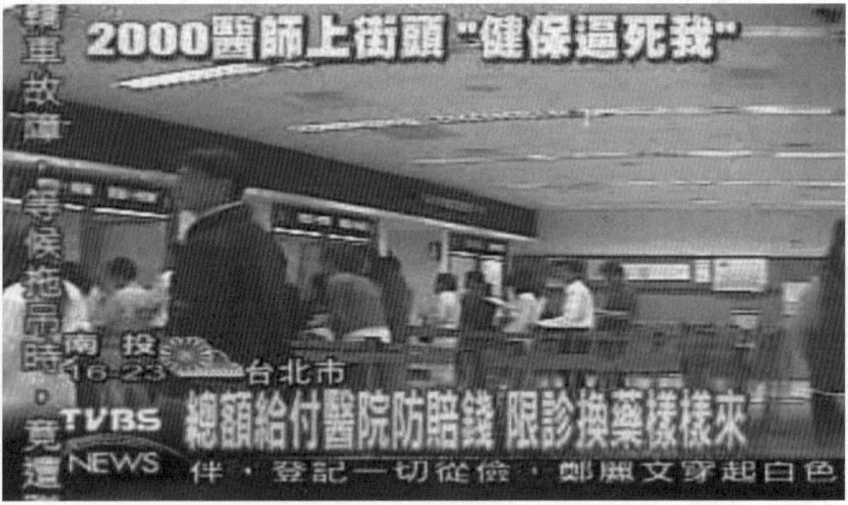

(圖片擷取自網路-TVBS 新聞)

度來說，雖然全民健保的實施，讓看病不再是有錢人的專利，也讓醫療費用不要動輒上萬，使得一般人「生不起病」，但全民健保實施後，看病變得十分廉價，原本是一樁美事，但也進一步養成國人浪費醫療資源的陋習，甚至出現許多以逛醫院爲樂，更甚形成貪於拿藥的狀況，或只是小病就三天兩頭往醫療院所跑，造成各級醫療資源的浪費，更因爲健保的保障優渥，還造成許多國外僑胞，專程回台復保看病這類光怪陸離的奇特現象。

無獨有偶，同樣在乙年，二零零五(乙酉年)，行政院爲解決健保連年虧空以及面臨倒閉的問題，實行「總額給付制」的改革，以削減健保財政赤字的問題。何謂總額給付制？在總額給付制實施前，健保局在給付醫療費用都是依據各醫療院所實質上的支出實報實銷，支出多少，則撥款多少，但也因爲有健保局這個絕對兌現的大買家，造成浮報、濫報健保費的事件層出不窮，導致健保局成了政府單位中持續虧空的部門。

後來，政府爲解決這問題，就想出一套總額給付制度，這套制度的關鍵在於，將全國健保的預算設爲定額，然後改革以往以元爲單位實報實銷的補助方式，改爲以「點數」作爲請領費用的依據，也就是假設以往感冒病症可以請款一千元，現在改爲「一千點」，如此一來，與原本的制度有何差別？關鍵就在以往如果看感冒一定能請領一千元，但如果改成點數，假設全國一共有一萬點的點數要請領費用，若當年健保總預算剛好一萬元，那全國醫療院所則可以一如往常的請款到一萬元，但相對，如果當年度健保總額運算只有五千元，那麼醫療院所手中的每一個點數，就只能請領到五毛錢。並且每年的健保總預算是預先編定，所以跟實際一定有落差，就容易造成點值浮動，以及醫院收入不穩定的問題。故雖然總額給付制一定程度解決健保財政的問題，但畢竟化權爲小忌，其中定仍有不足缺失之處。

▲天梁化科時容易發生的時事

相信記憶力好的讀者，一定記得前面章節提到，天梁化科時，有相當大機率出現貪污或索賄的事件，這樣

(2009 職棒假球案)

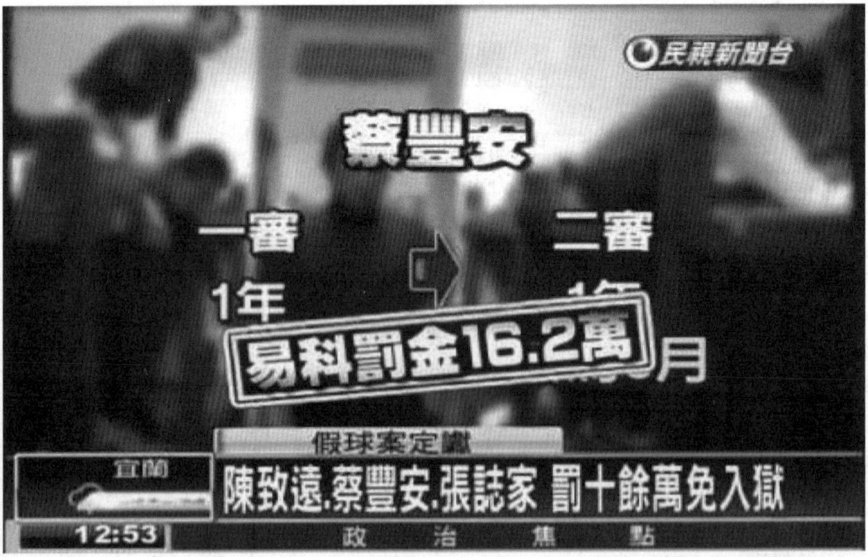

(圖片擷取自網路-民視新聞)

的現象在時事上也一樣，例如二零零九(己丑年)，每逢己年，則必然天梁化科，當年度中華職棒就發生震撼球壇的「兄弟象假球簽賭事件」！其中不但涉及許多奧運級甚至大聯盟級的球員，例如曹錦輝、張誌家、謝佳賢、陳致遠等明星球員，更攪亂中華職棒的一池春水。而其中的案情關鍵疑似為張誌家和組頭雨刷接觸，洽談球賽放水與其中的分配報酬，造成當年度中職球迷的打擊，更一度形成中職的陰霾，也間接造成中華隊戰力大失血，否則二零一三年的世棒賽，中華隊絕不會因為投手只靠建仔獨撐大局而飲恨輸給日本一分，甚至預賽，對抗韓國時，徐展元主播也不用落淚感嘆「我真的好想贏韓國」！

☆《七殺星的介紹與分析》

七殺星的星曜特質爲—「變動之星，在天爲修道之神、在地爲大殺將，又爲將星，五行屬性屬丁火、辛金，不納八卦之任何一卦。也不參與任何四化，但卻有一說認爲當文昌化忌時七殺也應隨著化忌。七殺封神榜代表人物爲『武成王黃飛虎』」。

七殺如同字面上給人的感覺，又肅殺又冷硬，且又有凶狠火氣的感覺，事實上七殺的五行屬性，也恰巧包含兩者，有屬火的丁火，也有冷硬的辛金，所以七殺既有如火般的剛烈拚勁，卻同時也有著金一般的剛硬固執。此外，殺破狼格局的星曜大多屬於將星，也因此適合開疆闢土、到處奔走，而較不適合過於靜態的工作，並由於七殺主變動，故與七殺相關的人事物多半差異性高，性質非常多樣化，舉例來說，七殺在命的人，身高由高到矮比比皆是，有身高極高的彪形大漢，也有極矮的侏儒。像三國時期的關羽，就是七殺座命，身高高達兩百公分以上。

任何命盤，七殺與天府必爲對宮坐，故七殺衝勁十足的外在形象中，隱含有天府從容的內性，卻也同時有著天府的自尊心，這也是爲何七殺的星曜組合，經常被認爲不適合女性的原因，理由在於，會與七殺同宮或對宮坐的星，不外乎是紫微、天府、武曲、廉貞這類比較硬的星，想要溫柔也溫柔不起來。而如果是七殺在寅申巳亥巳馬地，則必與紫微、天府同在命遷，如果再加上化權的作用，那更是會強硬到接近唯我獨尊的程度。

▲七殺星的衝勁

七殺在命的人，破軍必然在官祿，大多數的情況下，做起事來一旦下定決心，披荊斬棘衝鋒陷陣，但七殺同時也要注意容易執行力強，但是計劃的整體完整度與貫徹度不足，如此一來，做事就不容易全盤做好。就以三國的關羽來說，關羽不論武功和戰功，都威震華夏，不管是溫酒斬華雄，還是斬顏良誅文丑，甚至是過五關斬六將、水淹七軍，都在在顯示他的豐富戰功。這樣的常勝將軍，有著七殺說拼就拼的企圖心，一下定決心要打樊城，馬上就能水淹七軍，將曹軍打得落荒而逃。可是，也因為經常執行力過強，沒有詳細做好整體的通盤規劃，導致一陣衝刺之後，卻虎頭蛇尾，或者留下爛攤子讓人收尾，就以攻打樊城而言，當初孔明對關羽的指示只有守好荊州即可，但關羽急於立功，說出征樊城就立刻出征，結果雖然一開始捷報連連，卻同時給了東吳可趁之機，導致重要的根據地荊州失守，也導致蜀漢失去重要的立足之地，替孔明留下了最為困難的難題。故七殺在命的人，最適合和軍師型的人搭檔，一人專門全盤規劃、一人負責執行，如此一來，既能讓七殺的人在各個舞台上盡情發揮，也能讓各種大大小小的計劃都能達到盡善盡美。

▲七殺在人事物的表現

因爲七殺主變動，故一旦出現在與人相關的宮位，也同時意謂著變動，也表示像夫妻宮這種穩定爲好的宮位不適合七殺在內，否則多半容易有二度戀情或二度婚姻，而如果在父母宮，理所當然有二姓延生的可能，也就是可能會有養父母，或者父母再婚或者過繼的狀況，所以七殺在與人有關的宮位中，除了即使經歷變動也無所謂的朋友宮、兄弟宮之外，其他基本上以常理而言，都有一定程度的問題存在。

再來，七殺在與做事相關的宮位，如官祿宮，也主做事有衝勁，連帶表示一生的工作容易有所變動，或者從事變動性很高的工作。最重要的是，七殺主變動，而變動又分好的變動及壞的變動。而七殺在財帛或田宅時，也可論爲自己的財產容易變動，但癥結點還是在究竟是「好的變動」還是「差的變動」，而七殺對於財田能引起的變動，基本上不是「暴發」就是「暴敗」。至於如何判斷究竟是暴發還是暴敗，留待之後老師『紫微斗數科學系列』第三本或第四本書，談四化和飛星時再做分曉。

在環境與事物方面，七殺可表火車、鐵路、商場、市場、也可表示爬蟲類、節肢動物，而在疾病方面，可以是皮膚病，也可能是肺方面的疾病。此外由於七殺主變動，所以七殺在疾厄，相對也表示一旦生起病，將很容易激烈化或嚴重化，甚至產生身體的變動，例如骨折或切除手術。

▲七殺的女人職業婦女為多

七殺由於在地為大殺將，事業心通常也較重，所以七殺座命的女生，通常不會是傳統家庭主婦，即便有也是少數。大部分會選擇在職場打拼及工作。不過，七殺在命，財帛宮必然為貪狼，對於錢財都會有一定程度的欲望及渴望，故七殺的人對於金錢的重視度都不算低。可是相對也要注意，如果七殺在命的人從事的工作是公務員，在金錢方面就需特別小心，貪狼既然有個貪字，遇到忌星干擾時，也就容易有貪瀆的情事，加上貪狼又有桃花的性質，如再遇文曲、廉貞這種桃花星，喝花酒的機率就更為增加。然而對公務員來說，貪與桃色都是一刀斃命的罩門，但偏偏貪狼遇到忌星時兩種都可能發生！

又七殺破狼三顆星必在三方互相拱照，故走到相關大限時也須多加注意。

△與七殺有關的地理環境(老師個人創見)

前面章節提到有關七殺的環境景物，但以七殺來體會純天然的地理環境也別有一番趣味，那麼與七殺有關的地理環境有哪些特性？依老師的見解，因七殺主變動，故像吐魯番窪地、南北極、東非大裂谷、大峽谷這類地理環境都屬七殺的範圍，理由在於吐魯番窪地號稱「朝穿皮襖午穿紗，抱著火爐吃西瓜」，其溫度劇烈變化對應七殺的變動特質。再來南北極的晝夜比例落差極大，一年之間可由永晝變為永夜，也呼應七殺的變動。

而東非大裂谷和大峽谷，則是因海拔高低落差起伏變化極大，故符合七殺的特質。

▲竹羅三限

七殺、破軍、貪狼三顆星必然在彼此三方互相拱照，也必然不管十年大限行運是順行還是逆行，到第五大限時，必然會走到宮祿宮或財帛宮，而再度形成殺破狼三顆星互在三方拱照的大限命盤，在古論中經常將殺破狼再次相遇的大限稱爲「竹羅三限」，而古書中認爲如果在竹羅三限行運的三方中又遇到「羊、陀、火、鈴、空、劫」這些凶星則凶應更重。多以不吉而論。

△老師對於竹羅三限的個人見解

關於古書對於竹羅三限的觀點，老師認爲有其依據之處，但也有其不完整之處。首先，第一個邏輯盲點在於只要是殺破狼格局的人，其第五大限必然面臨竹羅三限，按古書的說法，豈不每個殺破狼格的人，第五大限都其慘無比？光是這點就明顯不合邏輯。

老師認爲，竹羅三限之所以被古人視爲凶兆，根本原因在於，古代中國是以「穩定與保守」爲主流文化的社會，甚至中國人的文化中，喜歡依循傳統，不喜求新求變，對於創新、創意甚至是顛覆傳統的人事物也都多爲排斥抗拒。

然而，殺破狼爲變動格局，本命爲殺破狼的人如果又走到殺破狼得大限運，則變動性將加劇，外加凶星大多也都帶有衝動性與執著或叛逆性，如有凶星的催化，則將更加激化殺破狼的變動特質，如此一來將會提高殺破狼命格的人在竹羅三限的行運中，做出較爲冒險、激進性的變革或事業擴張。奈何，創新、創業與發明通常約有九成以上的失敗率。在古代沒有創投、科專計畫的背景下，一旦失敗可能傾家蕩產。這在祖制爲大、傳統爲尊的中國，基本是不見容於社會。

但以現代社會的背景，創新才能領先世界，新技術才能開拓新市場，有創新精神才能擁有超額利潤，所以只要不遇化忌，殺破狼格的開創特質才是現代講究創新、點子、創意的商場所需要的瑰寶！

☆《破軍星的介紹與分析》

破軍星的星曜特質為——「化氣為『耗』，為破耗、破敗之星，五行屬性屬癸水、辛金、(又屬丁火)，為將星，納八卦之『離卦』。破軍星的四化為癸年化祿、甲年化權，原則上不化科，亦不化忌。封神榜代表人物『紂王』」。

破軍為破耗之星，在哪個宮位就破耗那個宮位的人事物，也因此天府座命的人為何多要擔心婚姻與感情，理由正在於天府的夫妻宮必為破軍所致。所以破軍星最好在與自己關係較遠的兄友線較為理想，而不適合在財田或重要宮位。

破軍座命的人，男命通常虎背熊腰或身材強壯，基本上不會是皮包骨，且身高大多不會太高，並且破軍在命的人通常脾氣變化略大，且喜惡鮮明，愛之欲其生、恨之欲其死。對於自己所愛的人事物，可以付出一切，義無反顧。相對討厭的事物可以恨之入骨。三國時代的名人中，破軍的代表人物為「張飛」，故從張飛的身形、情緒，相信各位讀者就能有所體會。

所以，以破軍的性格，最適合與天機座命的人搭配，如此一來可收互補之效，破軍擅長衝鋒陷陣，天機擅長思考謀劃，如同沒有孔明的張飛，不過一介莽漢，但沒有張飛的孔明，也不過是一介策士。兩者搭檔，則各取所需、所向披靡，攻城掠地無所不能。

▲破軍星的五行屬性爭議

對於破軍的五行屬性，一般最廣為流行的說法為「破軍屬水」，不過斗數界仍有宗師級的師父認為，破軍既屬水也屬金，其學理根據在於，破軍在九星中排行第七，對應八卦中的「兌卦」，而兌卦正屬金，故合理推論，破軍除了屬水也應屬金，並由於兌卦為少女卦，所以破軍的金為辛金。

△破軍星的五行應在加上「火」(老師的個人創見)

關於破軍，除了屬金和屬水之外，老師主張破軍也應屬火，邏輯根據在於，破軍納八卦之「離卦」，而離卦正屬火，也因此破軍才有火一般的脾氣、火一般的執行力、火一般的變動性。

另外一個能證明老師推論的證據，就在於破軍在身體疾病方面主血液，而破軍可主血液的理由在於，破軍屬水，血剛好也是液態，可是太陰和天同也同樣屬水，何以偏偏破軍代表血液?關鍵就在於，破軍納離卦，而離卦屬火，紅色正為屬火之色，血液恰好就是紅色，所以唯有同時俱備水火兩種屬性的破軍，方有足夠的條件代表血液。故破軍除了屬水、屬金之外，也應同論屬火方為合理。

▲破軍的四化爭議

以往，斗數各門派都採用己天干文曲忌的說法，但實則以八卦納甲的角度己年應爲破軍忌，但斗數學派不採用破軍化忌的理由主要在於，破軍本身就是破耗之星，本來就有化忌的味道在，因此將破軍化忌也列入，顯然有些多此一舉，必要性不高。但也有些斗數前輩主張做學問應力求嚴謹，故不僅文曲忌的影響要討論，同時破軍受忌的問題一樣不能忽視，如此才不至於偏廢，而造成論命時的疏漏。

此外，破軍的四化有化祿、化權，勉強加上備受爭議的化忌，共三個，唯獨缺少化科，其邏輯在於破軍的特性與化科反差過大，故破軍如果真要化科只能借助雙星組合時與之搭配的星曜拉抬。

化科的基本特質爲講道理、聰明、思考、溫柔、理性與感性兼具。相較之下，破軍情緒起伏較大、執行力也遠大於思考力，與化科的知書達禮存在鮮明的對比。但也因此，破軍在命的人最喜化科也在命。理由在於，兩者恰巧可互補，且剛柔並濟，破軍如加上化科的拉抬，則文武雙全堪稱智將。有化科的柔化，能使破軍過剛的性格得到緩和，更能在破軍的執行力上添加細密的心思與全盤的思考，使破軍不再容易因情緒而造成不必要的麻煩與困擾。而如果破軍能加上文昌化科，更是能文能武、橫槊賦詩，爲不可多得的領袖將才。

▲破軍化祿的可惜之處

前段老師提到破軍最喜化科拉抬，可收剛柔並濟之效，有些讀者可能會納悶，甚至想問我：「可是大師，化科不過是小祿，那爲何不是破軍化祿，對破軍的幫助更好呢」？

確實，單以特質而論，化祿對於破軍的優化效果，與化科相比有過之而無不及，可是破軍化祿卻存在關鍵性的致命缺點。首先，能使破軍化祿的天干只有「癸干」，然而癸干雖然能使破軍化祿，卻同時會讓貪狼化忌，而七殺、破軍、貪狼三顆星必在彼此的三方，這也同時表示，每逢癸年，一旦想獲得破軍祿的好處，相對也必然要承受貪狼忌在三方的搗蛋，如果破軍祿在命，貪狼忌就在官祿搗蛋。若破軍祿在財，則貪浪忌就在就在命搗蛋。更嚴重的是武貪忌皆爲殺傷力極大的忌星，所以因爲貪狼忌而蒙受的損失絕對遠大於破軍祿所得的益處！

故除非不得已，否則得破軍祿而招來貪狼忌，根本得不償失。也因爲有此必然缺點，所以老師才認爲對破軍幫助最大的四化是化科，只不過由於破軍本身不化科，所以需借雙星組合方能有機會得到化科的拉抬。

而前面未提到的破軍化權，雖化權也屬三化吉。但對於破軍而言，化權過於剛硬，破軍本身就已屬較爲剛硬之星，再加上化權，則會顯得過於有陵有角，甚至給人感覺略爲過剛霸道，反對破軍幫助不大。

▲破軍在人事物上的表現

如前所述，破軍在與人有關的宮位，表示該宮相關的人物代有破耗的情況，所以不適合出現在夫妻宮這類較需穩定的宮位。但如果討論破軍可代表哪些事物，首先以星曜特質來說，破軍可爲垃圾場、菜市場、資源回收站，也可爲港口、海灣、水邊、大山溝。同時也可表外國貨、舶來品。

並且由於破軍的破耗性質，故拆除、分解、炸毀這類將原有物品分解的任務也多與破軍有關，此外如果破軍在財帛宮，則一生錢財的變動難免。

▲破軍與廉貞的「賭性」堅強

破軍與廉貞兩顆星是斗數中對於賭博較有興趣的星曜，尤其逢化權時更會盤算全局甚至出手豪賭。也因此如果廉貞與破軍在財福線，多多少少都會對於投資有興趣，不管股票也好權證也罷，更進一步對「投機性投資」，例如期貨，會有著不小的喜好。

可是，是否有偏財運，基本上有命理條件根據，如果偏財運不佳的命盤，即使投資技術研究再成熟，最多只是降低損財的機率，最終要靠投資獲大利，仍會遭受破財的命運，而關於偏財運、投資運在斗數上如何判斷，老師將於未來幾本書中一一分解，請各位讀者拭目以待！

▲破軍化祿對於時事的影響

每逢癸年必然破軍化祿，而破軍如前所述，與廉貞皆爲賭性較強的星，因而當破軍化祿的流年，世界的時局多半容易出現賭博、投機、彩卷相關活動蓬勃發展的情況。

以台灣來說，民國九十一年，台灣開始定期舉辦樂透彩的活動。但到二零零三年(癸未年)，才開始各式玩法爭相出爐，先是年初時政府官方推出「三星彩」的玩法，到年底「四星彩」的新花樣又接踵而來，並且在同一年度，台灣也爲了是否要開辦職棒彩卷用以振興棒球而討論不已，甚至隔年兩零零四年的「大樂透」，也是在零三年時就已經事先有所規劃並執

(2003 年台灣彩卷開始多元化)

(圖片擷取自網路-非凡新聞)

行。

而十年之後的二零一三年，時值(癸巳年)，當年台灣也發生與賭博相關的重大事件，澎湖地方人士，爲了促進澎湖縣的產業經濟發展，在二零一三年，由澎湖旅行商業同業公會、澎湖觀光協會、澎湖旅遊發展協會等單位，成立「澎湖國際化推動聯盟」，並將4千份連署書送交縣府審議。發動轟動全國的『博弈公投』！

這項公投一旦過關，未來在外島就有國際化的賭場，也更能刺激國內有關於博弈的營收。所以，癸年雖然有貪狼化忌的殺傷力，但對於博弈產業來說卻是一大福音，在政策面也容易出現有關於博弈、彩卷、樂透、投

(2013年外島所提的博弈公投)

(圖片擷取自網路-公視新聞)

機方面資訊的利多。

▲己年可能出現的破軍化忌現象

斗數門派中，有前輩主張己年破軍也應視為化忌，而就八卦納甲理論來說，也並非無所本，那麼破軍化忌時，時局容易出現哪些現象？首先，既然破軍與賭博有關，面臨化忌就容易因賭博而滋生重大負面社會案件。例如二零零九年，時值己丑年，就發生震撼全國的「職棒簽賭假球案」，同樣涉及賭博，同樣涉及博弈，但卻因為結果為化忌，故最終以壞的結局收場，同時也造成中華隊戰力上不小的損失。

《天府星系章節思考題》

1.

天府與紫微都是帝王星，造成天府比紫微健談的理由爲何？

2.

太陽性質較偏男性，太陰較偏女性，那麼同時有太陽和太陰在命宮的人，個性又當何解？

3.

太陰在庚年化了一次科，又在癸年化了一次科，同樣是太陰化科，兩者有何不同？

4.

太陽在暗位、太陰在亮位，稱作日月反背，那麼日月反背有何特徵？

5.

貪狼爲欲望之星，但卻也是宗教五術之星，古書云: (貪狼文昌粉身碎骨)，理由何在？

《天府星系章節思考題》

6.

斗數學派中，有宗師級前輩主張巨門屬金，那麼巨門的特質中，哪些特質與金有關？

7.

巨門主口才，那麼命主口才好或口才不好的條件，該如何判定辨別？

8.

天相爲印星，那麼印刷業是否也可列爲天相的範疇？

9.

天梁可代表樹木，但天機也屬木，兩者有關於樹木的性質有何差別？

10.

天梁既爲壽星、蔭星，又爲醫藥之星，但如果天梁在命或在官的人，偏偏是社會組出生，與醫科無緣，當何解？

《天府星系章節思考題》

11.

七殺不參與四化，那麼除了雙星組合之外，有何方法能讓七殺得到化祿、化權、化科的幫助？

12.

破軍化祿的年份除了對博弈產業是利多之外，還可對於時事帶來哪些幫助？

七、紫微斗數主星與其他星曜特質（二）

談論完紫微斗數兩大星系十四主星的特質後，接下來的焦點老師將帶給大家其他星曜的分析，例如文昌、文曲、左輔右弼、天魁天鉞、羊陀火鈴空劫、祿存等細星的特質分析。雖然這些星曜並非主星，但卻也帶有舉足輕重的影響力，甚至可在人生關鍵時刻發揮決定性的作用，許多學習斗數的後進，往往忽略小星的影響力，但許多時候造成人生關鍵挫敗的因素正是這些主星之外的從星。

再者，對斗數有所了解的讀者不難發現，紫微斗數命盤主星的分佈與盤相其實也不過幾類，那麼為何卻能形成成千上萬的命格差異與命運流程，形成彼此差異的關鍵又是什麼？答案的關鍵就在於四化與其他星曜的不同，只要有不同就會形成差異及影響。

不過，紫微斗數學派眾多，甚至有些學派將八字的神煞引進斗數之中，據統計使用星曜最多的派別，一共使用一百零八顆星，但本書僅就老師認為有實質影響力的星曜進行解說與分析，因此有些星曜如果不在介紹之列，只表示在實務論命上老師不採用而已，僅是老師個人的見解，各位讀者如原本就有自己所學習的門派體系，可依自己的判斷進行學習上的取捨。

☆《文昌和文曲的介紹與分析》

文昌與文曲兩顆星是斗數中相當重要的助力星，也是決定命主是否有讀書命或書卷氣的兩顆星，據老師長期觀察與考證，學生時代書念得較好的同學，多半命宮三方都有文昌、文曲兩顆星，就算再不濟都有化科在命。

不過文昌與文曲兩者最大的不同在於，雖然兩者皆主讀書與學問，可是文昌的特質比較偏正式文書、論文、正統學術。反之文曲比較偏向才藝、才華、文藝等與技藝有關的學問，所以如果文昌與文曲兩顆星，要論何者與命理五術較有緣份，在其他條件不變的情況下，絕對是文曲比文昌對於命理五術更有緣份。故而，在紫微斗數古書中有句話提及「太陰文曲是為九流術士」。何以不是太陰文昌，偏偏是太陰文曲？理由就在於文曲星為才藝之星，而命理五術的屬性較偏向才藝。

故對於文昌的人，學習物理、化學、數學、中文、經濟學這些純學術的學問，會非常得心應手，也較有機會能夠成為知名學者。換言之，對於文曲的人，較鐵板的學術興趣通常不高，但像是音樂、命理、程式設計、魔術、動畫製作、烹飪，這類才藝類學問，就相當拿手。

又因為文昌與文曲主讀書與學問，所以適合與殺破狼、武曲等將星同宮，可替武將格的人增添幾分書卷氣，方能智勇雙全，相輔相成。

▲文昌與文曲的命例比較

以具體命例來做比較，下面這張命盤，命主天機太陰在命，以格局來說是爲「機月同梁格」，機月同梁格的人天生就屬記性機敏會念書的文官格局。而以這張盤來說，此命主不但擁有機月同梁格的好格局，同時本命還有文昌星加持，又因爲宮干爲丙干使命宮有自化科的拉抬，如此一來格局加上文昌與化科，這樣的命格念書不名列前茅也難。

而就老師對命主的認識，命主國中時經常考全校第一，升學一路上都是第一志願，先是建中三類組，接著考上台大物理系，

（文昌星命例）

天相旺 天刑 破碎 天巫 臨官 小耗 小耗 劫煞 36 -- 45 【田宅】 木 己巳	天梁廟 鈴星廟 天哭 天虛 天壽 帝旺 將軍 大耗 災煞 46 -- 55 【身】【官祿】 土 庚午 祿 祿	廉貞利 祿 七殺廟 天鉞 地劫 天官 天傷 衰 奏書 龍德 天煞 56 -- 65 【朋友】 土 辛未	蜚廉 截空 病 飛廉 白虎 指背 66 -- 75 【遷移】 金 壬申
巨門陷 解神 龍池 冠帶 青龍 官符 華蓋 26 -- 35 【福德】 木 戊辰	陽曆：民國73年 10月[redacted]日 16時 忌		天姚 天喜 天福 天使 死 喜神 天德 咸池 76 -- 85 【疾厄】 金 癸酉
紫微旺 貪狼利 擎羊陷 天空 紅鸞 八座 沐浴 力士 貫索 息神 16 -- 25 【父母】 火 丁卯			天同平 火星廟 陰煞 鳳閣 寡宿 封誥 天貴 旬中 墓 病符 弔客 月煞 86 -- 95 【財帛】 火 甲戌
天機 權 太陰 文昌陷 科 右弼 祿存廟 天馬 孤辰 台輔 天月 天才 長生 博士 喪門 歲驛 6 -- 15 【命】 火 丙寅	天府廟 陀羅廟 天魁 養 官府 晦氣 攀鞍 116 -- 125 【兄弟】 水 丁丑	太陽陷 忌 文曲旺 左輔 恩光 胎 伏兵 歲建 將星 106 -- 115 【夫妻】 水 丙子	武曲平 科 破軍平 權 三台 旬空 絕 大耗 病符 亡神 96 -- 105 【子女】 火 乙亥

大學期間還學會六國語言，被台灣立報報導爲語言天才。且學識豐富、滿腹經綸。但由於他命宮的星爲文昌，因此專長與學識都比較偏向正統學術，而非才華技藝。

而本頁下面這張命盤，也是老師的一位客戶，和上頁的命盤盤相幾乎一模一樣，同樣都是機月同梁格，命宮也同樣有祿存，也一樣有左輔右弼，唯一的差別只有，第一張命盤，命宮是文昌星，而本頁這張命盤則是文曲在命。不過，光是這點小差別，就足以形成兩人截然不同的特質。

（文曲星命例）

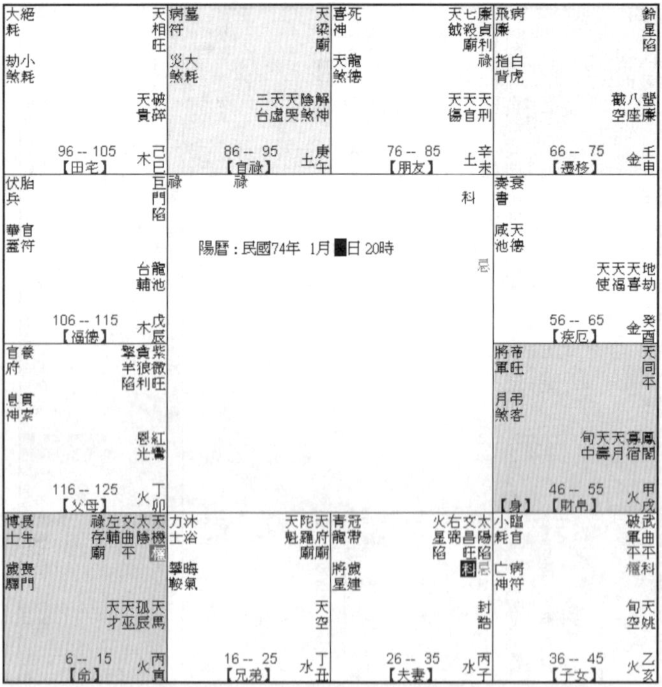

本頁命盤的這位女生，因為格局一樣是機月同梁格，一樣有文昌文曲星，所以她國中時也是名列前茅，但由於命宮主星為文曲，較偏才藝取向，而與正統學術的契合度不如文昌，因此雖然兩張盤的命主都念書優秀，但深入比較，文曲念書仍稍遜文昌一籌，所以第二張盤的命主考上的學校為景美女中，雖然一樣很優秀，但稍遜前者建中、台大的關鍵就在於前者命座文昌、後者命宮文曲。

可是即便如此，星性無好壞，單看你是否善用星曜的優點，將其擺對位置，發揮最大效用，以後者這位女命主來說，雖然在念書方面稍差台大高材生一籌，但因命宮內有文曲又有太陰，故她相對會比台大高材生來得多才多藝，加上太陰與文曲的組合，也會使得他對於命理等技藝的興趣和天份比台大高材生還好，故如果她有善用這些優勢而發展自己擅長的才藝，則前途與光芒，絕對不比台大高材生差，而事實證明，女命主在研究所畢業之後，就順利找到傳統藝術中心的工作，並在工作中找到成就。

順帶一提，同樣是機月同梁格，假設這兩張盤都是文昌在命，那麼如何判定同樣格局的人，聰明程度之差異呢？老師在此教給讀者判斷的訣竅，關鍵在於，以天機太陰的組合來說，天機為智多星，太陰為田宅主，故如果命主的特性偏向天機，則即便同張命盤，特質偏向天機的一方會比較聰明善思考。反之特質較偏太陰的人雖然比天機腦力稍遜一籌，但任何事情有好有壞，特質偏太陰的人相對比較有女人味，長相也比較貌美，在主打正妹經濟的現代，也許好處還大過於屬性偏天機的一方。

▲文昌所代表的人事物

文昌代表念書、學識、書本，故文昌在命者只要不逢化忌大多念書不錯，但如果逢化忌又在命宮、父母宮、官祿宮這類宮位，就容易念書遭逢不順或挫折，而在事物方面，文昌可以是圖書、票卷、有價證卷、收據、契約、公文、證書、傳票、支票也可以是規章，同時也可以是教科書、考試、證件。一言以蔽之，爲文書且與正式書文相關的物品大多與文昌有關。

相對文昌如果引申爲環境，則可概括學校、研究院、補習班、科教館、文物館、書局這類場所。此外，文昌理所當然也代表文章，因此除了命盤格局之外，從文昌星也可看出一個人的文筆好壞以及用字遣詞，如果一張盤文昌星在命宮、官祿宮、父母宮，則多半命主的文筆不錯，用字遣詞的水準也不差，尤其以逢到化科最驗！化祿化權則其次，但如果是化忌則可能出現兩種極端狀況，通常文昌逢化忌在命、父、官，約九成的人文筆很差，但剩下的一成則是文筆經過磨練後，字字珠璣、文章蓋世。

而在說話風格方面，文昌的人用字遣詞都比較正式，感覺比較像論說文，如以文體比喻，文昌的風格比較像唐宋古文八大家的論說文，文章中論述與見解多，而華麗詞藻、優美意境較少，故相較文曲，文昌偏向論說、正式、學術、分析、邏輯、深入思考、理性多於感性。

▲文曲所代表的人事物

文曲雖然一樣有念書、學識的意涵，但比起文昌，文曲更偏向才藝、美術、藝術、創作、音樂、表演這類與才華有關的事物，故有文曲在命宮、官祿宮者除了一樣有念書天份之外，更有才華技藝的天賦，而在事物方面，文曲可以是樂譜、歌本、交響樂、小說、漫畫、山水字畫、雜誌週刊，但文曲也可代表文書、票卷，不過總而言之，雖然文曲也可借代文書票卷，但主要與才藝、藝文類的文書相關。

而以文曲的星性進一步延伸到環境，文曲可以是才藝班、好樂迪、畫廊、音樂教室、樂器行、漫畫店、書局。再來，上頁提到文昌主文筆，文曲雖然也可影響文筆，但文曲主要與「口才」有關，大多數時候文曲星在命在官或在父母宮口才通常不算差，尤其是文曲化科或化祿時更是如虎添翼，然而如果遭逢化忌，一樣會呈現兩極端的狀況，通常文昌逢忌星九成的人口才不好，但剩下一成的人，則是口才極好，能說會道、口若懸河。

但文曲和文昌雖然都是文書星，風格卻有著截然不同的差異，上頁提到文昌是邏輯的、理智的、分析的、學術的。而文曲則較偏向多愁善感、有情調、羅曼蒂克、詩情畫意、感性、才華的，富有騷人墨客、詩人才子的格調。如把文昌比為唐宋古文，文曲就是漢賦駢文，如以詩人風格來比喻，文曲很像南唐李後主，下筆揮毫不見岳飛滿江紅的鐵馬金戈、亦無三蘇歐曾的高談闊論，只見春花秋月何時了的感觸情愁，以及問君能有幾多愁的愛恨感性。文曲的口才與文章，多偏向情理並重，五分理帶五分情。反之文昌則是九分理性一分情，因此文昌是很好的分析師、辯論家，但要像領袖人物般說出字字句句打動人心、令廣大聽眾感同身受，內心澎湃震撼甚至感動在心的演講，還是要靠文曲才能達成。

理由與邏輯在於，文昌重理性邏輯，演說定然能將事物條理分明的陳述，並且分析入理、洞若觀火、邏輯清晰，因此說服聰明人通常能馬到成功。遺憾的是，群眾通常是盲目且情緒遠大於理性、同時邏輯較差，故比起清晰的邏輯、深入理性的分析，詞情並茂撼動人心的演說對群眾的影響力相對較大。例如為何綠營政治人物在造勢演講時往往要提及省籍情結，而如果對手剛好是所謂的外省家庭，或祖籍和中共高層同鄉，就會被拿出來大作文章。邏輯清晰的人都知道，即便國內政治人物的祖籍與毛澤東同鄉，這件事跟此人「會不會治國」以及「會不會賣台」兩件事毫無邏輯關聯，但偏偏有不少群眾深信不疑，甚至支持到底、情緒高亢，都在在顯示理性講邏輯的人畢竟是少數，就算現代教育普及，年輕一輩普遍知識教育水平較高，但重理性與邏輯的人仍是少數，故如果要當領袖人物或政治人物。擁有能撼動人心、影響群眾的口才遠比邏輯條理分明的演說重要得多，故對於需接觸普羅大眾的領袖人物而言，文曲的重要性遠高過文昌，但如果是軍師、智囊則文昌的重要性大於文曲。

▲文昌、文曲有增加數量的功效

文昌、文曲雖然是文書星，卻也有輔助的功效，有增加數量的效果，如在人事相關的宮位，如子女宮則有增加子女數量的效果，在夫妻宮也有增加桃花運的現象，故依此道理舉一反三，文昌和文曲如在疾厄宮，則容易使傷病的次數增加，並且在遭逢忌星破壞時，文昌文曲也會讓惡運與痲煩增加，可說是見吉加吉、見凶加凶。

▲文昌、文曲夾命代表有人拱扶

文昌和文曲夾命的情況只有命宮在丑未兩宮時才會發生，由於文昌與文曲同時也可代表助力，在命宮左右夾命就猶如有親信與支持者擁護一般，因此，領導者或政治人物，如有這樣的盤相，則通常因有人拱扶、眾人擁戴而能呼風喚雨。但即使有這樣的盤相，仍要積極充實本身的能力和見識。否則就算有人拱扶，也不過是被眾人拱上龍椅的阿斗罷了。

可惜，現實的政治界，往往經常可見有些政治人物很有治世才能，但卻沒有人氣無法造福社會。反而常見許多政治明星，擁有超高人氣，但能力奇差無比。造成現今社會的損失。

▲文昌化忌對世界造成的影響

文昌既然代表正式文書，那麼每當遇到會使文昌化忌的辛年，也就表示會發生與正式文書或情報文件有關的負面事件。

以離現在最近的辛年二零一一年(辛卯年)而言，就四處可見因文昌忌而起的紛擾。二零一一年最知名的爆料機構莫過於美國的「維基解密」！而且維基解密還是美國官方的正式組

(2011 年維基解密爆料事件)

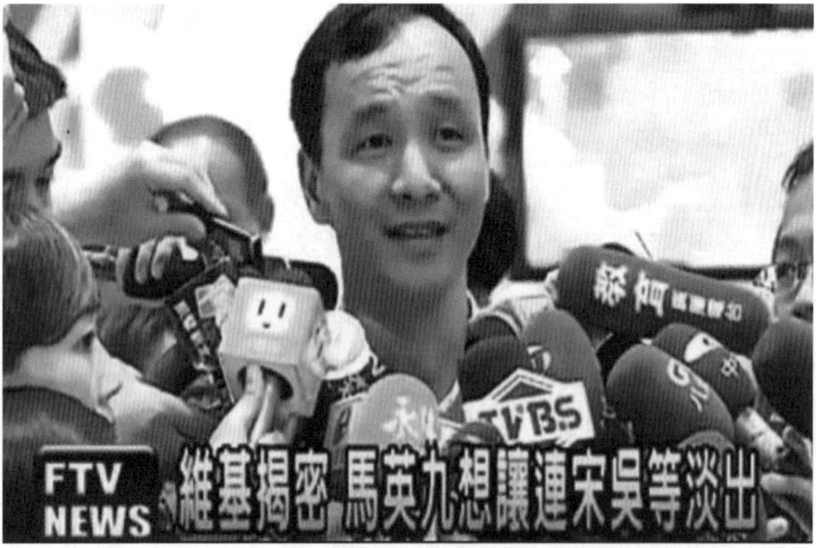

(圖片擷取自網路)

織，專門替美國政府紀錄機密資料。

然而，在二零一一年，維基解密對於當時台灣的執政黨，也就是國民黨進行爆料，一下爆出馬英九看某些大老不順眼，一下又說朱立倫不滿某某高層，一下又提及王金平和某位高層不合等等，使得當年的政治圈頓時八卦滿天飛，各種陰謀論與流言四起，鬧得舉國上下沸沸揚揚，而為何這些美國官方機密文件會在此時曝光，進而造成國內的糾紛，理由就在於辛卯年文昌化忌作梗，才造成維基解密的資料肆虐台灣政界。

不過文昌可活用的範圍不僅限於文件，契約、合約亦包含在其中，故辛年也容易因契約及合約而造成糾紛或蒙受損失，歷史上最讓人有如熱鐵烙膚般永生難忘的文昌化忌事件，莫過於清朝末年八國聯軍戰後的「辛丑合約」事件！

當時中國因向八國聯軍宣戰而招致慘敗，不僅中國各地戰禍連連、橫屍遍野，連紫禁城都淪陷，慈禧與光緒只好被迫西行逃難。戰爭結束後，八國列強代表，本來打算瓜分中國，但在李鴻章據理力爭的談判下，各國才打消瓜分中國的念頭。可是，八國聯軍的總指揮瓦德西元帥卻提出天價的賠款，主張中國共四億五千萬人口，所以要求中國人每人拿出一兩銀作為聯軍的賠款，也因此中國就在辛丑年簽下中國史上賠款金額最高的條約「辛丑合約」！如果歷史能夠重來，假設八國聯軍事件談判賠款的流年不是辛丑年，就能避開文昌忌的傷害，也就不會發生如此欺人太甚的天價賠款合約。

▲文昌化科對時局造成的影響

慶幸的是，文昌不是只有化忌，文昌也會化科，只要每逢丙年，文昌星必然化科。文昌既主文書也主學校、科考。逢化科更與教化相關，所以每逢文昌化科的流年，多半會有許多學術鉅作或者重大的教育政策問世。

像今年二零一六年(丙申年)，正是文昌化科的流年，所以今年才會發生影響全國大專院校的重大革新—「大專院校合併政策」。

這項政策的興起，主要由於國內少子化的趨勢逐年明顯，因此勢必需淘汰部分大專院校，並且將不同屬性的大專院校合併也能達到資源整合的效果，提升大專院校的多元競爭力！

(2016 年大專院校合併議題)

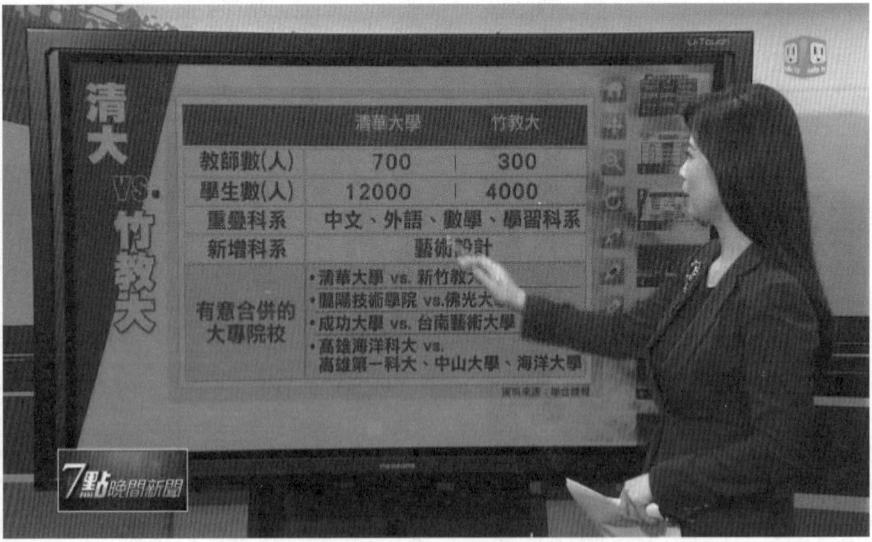

(圖片擷取自網路-聯合影音)

在今年，清大與竹教大就合而爲一邁向國內大專院校的新里程碑。也爲將來各大學的競爭力注入一劑強心針！每位學生所能享有的教育資源未來也將大幅增加。

前段老師提到文昌化忌時容易發生合約與文書的負面問題。除此之外，聰明的讀者相信能舉一反三，推論出，既然文昌化科時容易發生對教育和學術有利的影響。換言之，文昌化忌時，也容易發生對教育產生不利影響的事件。如果你能想到這點，表示頭腦靈活思維清晰。

文昌化忌時的確會因爲文昌主學術和教化，故而在時運上產生對教育不利的負面事件。舉例而言，民國

(2001 年一綱多本亂象議題)

(圖片擷取自網路-TVBS 新聞)

八十九年時政黨輪替，民進黨首次入主中華民國總統府成為執政黨，在民國八十九年以前，眾所周知小學、國中乃至高中的課本一律採用國立編譯館的教科書。但民進黨政府上台後的隔年，也就是民國九十年(辛巳年)，就立刻制定教育界的重大革新政策『一綱多本』，原本的用意在於使課本內容得以多元化，不再只有國立編譯館一種聲音。

但事實勝於雄辯，由於一綱多本，使得各式教科書琳瑯滿目，內容也都有所差異，導致學生如果要完全應付考試，必須比過去閱讀更多版本的教科書，反而造成學生無所適從、壓力更大而形成亂象。像老師以前就讀高中時，某些科目有時就必須一次參考南一版、龍騰版和遠東版三家不同的參考書。因為有些內容只有某一版本才有。而最讓人厭惡的考試，莫過於「沒有範圍的考試」，也因為這失敗政策讓老師高中浪費不少時間在死讀書這件事上。

因此，了解紫微斗數後，就能理解像一綱多本這種失敗政策，會在辛巳年出現完全不意外，因為辛年文昌化忌，容易發生對於教育有負面影響的政策或事件。因此，執政者應盡量避免在辛年實施新的教育政策或改革，否則很容易弄巧成拙。

▲文曲化忌對世界造成的影響

談完文昌，接著談文曲，文曲和文昌有些地方頗爲相似，例如都能代表票券與文書，而每逢己年必然文曲化忌，所以也容易發生文書票券的糾紛。

像一九九九年(己卯年)，正逢中華民國兩千年總統大選的前一年，當時民間當選呼聲最高的候選人是台灣唯一的民選省長『宋楚瑜』，宋主席因其高效率的施政能力，創下超過百分之九十的施政滿意度！但也因此讓國民黨感到芒刺在背，於是在一九九九年底，由國民黨立委一手主導一齣改變台灣歷史的「興票案」大戲。國民黨指控宋楚瑜將中興票券的錢貪污爲己用，借以重創宋楚瑜的選情。

(1999 年興票案冤案)

(圖片擷取自網路-TVBS 新聞)

也因爲興票案事件，使得宋楚瑜以極些微的差距與總統大位擦身而過，更諷刺的是，興票案進入司法程序後，宋省長直接獲得不起訴處分，也就是檢察官認爲宋省長很明顯沒有貪污，所以連上法庭辯論的必要都沒有。唯一惋惜的是，全台灣有史以來最有政績與能力的人，卻因此與總統大位擦身而過，倘若沒有興票案，也許台灣今天仍在亞洲四小龍之列，年輕人也不用過著沒有未來的日子。

諷刺的是，當初因宋楚瑜興票案而坐收漁翁之利的陳水扁，十年後在同樣是已年的二零零九(己丑年)，一樣因金融票券與帳戶問題而涉及國務機要費案、洗錢案遭到檢調收押，並被媒體消遣洗錢金額高達海角N億。而這些因國務機要費發票、洗錢的帳戶文書契約而引起的官非，一一顯示出文曲忌的特質。

以最終結果來看，也許阿扁當初沒選上總統，反而才是好事。也許還能快快樂樂的與子女過完下半生。而台灣也不至於連續倒退十六年，故兩次政黨輪替帶給我們的最重要的啓示在於『以選民的角度，選舉投票應以政績爲第一考量，形象與省籍次之』以及『以國家領導人的角度，應時刻謹記權力使人腐化』！

此外，不同於文昌的是，文曲也有水的意涵，故當文曲化忌時，也可能發生水災或因水而引起的負面事件。近十年來，國內最嚴重的水災莫過於二零零九年(己丑年)莫拉克颱風所造成的「八八水災」，當時連下四天傾盆大雨，重創南台灣，造成小林村全村淹滅，到處山崩土石流，使得成千上萬的民眾無家可歸，老師當時還親眼目睹南部縣市的高速公路路段水淹及橋面，甚至還有鴨子因淹水過高而跑到高速公路上。南台灣頓時成爲水鄉澤國，同時也是不少南部災民心中永遠的傷痛。

就在同年九月，南太平洋也發生芮氏規模八點三級的薩摩亞超級強震引發了大規模的海嘯肆虐，使得薩摩亞群島一片狼藉，宛如人間煉獄。所以每逢文曲化忌的流年，除了文書票券的相關問題之外，還要慎防水災水厄方能趨吉避凶。

(2009 年'八八水災)

(圖片擷取自網路)

☆《左輔和右弼的介紹與分析》

左輔與右弼是斗數中最典型的助力星，既稱輔弼，表示就有如左右手，相對也是爭加力量與助力最有力量的星曜，一張命盤即便格局再好，如沒有左輔右弼拱照，充其量有才而無勢，就算掌握權力，也就是孤君而已。所以左輔右弼對於政治人物而言至關重要，因爲政治人物靠選票生存，如無人拱扶勢必難成氣候。能否培養出一方勢力，取決於命宮的三方四正裡左輔、右弼、文昌、文曲的數量，如數量越多，則越容易培養出一方勢力。

此外，如果左輔、右弼夾命一樣有龍虎輔主的功效，有如左有孔明右有趙雲般如虎添翼，但左輔右弼和文昌文曲有著共同的特性，兩者都是見吉加吉、遇凶加凶，也就是如果左輔、右弼出現在疾厄宮，則表示疾厄獲得強大的助力，所以命主將會因此增加傷病的次數以及麻煩。同理，如果遭遇忌星左輔右弼也會增加厄運所帶來的傷害。

因此，坊間不少書籍常寫到如遇惡運或化忌，則遇七吉星可解，此爲大錯特錯。所謂的七吉星指的是「文昌、文曲、左輔、右弼、天魁、天鉞、祿存」，但七吉星一致的共同點爲一旦遭逢化忌，則反而會加強惡運的力道與數量，而絕對不會因此而化解忌星的破壞。

▲左輔與右弼的差別

左輔與右弼雖然大同小異，也皆爲輔助星，但深入細論仍有所差異，其中的差異在於左輔起於辰宮，右弼起於戌宮，而辰宮有木的餘氣，故左輔給人的感覺相對較爲柔和有理，而戌宮因有金的餘氣，故右弼較爲剛硬執著。

因此，同樣主星組合的命盤，左輔在命的人相對性格較有情理，右弼在命則相對比較剛硬固執。除此之外，在身體方面，左輔可代表左半邊的身體，右弼則主管右半邊的身體，這部分亦爲決定性的差別。

▲左輔與右弼在各宮的影響

左輔右弼既是助力星也是增加數量與能量的星曜，因此在各宮都會對於該宮的事物有增加與強化的作用。

以命宮而言，如果左輔右弼在命，表示命主的人生中多有人幫助，朋友也不算少，也容易形成屬於自己的勢力或朋友圈，而且助力不少，但如果逢化忌就容易發生幫到忙的狀況發生。

而若左輔右弼在夫妻宮，則容易使人桃花與異性緣大增，很容易經歷多段感情或婚姻，甚至可能有多角關係的困擾，故輔弼其實不太適合座落於夫妻宮。

再來，輔弼在兄弟宮則表示兄弟姊妹人數不少，同時也表示如果不化忌兄弟姊妹是一大助力，但如果遭逢化忌，則就容易有成事不足、敗事有餘的兄弟。更進一步分析，廣義的兄弟也泛指同事與合夥人，遭逢化忌再加上輔弼，就容易遇到許多豬一般的同事與合夥人，不管他們有無惡意，都容易挖坑給你跳。

接著，輔弼在財帛宮則相當值得慶祝，表示錢財運得到增幅的效果，不僅代表命主的財富大幅提升，也意謂著能獲得較多的賺錢機會，比方說正業之外還有副業收入，或者擁有多重進財管道開拓財源。但老師仍要耳提面命叮嚀，這些利多的前提都建立在沒有忌星破壞的前提，如遭逢化忌，就反而會變成破財事件接二連三發生。

接下來，輔弼在疾厄宮也較為不利，一來輔弼在疾惡宮會增加傷病的數量，二來表示其他重要宮位得不到輔弼的幫助，等於是將自己的寶藏丟到水溝之中，暴殄天物。

然後，輔弼在遷移則表示多出外或者外地發展較容易得到助力，也較容易有人相助，另一方面，也表示出門的機會不少，善加利用可謂自己開拓一片天。可是，如果化忌在遷移又遇輔弼就要非常提高警覺，表示出外發生是非、糾紛、甚至車關血光的機率與次數比別人高，如遇容易發生車禍的主星凶應更大！不同於忌星在財或在官的傷害，錢財敗光可以再賺，事業失敗可以東山再起，兩者都只是身外之物。但忌星在遷移衝命威脅的是性命，性命只有一條，一旦失去就不可能重來，所以輔弼在遷移遇到忌星嚴重度遠比在其他宮位都要來得高，也更需謹慎以對，以免留下無法磨滅的傷害。

另外，輔弼在交友宮，表示朋友數量多，然而如果交友宮內有忌星破壞，則損友不少，或者也容易遇到比較多難搞的客戶，但如遇祿星則命主容易相識滿天下。

此外，如輔弼在官祿宮，則表示工作與事業上的助力多，也容易有得力助手，並有機會能接觸較多的產業或者多角化經營各種不同產業的公司。並且輔弼在官祿宮的人，也有可能較多才多藝俱備更多才藝與能力，同時學生時代也容易除了念書之外還有其他外務，例如學才藝、參與系學會、社團、班聯會，或者是打工、補習。不過，除此之外，輔弼也不盡然對事業有正面幫助。由於輔弼主多，所以許多時候輔弼在官祿的人在學生時代修業年限容易比一般人長，也容易重考或延畢，在行運比較差的時候也容易換工作較爲頻繁，雖然以上仍要參考整張命盤的整體條件，不能以單點條件概全。但在多數的情況下皆有可能發生。

而如果輔弼在田宅宮，也稱得上助益良多，輔弼在田宅宮可增加不動產的數量，對於置產與積財非常有利。反之如果輔弼在田宅宮，卻遇到忌星，除非是入庫忌，否則多半容易買房一波三折，或者搬家，越搬風水越差。

再次，輔弼在福德宮，如遇祿星則表是天生福氣多、運氣好，內心精神面也較快樂，反過來說，如果遭遇忌星，則內心紛擾鬱悶不斷，並且運氣低迷。

最後，輔弼在父母宮，如沒有忌星破壞則表示可以得到來自父母、長輩、師長的幫助。換言之，假如父母宮有忌星，父母、長官反而會幫到忙。此外，父母宮對於求學與科考的影響很大，因爲學生時代，成績大多由師長評定，教育資源也取決於父母，所以如果父母宮中有輔弼，又逢忌星，就容易求學歷程遭遇不順與波折。

▲有關命宮空宮卻有左輔與右弼論爲離宗庶出的探討

紫微斗數古文對於左輔右弼兩顆星，有段很有趣的評論，古籍認爲，如果一個人命宮無任何主星，只有輔弼在命宮，那麼此人通常離宗庶出。何謂庶出？中國古代，以元配大房的子女稱爲嫡出，而小妾生的子女稱爲庶出。而一般而言，正宮嫡出的子女通常擁有優先繼承權，地位也相對較高。

同樣的命盤條件，「庶出」以現代的時代背景來看，就可能是大企業家二房、三房所生的子女，或者是一般人家的私生子，或與情婦所生的子女。而爲何命無正曜卻有輔弼，何以論爲離宗庶出？理由在於，命無正曜格本身就有一定的庶出機率。如果再加上左輔或右弼則庶出的機率更高，因爲左輔、右弼本身的意涵就是「額外輔助」，所以對於男主人而言，二房或小妾不正是正宮以外「額外輔助」家庭宗族得以添丁的成員？而小妾也是正宮以外多出來的老婆。故以磁場來說小妾與庶出子女，恰好與左輔右弼「增加輔助」的磁場相契合，因此才有命無正曜，命宮又逢輔弼則離宗庶出的說法。

不過各位讀者也不必太擔心，因爲據老師考證，雖然命宮無主星只有左輔或右弼確實有庶出的機率，但並非絕對，甚至即使是元配所生的子女也都一樣有可能是命宮只有左輔或右弼。因此，在論命時千萬不要看到黑影就開槍，一看到相關條件就說人家是私生子，而造成不必要的是非糾紛。

▲左輔與右弼的四化

左輔和右弼的四化相當單純，兩者都只有化科而已，左輔爲每逢壬年必然化科，右弼則是每逢戊年必定化科。兩者的好處在於如要挑選好的出生命盤比較容易，因爲一張好的命盤，最理想的條件是本命三方四正中生年化祿、化權、化科擁有越多顆越好，當然最好三化吉都在本命三方。而其中，又以化科在命、化權在官、化祿在財爲理想中的理想條件。

然而，十天干流年的四化排列組合中，經常會遇到魚與熊掌不可兼得的狀況，例如乙年的四化爲「機梁紫陰」，化科爲紫微，化祿爲天機，然而紫微與天機永遠不可能在三方四正，如要紫微化科在命，就必須要放棄天機祿。可是這還不是最大的缺點，四化組合最大的麻煩在於「選擇彈性過於僵固」，比方說如果想挑一張化科入命的命盤，甲年我只能選擇武曲在命的盤，乙年我只有紫微在命的盤能選，丁年則只有天機在命一種選項，非常綁手綁腳毫無自由度，但左輔和右弼化科就相對選擇富有彈性，同樣是右弼化科在命，不論是殺破狼特質的命盤或者機巨同梁特質的命盤都可選出鶴立雞群的命盤，而不像有些年度化祿化權化科幾乎都是機巨同梁類型的星曜。如此一來，想要一個殺破狼格的優秀子女就變得毫無選擇的餘地。

此外，同樣的優點文昌文曲也一樣擁有，不同的只在文昌文曲是時系星而已，而每逢丙年必然文昌化科，每逢辛年則文曲化科，故單論化科入命這條件，文昌文曲能夠選擇的命盤組合也遠多於其他流年。但美中不足的是，文昌化科之流年爲丙年，丙年的四化爲「同機昌廉」，化祿化權都屬於機巨同梁的星曜，如果要湊齊三化吉，勢必只有機巨同梁類型的命盤格局可選，如果選擇殺破狼格的命盤則最多只能獲得文昌化科的好處，而需捨棄天同化祿和天機化權。故就整體分析，挑選丙年的好命盤仍要因考量化祿和化權而被迫選擇機巨同梁類型格局的盤。

同理可證，使文曲化科的辛年，其四化爲「巨陽曲昌」，如要盡可能囊括祿、權、科，一樣只能選擇機巨同梁星曜格局的命盤，假設選擇殺破狼格的命盤，一樣得放棄巨門化祿和太陽化權，只剩文曲化科的好處而已，所以在命盤組合的選擇彈性上，文昌文曲的好命盤之組合選擇性遠不及左輔右弼來的多元。

反過來分析左輔右弼，使左輔化科的流年爲壬年，壬年的四化爲「梁紫左武」，天梁化祿、紫微化權。而如果天梁在命宮，則命宮三方四正的命盤格局必爲機巨同梁類型的星曜。反之如果紫微在命宮，其命宮三方四正的命盤格局則爲殺破狼類型的星曜。也就是說，在壬年同時可以選擇命宮三方四正包含天梁祿和左輔科的機巨同梁格局之命盤，也可以選擇命宮三方四正囊括紫微權和左輔科的殺破狼格組合！相對可選擇的好命盤數量大幅增加。

可是，有優點當然也有缺點，以壬年來說，第一大缺點在於壬年化武曲忌，而武曲忌的殺傷力極大，選擇壬年的命盤，就等於要煩惱如何安置武曲忌的難題。再來第二大缺點在於，雖然壬年可選擇的命盤組合較多，但這項優點卻恰恰也是缺點。理由在於，一張命盤不可能同時爲殺破狼格和機巨同梁格，兩者只會出現其一。這也就意謂著，壬年命盤三方四正若要採用紫微權就需被迫放棄天梁祿、要天梁祿就沒有紫微權的選擇空間。形成雖然好命盤的選擇組合較多，但卻永遠無法達到祿、權、科在命宮三方的三奇嘉會格局！而造成只有七八十分的命盤，而沒有接近滿分的命格。

同理可證，相同的缺點也會發生在右弼上，使右弼化科的流年爲戊年，而戊年的四化爲「貪陰右機」，一樣會面臨如果選擇只會發生在殺破狼格的貪狼祿，就必須放棄只會發生在機巨同梁格的太陰權。不過相比之下，右弼的情況明顯優於左輔，原因在於壬年的武曲忌殺傷力遠大於戊年的天機忌。更深入剖析，壬年更致命的缺點在於壬年出生的人命盤一定存在兩組壬干，等於武曲忌要承受兩個因宮干而來的忌星，猶如雪上加霜！反觀戊年出生的命盤，重複的天干爲甲干和乙干，對於戊年的四化並沒有過於致命的傷害力，故整體而言右弼所面臨的狀況遠比左輔的情形好處理得多。

△左輔與右弼化科對於時局的影響

由於左輔右弼爲輔助之星並非主星，所以星曜特性不明顯，並且兩者的性質又相當接近，故老師曾思考左輔與右弼化科，對世界造成的影響有何差異？後來，老師依據星性與邏輯做出推論，老師認爲左輔右弼最大的差別在於一者爲左一者爲右，而左爲西右爲東，故合理推論，當左輔化科的年度世界各國的西半部應該會有許多利多政策或捷報佳績！反之如逢右弼化科則東半部的區域容易有利多政策或捷報佳績！

但這部分僅爲老師的推論，尚未實證，如果各位讀者有興趣，歡迎對於世界各國戊年和壬年的歷史事件加以收集分析，進而驗證左輔右弼是否與各國或世界東西國土的興衰有關。

☆《祿存星的介紹與分析》

祿存在斗數中是相當重要的年干系星，可代表財富與寶藏，不過既為財富與寶藏，則必有守護寶藏的護衛，故祿存的前後一位必為擎羊與陀羅，但也因被前後護衛緊緊跟隨，所以祿存雖為寶藏，卻容易有「孤」的現象，也容易有保守的傾向。除此之外，祿存也有積蓄的意涵，所在的宮位也容易需透過積蓄方能有所成就。

而祿存最喜歡與天馬同宮，謂之祿馬交持！但相對祿存與天馬最忌諱同時遇到忌星破壞，一旦遭逢就反而形成「祿空馬倒」的大凶應。更嚴重還可能危及性命。而除了天馬之外，命盤中也喜見三方四正既逢祿存也逢化祿，如此命格稱為『雙祿交流』只要不被忌星所破壞可謂財富亨通！

▲祿存在各宮的影響

首先，如果祿存在命宮，因有擎羊、陀羅的夾制，通常命主的個性會較為保守或者給人「孤」的感覺。並且因祿存不入辰戌丑未四宮，故命盤如沒被忌星破壞，通常不需要從小就需在困境中奮鬥。

再來，若祿存在兄弟宮，表示兄弟有可能有人性格較為保守或有孤的感覺，或者兄弟中有人較有財富。此外，如果兄弟宮為祿存，表示命宮內必有擎羊，間接表示命主多半刑傷難免，容易脾氣差或者身體容易有傷痕，雖然不是百分之百發生，但十之八九。

接著，祿存在夫妻宮，則表示命主要和異性步向紅毯，多半需要經歷一段愛情長跑，累積彼此的感覺、情份，方能修成正果，追之太急反而容易弄巧成拙。

此外，祿存在子女宮則表示子女的的個性會較爲保守或者給人「孤」的感覺。同時也表示子女會比較難管教些，如果爲主管和老闆，則下屬亦然。

接下來，假如祿存在財帛宮最爲得位，可謂完美組合，表示財富滾滾，並由於財富爲身外之物，所以不需煩惱保守或孤的問題，幾乎可說保留祿存的優點而無所缺點。

然後，祿存若在疾厄宮，就比較頭痛了，代表命盤中的寶藏竟跑到疾病去，不僅暴殄天物，也削弱其他宮的能量，而祿存在疾厄宮需注意有關脾胃方面的問題。

再來，如祿存座落在遷移宮，則表示命主人生中有一大寶藏需靠遷移而獲得，所以如果沒有遭到忌星破壞，非常適合外地發展或經常出外發展事業，如逢天馬更是越動越發，這樣的條件下，千萬不要選擇坐辦公室的靜態工作，此舉無疑是畫地自限。

緊接著，祿存在交友宮，則除表示交往的朋友容易較孤之外，也表示在友誼的經營上需要長時間培養，猶如冷水煮青蛙，方能使友情昇溫。

而如果祿存在官祿宮，則表示可因工作而得到財富，雖爲好現象，但祿存的孤有時也會影響命主的做事方式，使命主比較偏向獨力完成工作，或者工作上比較不容易和一群人團隊合作。

接著，祿存在田宅宮，表示有一部份的財富可以藉由房地產獲得，如沒遭逢忌星破壞，相對也代表一生容易存得住財，反之如果遭逢忌星破壞，一生將容易存不住財，而且還會連帶影響家運，使自己難獲得良好的家運與家庭氣氛。

而祿存在福德宮，相對表示福氣不差，但如果逢忌星則反而從福氣不差變成運氣欠佳，同時祿存在福德宮相對表示內心深處有些保守的想法與潛意識。

最後，如果祿存在父母宮，則表示命主的人生，有一部份的財富在於父母與長輩，如得貴人相助，則可獲得的幫助較大，但如果遭逢忌星，則反而容易情緒不佳，以及不得長輩緣，念書過程相對也會比正常人吃力數倍。

☆《天魁、天鉞的介紹與分析》

天魁和天鉞簡稱魁鉞，魁鉞兩顆星爲斗數中的貴人星，斗數中稱之「天乙貴人」。其中天魁爲陽貴、天鉞爲陰貴，以陰陽性質論斷，天魁爲男性貴人、天鉞爲女性貴人，而魁鉞兩星最喜對坐，稱之『坐貴向貴格』，但坐貴向貴格只有甲、戊、庚這三年出生的人才可能達成，可遇而不可求。

但即使遇不到坐貴向貴的格局，天魁和天鉞如能在命宮的三方四正，或是夾命宮也一樣能發揮輔助作用。也因此，紫微斗數才將魁鉞兩顆星也歸類在七吉星之中。可是魁鉞雖然也有輔助之功，但拱扶力道卻不及左輔右弼和文昌文曲，故在七吉星中屬於相對較爲不重要的星曜。

論及魁鉞，有個相當關鍵的特性，魁鉞既稱貴人星，故不僅代表相助自己的貴人，也表示自己一生也需成爲別人的貴人，所以命逢魁鉞的人，中年以後也需成爲他人的貴人，提攜後進、薪火相傳。不然魁鉞的能量會由吉轉凶，使命主晚年較無助力。

不過，如前所述，魁鉞的力量相對較小，因而部分門派會直接忽略這兩顆星，但老師認爲論命要能論到精細，就需鉅細靡遺掌握每個環節，方能深入分析，故即使魁鉞是小星，如果在重要宮位仍要考慮它們的影響力。

《七吉星章節思考題》

1.

文昌和文曲，一者較偏正統學術、一者較偏才華藝文，那麼如果文昌文曲同時在命，如何判定命主擅長正統學術還是才華藝文?

2.

文昌與文曲有增加數量的功效，那如果文昌文曲在兄弟宮，偏偏事實上兄弟姊妹人數又很少，此時文昌文曲的能量又會作用於何處?

3.

斗數古文提到「貪狼文昌，粉身碎骨」~!!文昌星明明就是吉星，何以粉身碎骨? 那麼貪狼文曲是否也會粉身碎骨?

4.

左輔可以表示左半邊的身體，除此之外，斗數中還有哪些條件可以代表身體的左半邊或右半邊?

5.

左輔與右弼皆爲助力星，那麼在其他條件不變的情況下，同樣遭逢忌星破壞，左輔受忌會比較嚴重還是右弼?

《七吉星章節思考題》

6.

祿存前一位必爲擎羊，後一位必爲陀羅，也就是某一宮得到祿存的好處，必然前一宮與後一宮被羊、陀兩顆凶星所破壞，那麼祿存在哪些宮位對整張命盤傷害力最低?

7.

祿存爲年干系星，可是祿存卻永遠不入辰戌丑未這 4 個宮位，理由是什麼?

8.

天魁和天鉞爲陽貴人與陰貴人，但如果魁鉞遭逢忌星時又會產生何種影響?

9.

斗數中有七吉星，理所當然也有與七吉星遙遙相對的六煞星，那麼如果一個宮內同時有七吉星，又有六煞星時，又當何解呢?是吉? 抑或是凶?

☆《擎羊和陀羅的介紹與分析》

講解擎羊與陀羅之前，老師先對於「六煞星」概括提要，所謂六煞星指的是「擎羊、陀羅、火星、鈴星、地空、地劫」此六顆星，這六顆星之所以被古人視爲凶星，理由在於六煞星具有以下特質「固執、剛硬、脾氣烈、刑傷、與眾不同、特立獨行」，這些特色如果用之不當，確實很容易成爲邁向成功的絆腳石。尤其中國古代這種講究溫良恭儉讓、剛毅木訥近仁的文化背景，對於固執不聽話、不服從傳統、有自己主見的人特別排斥。也因此六煞星在命的人，在古代通常不受在上位者的喜愛，也往往無法發達。故而被古人視爲凶星。

但現代的多元化社會，要進步獲取成功果實，卻往往需要六煞星的特質才能成就大事業，因爲固執剛硬如果擺對位置，則就是高效率、高執行力。與眾不同和特立獨行，如果擺對位置，則就成爲創新創意及新發明。古代之所以不重視這些特質，是因爲古代是傳統保守的農業社會，力求穩定較不思創新，然而現代社會瞬息萬變，唯有時時開創新藍海，發展新商機，方能站在時代與產業的尖端。所以，如果各位讀者命盤的重要宮位有六煞星，也不需灰心喪志，只要學會如何善用六煞星的特質，就能反過來將六煞星化作優點爲己用。

▲擎羊和陀羅的基本性質介紹

擎羊與陀羅分守在祿存的前後宮位，如果祿存是寶藏，那羊陀兩顆星就是守衛寶藏的保鑣，只是性質有點不同，擎羊爲兵器，比較像刀伏手或長槍兵，主要職責在於破壞與殺敵。而陀羅則較偏防衛性質，比較像盾牌兵。也就是羊陀兩顆星猶如矛與盾。

擎羊又稱羊刃，顧名思義就像宰殺羔羊的刀刃一般既堅硬又具殺傷力，在斗數中雖然武曲也主刀刃，但武曲與擎羊仍有所差別，武曲之於鐵器與兵器比較偏刀刃的性質,擎羊則比較偏刀尖，不過實際上武曲與擎羊兩者都含有刀刃和刀尖的成份，差別只在比例多寡。若要打個比方，武曲比較像大刀，主要以刀鋒砍擊爲主，刀尖相對較沒有殺傷力。擎羊則比較像傳統中國劍，雖然劍身兩邊一樣有劍刃，但主要以刺擊爲主要的攻擊

（擎羊之於刀劍）	（武曲之於刀劍）
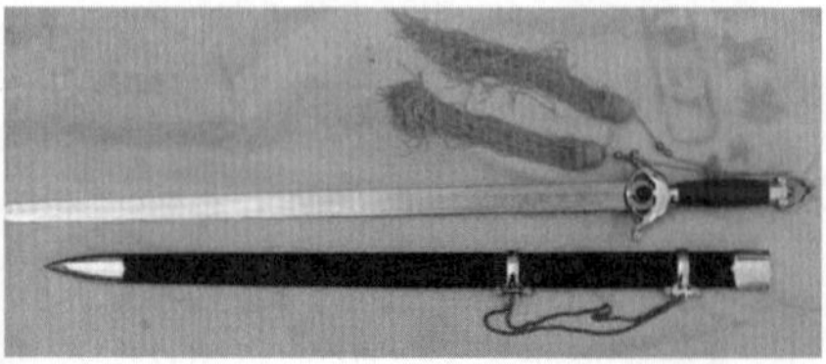	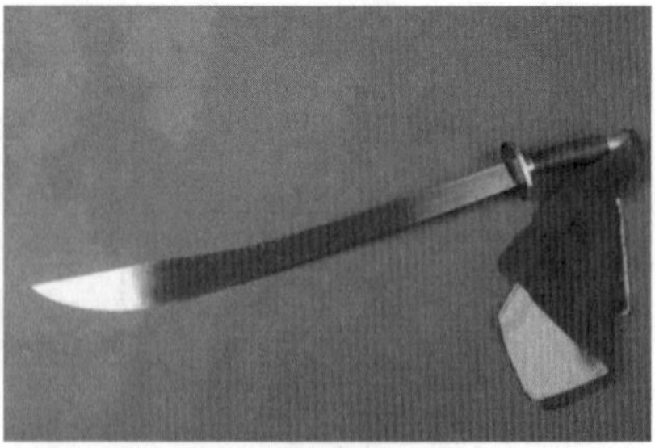

(圖片擷取自網路)

模式，如果經常用來劈砍則容易斷劍。也因此，歷史上中國劍傳到日本後，就因爲中國劍在戰爭中用於砍擊經常斷劍，日本才因此發明既能砍也能刺的武士刀。

然而既然與刀劍有關就必然刑傷難免，並且擎羊是紫微斗數中唯一五行屬性爲陽金的星曜，既然爲陽，表示比較不像武曲一般冷硬，反而較具衝勁與剛烈，故而擎羊在命的人多半脾氣會比較衝也比較不好。

紫微斗數古文中曾提及「七殺、破軍專依羊陀而虐」。爲何會有這樣的評價？最主要的理由就在於七殺和破軍本身就是脾氣比較差或較火爆的星曜，加上擎羊則更加劣化，猶如火上加油，容易變成火爆浪子或因脾氣而惹事，造成刑傷或流血衝突。但如果深明星性則反而可將這問題導引到康莊大道。舉例來說，如果有個人剛好命盤裡有擎羊，偏偏命宮主星又恰巧是七殺、破軍、武曲這種比較剛硬或脾氣較差的主星，這時老師就會建議命主當武術家，或成爲武術選手，因爲既然擎羊主刀刃和傷害，那麼舞刀弄槍的武術家就完全符合擎羊的磁場，加上與其他選手對戰也正好需要七殺和破軍的火爆拼勁，同時擎羊又主傷害，在武術比賽上相互搏擊不正符合擎羊傷害的特質？所以武術選手對於七殺、破軍、武曲在命卻又碰上擎羊的人恰恰是完美組合，這樣的人絕對有天份成爲一流的武術選手。錦上添花的是，由於從事武術運動可消耗掉擎羊一部份的能量，故同時也能削弱命主原本容易因情緒而惹事的缺點。

至於陀羅，他與擎羊不同之處在於，擎羊的性質很突出很外顯，但陀羅卻比較內隱，擎羊的刑傷與壞脾氣給人的感覺都相當顯而易見，但陀羅不同，陀羅一樣脾氣硬，但多隱藏在心，而由於擎羊是矛、陀螺是盾，所以擎羊展現的人格特質爲衝勁與狼性。但陀羅展現的則是毅力與續戰力。

有擎羊而無陀羅，則容易雷聲大雨點小，三分鐘熱度虎頭蛇尾。有陀羅而無擎羊則容易拖泥帶水欠缺高效率執行力，故雖然兩顆星都有其缺點，但猶如唇齒相依，缺一不可，因此老師認爲做大事要有擎羊的果決衝勁加上陀羅的堅持貫徹力。

再來，陀羅也如同兒時童玩「陀螺」一樣，是顆相當反覆拖磨得一顆星，因此陀羅的優點是續戰力夠，但缺點是拖泥帶水、反覆糾纏。所以陀羅在命的人十之七八做事有些拖泥帶水，或者思考容易躊躇不前。不過實際狀況仍需視整張命盤而論，不能以單一條件以偏概全，例如假設命主本身命座七殺、破軍或武曲這種本身執行力就相當好的星曜，那麼加上陀螺反而可收互補之效，使命主衝勁與續戰力兩者兼具。

有關擎羊還有個相當有趣的論點，紫微斗數古文提到「貪狼擎羊謂之風流彩杖」，但也有學派認爲貪狼遇到陀羅也算風流彩杖，遇到風流彩杖格的人多半會引發嚴重的桃花劫或感情糾紛，但其實老師認爲貪狼即便碰羊陀，只要不遇化忌多半也不會有太大的傷害，因此讀者若自己有風流彩杖的情況，不用過於擔憂。

▲擎羊在各宮所產生的影響

【擎羊在命宮】─擎羊在命宮，則多半命主的脾氣會較差或較衝，如有化祿或化科則情況可好轉，但如遇化權或化忌則情況惡化，不管是生年四化或宮干自化皆然。此外，命主一生也容易受傷，但優點是衝勁夠，說打就打、說拚就拚。

【擎羊在兄弟宮】─擎羊在兄弟宮如無祿科來解，多半與兄弟或母親容易吵架或有衝突，同時學生時代也容易與同學發生衝突，但好處在於兄弟宮非我宮，所以擎羊在兄弟宮對於命主的負面傷害相對也較低。

【擎羊在夫妻宮】─擎羊在夫妻宮，要注意如無祿科來解，容易與配偶吵架，或者需注意一生感情容易發生分手、離異的事件，如遇忌星最嚴重的情況還可能發生家暴或情殺事件，但這一段各位讀者不需看到就恐慌，因爲要發生家暴與情殺需配合很多其他命盤條件才會發生，至於需要加上哪些條件，未來老師將會在本系列第二或第三本書中提到。因爲老師也擔心，有讀者看了老師的書這一段描述之後，一看到自己或配偶的命盤夫妻宮裡有擎羊，就驚慌失措或者直接和對方分手，而沒有深入細論對方整體命盤，如此一來，老師反而害很多情侶莫名其妙分手，那就真是一大罪過。

【擎羊在子女宮】─擎羊在子女，需小心流產或子女夭折的機率較大。另外，即便子女順順利利出生，擎羊的磁場也會導致子女長大後固執剛硬難管教，也容易和父母吵架或起衝突。

【擎羊在財帛宮】－擎羊表傷害，若座落於財帛宮，則表示錢財有破，容易花錢、守不住財，或者發生破財事件，因此財帛宮基本上不喜擎羊進入。

【擎羊在疾厄宮】－擎羊在疾厄則要多加提防，因爲一生容易受傷，並且生病或受傷時容易比較激烈或嚴重，同時一生開刀的機會也不小，也有一定機率容易遭逢刀傷。

【擎羊在遷移宮】－擎羊在遷移宮同樣不能掉以輕心，代表出外容易有血光及意外，也容易受傷，此外擎羊在遷移也要特別小心車禍問題，以免發生憾事。

【擎羊在官祿宮】－擎羊在官祿宮，好處在於工作與做事衝勁夠、執行力也可圈可點，但缺點是容易造成工作上的間斷、離職和阻礙。不過如果工作內容需要舞刀弄槍，或者需要以武力拼搏，或者需要用到利器則擎羊在官祿則有正面效果。

【擎羊在田宅宮】－擎羊在田宅宮要留心陽宅是否有被尖刃對到，同時田宅也主財庫，財庫受到傷害，則容易漏財存不住錢，故擎羊在財帛宮或田宅宮的人必定要養成強迫儲蓄的習慣及理財計劃，否則容易錢財來去如流水。

【擎羊在福德宮】－擎羊在福德宮則表示出門在外較容易花錢，尤其如果逢化權，更是會爲了面子而大手筆買單展現氣魄，此外福德也表示內心深處，故福德有擎羊相對也表示內心深處較爲不平靜。

【擎羊在父母宮】—擎羊在父母宮如沒遇到祿科來解，較容易情緒不好，或者容易和父母時有爭吵。除此之外，也容易在學生時代念書過程遭遇挫折，所幸擎羊如果在父母宮同時也表示祿存就在命宮，雖然容易有孤或保守的情況，但如果命宮的三方四正中遇到化祿，則就構成「雙祿交流」的條件，對於一生的財富有強力的拉抬作用。

△天相能制擎羊之惡—(老師的個人創見)

前幾章講到天相時，老師曾提到「天相能制廉貞之惡」。實際上，除廉貞之外，天相也能制擎羊之惡，至於為何能制擎羊之惡?這部分老師個人的分析，認為可從兩部份邏輯進行剖析。首先，天相屬水、擎羊屬金，五行中金能生水，故天相可洩去擎羊的能量。但光是這項推論仍不足以得證天相可制擎羊之惡，因為關鍵邏輯卡在，如果金能生水就能推定天相能制擎羊之惡。那麼同理可證，同樣屬水的太陰、天同、貪狼理應也都俱備制服貪狼的能耐。但顯然事實並非如此！

因此，老師認為金生水僅是天相能制擎羊之惡的其中一項原因，另一個原因在於，天相為貴星、又為宰相之星，而擎羊雖主傷害，但本質如前述就像一把中國劍，中國劍配在貴星身上，猶如宰相配劍，更顯其高貴身分。在中國古代劍為百刃之君子，雖然可用於殺戮，但卻也是高官展現身份的象徵。所以擎羊遇貴星則猶如高官配劍更顯其貴！

▲陀羅在各宮所產生的影響

【陀羅在命宮】—陀羅在命宮，命主有隱藏在內心的剛硬與脾氣，優點是續戰力不錯，缺點是做事或想法容易反覆拖磨、不容易果決。

【陀羅在兄弟宮】—陀羅在兄弟宮，一種可能兄弟姊妹中有人內心剛硬，另一種可能則是跟同學及同事的友誼關係容易維持較久，但如遇忌星破壞，則可能雙方關係交惡，而且交惡的狀況持續很久積蓄不散。

【陀羅在夫妻宮】—陀羅在夫妻宮，配偶可能有隱藏的剛硬性格，或者與異性交往時需要經歷一段愛情長跑才能修成正果，但修成正果也容易兩人感情長久。

【陀羅在子女宮】—陀羅在子女宮，子女可能有隱藏的剛硬性格，或者跟子女或下屬的關係很可能反覆打繞在同一種互動模式循環，或者雙方關係反覆很難有進一步的突破，例如可能跟子女話不投機，一發生就持續個一年，即使偶然有契機找到話題打開子女的話匣子，也可能沒過多就又恢復原來話不投機的狀況，猶如陷入泥沼反覆拖磨。

【陀羅在財帛宮】—陀羅在財帛宮，雖然不像擎羊那麼糟糕，但仍需注意財務與理財計畫可能需要長期有毅力的執行才能越積越多。

【陀羅在疾厄宮】—陀羅在疾厄宮，一樣不好，表示如有傷病容易反覆拖磨陰魂不散，反覆糾纏猶如慢性病，同時也表示一生如有傷病，也恢復的比較慢，也容易遇到需要長期治療的頑疾，如遇廉貞、巨門這類駁雜的星更容易得到只能長期控制而無法根治的疾病，其中又以疾厄宮內同時逢化忌最爲嚴重。

【陀羅在遷移宮】—遷移爲外在的表現，如果命主經常出外，則容易表現拖泥帶水及躊躇，另外出門也比較容易流連而不想立刻回家，此外陀羅在遷移相對也表示祿存在疾厄宮，也就表示寶藏入病位，人生一部份的財富失去能量。

【陀羅在交友宮】—陀羅在交友宮，優點在於與人來往關係可以維持較久，但缺點是有一定的機率所往來的朋友性格也會比較拖泥帶水。如遇忌星，則更可能誤交損友，但這些損友偏偏又陰魂不散，藕斷絲連無法甩掉。不過反過來說，陀羅在交友宮，相對表示祿存必在遷移宮，代表人生有部分財富與寶藏需靠外地打拚方能有所成。

【陀羅在官祿宮】—陀羅在官祿宮優點主要是做事的續航力和續戰力頗夠，是有毅力的代表，但缺點是有一定機率做事拖泥帶水、輾轉反覆或躊躇不前，尤其遇到忌星發生機率更高，祿權科則較無這類缺點。

【陀羅在田宅宮】—陀羅在田宅宮，則家中容易有羅盤、指南針、陀螺或者會轉動的物品，居家附近也容易出現會轉動的事物。如遇忌星相對也要留意，田宅同時也代表不動產相關事宜，所以不論是買屋或賣屋也很容易發生好事多磨的狀況，或者歷經意波三四五折才買賣成功，或者得到心目中理想的屋宅。

【陀羅在福德宮】—如果福德宮中有陀羅，表示內心深處有許多潛意識不斷反覆出現，或者內心深處有一定的躊躇或想法反覆，但由於存在於內心精神面，如果一個人的命宮主星是相當果決的組合，但是福德宮內卻有陀羅，則極可能此人表面上果斷有魄力，但其實內心仍對於所下的決策有所躊躇或反覆思考。

【陀羅在父母宮】—陀羅在父母宮表示和父母或長輩的關係不論好壞，都很容易維持很久，但遭逢忌星就很容易造成命主留級或者重修，而命主在情緒上也可能不論心情好或心情壞，都會維持比較久的時間，因此如果遇到傷心或悲傷的情緒，相對也需要比較久的時間方能轉換心境走出陰霾，所以如果你身邊有這樣條件的人，在他情緒低落時最好多給予鼓勵，並且自己也不要被他長時間的負面情緒給影響連帶使自己也變得心情低落或失去耐心。

總結陀羅雖有拖泥帶水與剛硬的特性，但星性無好壞，單看是否擺對位置，雖然陀羅並列六煞星榜單中，但如果將陀羅反覆拖磨的特性用於學術研究與實驗，則完美無缺，因爲學術研究正需要契而不捨的思考、反覆假設與實證，而陀羅的反覆拖磨特性，剛好提供學術研究所需的毅力與熱誠。所以，如果各位讀者有人的命盤的重要宮位有陀羅，不需感到失落，只要將自己的陀羅擺對位置，也許下個愛因斯坦就是你！

☆《火星和鈴星的介紹與分析》

六煞星中火星與鈴星爲一組，而火星有些書籍會寫作「炎星」，火星顧名思義如烈火一般猛烈而爆發。有些讀者一定心中有所疑惑——「同樣屬火、同樣有能量的爆發性，差不多性質的太陽爲何沒被歸類爲凶星」？這疑點背後的邏輯在於，太陽雖也屬火，也有能量的爆發性，但與火星決定性的不同在於，太陽的星性如同陽光照耀大地一般，澤披大地，惠及萬物。因此太陽在命的人多半肯爲人付出、照顧他人，太陽星所散發的能量一大部分是爲幫助他人，即使失輝也多半捨己爲人。

不過，當太陽化忌又在亮位時，就容易爆發不良情緒和脾氣，性格也會比較差，因此火星如用最簡單明瞭的比喻，就是太陽化忌又在亮位時的翻版。至於鈴星，雖然一樣屬火但屬陰火，故雖然同樣有火星的特質，但由於是陰火故雖然擁有火星的特質，可是全然屬於內隱性質，而不像火星明顯且張揚，也就是一樣是火爆情緒，火星會毫不客氣表露無遺，鈴星則是雖有火爆情緒，但多數藏於內心，不形於色。

在中國古代火星與鈴星會被視爲凶星的主要原因在於，儒家文化喜歡低調、喜歡好禮斯文、剛毅木訥，對於喜怒波動比較大的火鈴，往往會認爲不知禮數，或是不夠君子，但在現在多元化的社會，直來直往也是種不錯的人格特質，知道其中的文化背景原因後，相信不少讀者未來不會只要一看到羊陀火鈴就開鎗，而是綜觀全盤再細論之。

△火星和鈴星適合和什麼樣的星曜同宮—(老師的個人創見)

火星和鈴星皆屬火，差別只在一者爲陽、一者爲陰，古人將此二者歸爲煞星，然則天生我材必有用，對於凶星老師經常思考的重點不在於「如何避免凶性」而是『如何善用凶星轉化爲有用之星』！

依據火鈴之五行特質，老師認爲火星及鈴星最適合太陰、天同這種屬水的星曜，好奇的讀者一定納悶—「冠元大師，你說火鈴適合太陰和天同，但太陰和天同五行不是屬水嗎？如此一來，不就變成水剋火，怎會說有幫助呢」？如果能想到這一層，表示洞若觀火、睿智聰慧。原則上，水火的關係的確相剋，不過易經六十四卦中，其中一卦爲『水火既濟』，卦意說明如水火搭配得宜，則火可得水向下滋養，水可得火向上補給，爲陰陽相輔欣欣向榮之象。

回到斗數的星曜特質，凡屬水的星曜大多睿智，但也都有一定程度的懶散或者思考有餘、行動不足，尤其天同與太陰更爲明顯，故火星與之搭配，反而可以火星的衝勁與爆發互補天同與太陰欠缺的積極度，反而可收剛柔並濟之效、水火既濟之功。因此火鈴搭配天同與太陰可謂傷害力最小、最爲相得益彰的組合。

然而更聰明的讀者一定會進一步反問我—「冠元大師，易經六十四卦中雖然有水火既濟這一卦，但也有『火水未濟』的凶卦，那憑什麼說火鈴配天同、太陰就一定是吉呢」？

如果你連這點都思考到了，表示舉一反三、一葉知秋是少見的天才。確實易經中與水火既濟相呼應的卦就是「火水未濟卦」，此卦之所以爲凶理由在於水火各自爲政，無法相濟，火自顧自往上燒卻無法將能量提供給在下位的水、另一方面水只能往下潤卻始終無法滋潤到在上位反方向的火。故而陰陽無法相交、萬物乏力。

而要判斷屬水的星曜和火鈴組合到底是水火既濟還是火水未濟？據老師的演繹歸納，判斷的關鍵在於『四化』，如果命宮有太陰或天同加上火鈴的組合，假設遇到的四化組合是祿權科這三種四化，則多有水火既濟、相輔相成之效！換言之，如果遭逢化忌，就成了火水未濟，不但兩者無法互補，雙方的缺點還因爲忌星而倍增。

另一方面，部份觸類旁通的讀者可能還會問我——「主要屬水的星曜中還有天相和破軍甚至是

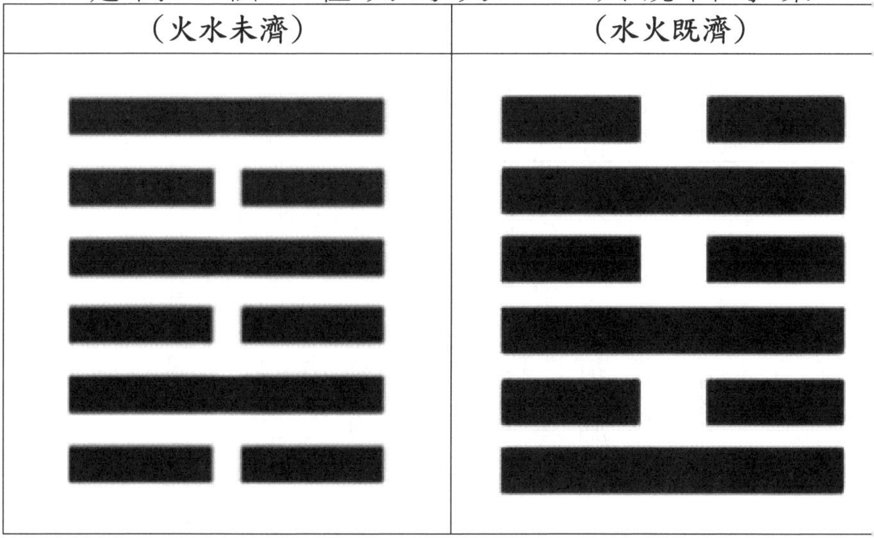

巨門，為何老師的舉例中卻獨漏它們呢」？理由很簡單，原因在於這些星曜雖然配合火鈴確實有發展為水火既濟的可能，但依據星性都可能引發其他麻煩與缺點。

以天相來說，天相為貴氣之星，如搭配火鈴，則容易因為火鈴的急躁及火性而破壞天相的貴氣與雍容大度，即便可能有優點也容易被其缺點所抵消。再來，如火星遇到破軍，則容易烈化破軍本來就不好的脾氣，進而變得更加不可收拾。而若與巨門搭配，需知巨門的本質為駁雜，加上火星結果通常是好壞參半，並且斗數中有一凶格稱為「巨火羊」，構成的條件為巨門逢火星加羊刃，在三方會集就算成凶格，如在同宮更凶，而讓巨門搭配火星，則等於湊齊三分之二的凶格條件，徒然自找苦吃。

要理解火星的個性特質，可從封神榜中一窺究竟，封神榜裡火星的代表人物正是大名鼎鼎的三太子哪吒！而哪吒也充份的把火星的衝動與脾氣展現得維妙維肖。在故事中哪吒一登場就和東海龍王太子因口角而起衝突，不僅用乾坤圈打死龍王太子，還抽其龍筋做為皮帶，又大鬧龍宮搞得東海雞犬不寧闖下大禍，鬧得四大龍王找李靖興師問罪，並揚言水淹總兵府，最後哪吒為了不讓父母為難而自殺謝罪才讓事情落幕。後來才靠師父太乙真人以蓮花化身復活，但經歷先前一連串事件，哪吒也收斂不少火星的脾氣，變得不再因衝動與火氣而惹事闖禍，並投效姜子牙成就反商大業。

△火貪格與鈴貪格的探討—(老師的個人見解)

相信對紫微斗數有點涉獵的讀者都知道火貪格和鈴貪格是赫赫有名的大發格局，在那一宮皆主該宮所代表的事物能得到爆發性的成長，如在財帛宮或田宅官及官祿宮，那更是扶搖直上富可敵國。行運好時日進千金，鈔票如流水般滾滾而來。

令人疑惑的是，火鈴明明就是凶星，貪狼在星曜的光譜上，古人也傾向將貪狼歸類於較偏凶星的那一端，但何以貪狼加上火星或鈴星，卻能造就暴發的財富格？老師仔細推敲其背後的邏輯，發現之所以貪狼加上火星或鈴星能有暴發的效果，邏輯在於貪狼屬木又屬水，火星和鈴星則屬火，貪狼和它們在一起，貪狼的水能生木，同時木又能生火鈴的火，形成連環相生的驚人能量，自然可爆發出雷霆萬鈞的氣勢。同時，得到水間接補充能量的火又能與水形成「水火既濟」的互補關係，因而能夠獲利滾滾。

再來，前面講解武曲和貪狼的章節，老師有提到，武貪主大，和別的星曜比起來，貪狼主大的氣場再配合火星的爆發性特質，理所當然能比其他星曜激盪出更驚人的能量，這就是火貪格之所以能暴發的原因。

可是談到此，一定有好奇的讀者會問：「冠元老師，既然武貪主大，那爲什麼武曲加上火鈴卻沒有火貪格的暴發效果呢？照理說，武曲是正財星，加上火鈴不是應該更明正言順可獲得暴發姓財富嗎」？

儘管武貪皆主大，但不同於貪狼，武曲加火鈴非但無法暴發，反而會造成負面影響，原因出在武曲的五行為金，火鈴則屬火，兩者若在一起勢必造成火剋金，反而削弱武曲的能量，況且以星性而言，武曲本身就有著剛硬不服輸的個性，加上火鈴後不但個性剛硬，又會脾氣較差，如此一來不但無法剛柔並濟，反倒脾氣與性格更加惡劣化，兩者相加基本上弊大於利。

值得注意的是，水火同宮若能水火既濟，理所當然也有「火水未濟」的時候，所以千萬不要看到火貪格或鈴貪格就得意忘形，因為火貪格雖然主暴發，但相對命盤條件不佳時也同樣主「暴敗」！如同兩面刃，而判斷究竟你的火貪格是水火既濟還是火水未濟，關鍵在於看火貪同宮的那一宮是否有遭遇忌星，如果是祿權科則就是水火既濟，得以成就暴發的好格局。但如果是遇到忌星，則就是火水未濟，命盤中的火貪化忌也將為命主帶來暴敗的惡運。

也因此，若火貪格和鈴貪格遇祿權科，最完美的組合是座落於財帛宮和田宅宮，因為金錢與房地產的暴發正是最好的致富之道，其次則在官祿。而最浪費的是座落於兄友線，等於將暴發的好處讓給別人，但最差的宮位是疾厄宮，理由在於疾厄宮暴發也就代表命主一生容易遇到暴發性的傷病，無疑是雪上加霜，成事不足敗事有餘。

▲火星在各宮所產生的影響

火星在命宮—火星在命宮如無祿科柔化多半命主脾氣較爲激烈，也較爲衝動。但優點在於精力較旺盛，而逢權忌則脾氣問題將會更加烈化，需小心謹愼。

火星在兄弟宮—兄弟姊妹中有人脾氣或性格比較烈化。或者命主有一定機率和兄弟姊妹容易有衝突或爭吵，如無兄弟姊妹則磁場會轉移到同學和同事。

火星在夫妻宮—火星在夫妻宮表示配偶脾氣或性格比較烈化。或者命主有一定機率和配偶容易有衝突或爭吵，如又遇七殺、破軍、巨門則情況更惡劣。

火星在子女宮—火星在子女宮表示子女中有人脾氣或性格比較烈化。或者命主有一定機率和子女容易有衝突或爭吵，而子女宮又可論爲出外，如遇忌星需提防出外遇到火厄等相關問題。

火星在財帛宮—火星在財帛宮，除火貪格外，對於錢財的幫助不大。

火星在疾厄宮—如遇忌星要小心燒燙傷之問題，同時也要留意發炎火氣大…等問題，並且平時如果常生氣會導致身體健康狀況變差。

火星在遷移宮—遷移宮可論爲出外，如遇忌星需提防出外遇到火厄等相關問題題。同時也表示，如果命主經出外，則性格也會變得脾氣比較差。另外也表示命主出門在外有遇到衝突的可能。

火星在交友宮—火星在交友宮表示命主所來往的朋友中有人脾氣或性格比較烈化。或者命主有一定機率和朋友容易有衝突或爭吵，而兄友線又爲災劫線，如遇忌星則犯小人在所難免。

火星在官祿宮—火星在官祿宮表示做事相對精力充沛，做起事來衝勁也不錯，如用對地方則可展現優秀的執行力，如遇火貪格的加持則如虎添翼。

火星在田宅宮—火星出現在田宅宮，則居家附近容易有紅色建築物，或者尖形屋頂的房屋，而如果遇到忌星則要多留心火厄的問題。

火星在福德宮—火星在福德宮則表示命主內心深處有所衝動感。

火星在父母宮—父母中有人脾氣或性格比較烈化。或者命主有一定機率和父母容易有衝突或爭吵，廣義的父母也包含長官和上司，故也有一定機率遇到脾氣烈化的長官。

▲鈴星在各宮所產生的影響與凶星在三方的狀況

原則上，鈴星等於火星的內隱版，故鈴星在各宮產生的影響基本上和火星大同小異，差別只在火星表現較爲激烈。然而，雖然隨著時代演進，將凶星擺對位置還是能化凶爲吉，不過六煞星一些負面的本質並不會隨著時代而消失，以斗數命盤而言，如果命宮的三方四正所遇到的六煞星越多，就表示人生所遇到的阻礙越多。

遭逢阻礙究竟是好？是壞？站在理性分析的角度，遭遇阻礙有時未必是壞事，因爲許多時候，偉大的成功事蹟與豐功偉業往往是歷經一番寒澈骨才得以成就。六煞星雖然會構成阻礙，然玉不琢不成器，有煞星的千錘百鍊，方能締造百鍊成鋼的能力，所以在老師看來，六煞星有時反而是磨練人生的貴人。

▲需警惕沒有失敗一帆風順的人生

過去，老師曾在管顧公司擔任企劃主任，在面試新人時，有位應徵者一路從高中到研究所都是第一志願，而且升學成績輝煌從未遭遇過挫敗，照理說這麼漂亮的學歷條件應該找工作輕而易舉，但殘酷的是，這位應徵者卻遲遲找不到工作，並且身爲面試官的老師其實也決定不錄用這位應徵者。

然而導致老師做出不錄用決定的最大關鍵就在於『他從來沒有失敗過』！沒有經歷

過失敗磨練的人生，一旦受到失敗打擊時通常也特別脆弱不堪，一旦遭遇現實社會的殘酷打擊，往往這樣的人在心境上容易從天堂掉入地獄，從此一蹶不振。道理就猶如從小在無菌室生長的孩子，由於從來沒有接觸過任何病菌，一旦離開無菌室遭受感染時往往會病得比一般人更加嚴重數倍。

因此，過去許多資優生自殺的新聞，造成資優生自殺的原因有時候竟然只是學生因爲從小到大數學物理都考第一名，但高中某次段考，卻發現自己只能拿第三名，無法維持自己永遠第一的記錄，便因此而自殺。

古書中紫微斗數中所謂的好格局，絕大多數都講究命格不能遭受六煞星的破壞，但經老師考證，紫微斗數古書中多數的好命格，主要都是在追求先天富貴、順遂、無挫折、無阻礙，以一般人追求財富、快樂人生的角度而言，確實古書上的好格局相對較爲輕鬆、物質生活也較好、事業運也較亨通。然而，以成就大事的角度來看，古書上很多所謂的好格局反而無法成就大事，因爲過於平順安穩，試問沒有磨難如何激發出超乎平常的戰鬥力和潛能？所以謹記，有煞星、有失敗不是壞事，重要的是要從煞星的阻礙與失敗中獲取未來成功的經驗，才能使自己的人生在身經百戰後，邁向璀璨未來！

☆《地空、地劫的介紹與分析》

有些門派會把地空寫成天空，但其實真正斗數中另有一顆天空星，所以寫成天空是錯誤的寫法，地空、地劫兩者皆屬火，地空為陰火、地劫為陽火。這兩顆星是紫微斗數中有名的「空星」，意即會空掉座落宮位所主事物的數目或能量。

同時，紫微斗數古文評註地空為「半空折翅」、地劫為「浪裡行舟」，因此凡是空劫兩星所引起的災禍，幾乎都猶如在半空中突然折翅一般令人防不勝防，轉瞬間就會慘遭惡運。此外，不論是地空或地劫除了空掉所屬宮位的事物之外，兩者的共同特質還有特異獨行、行事與思考不同於一般。而兩者相異之處在於，地空可說無所不空，然而地劫主要只劫財物。因此，兩者相比地空的殺傷力略勝地劫一籌！

雖然空劫被歸類在凶星的範圍，也的確空劫對命盤所帶來的效應大多負面居多，但仍有些事物如果有空劫加持則進步神速，例如學習宗教、修行、命理這類學問，空劫就相當有幫助，因為宗教和修行需要四大皆空、無欲則剛、超然於世的磁場，而空星剛好符合這樣的特質，故空劫有利修行，同時也是紫微斗數中有名的宗教星。

另外，既然空劫會空掉所屬宮位代表的事物，換言之，如果能將空劫用來空掉對自己不利的事物，那麼就能反過來將凶星的特質納為己用，減少對自己人生造成阻礙的惡劣條件。

▲關於貪狼加空劫反能習正的論點

紫微斗數中，除了火星、鈴星之外，擎羊和陀羅和貪狼搭配都被評價爲凶格組合，甚至連名列七吉星的文昌、文曲搭配上貪狼也被視爲凶格。令人意想不到的是，空劫兩星，號稱半空折翅、浪裡行舟，搭配上貪狼竟被評價爲吉格，而且多數斗數先進都認爲空劫反能讓貪狼習正，那麼空劫能讓貪狼習正的關鍵究竟爲何？

貪狼在斗數中是星性兩極端的一顆星，同時是欲望之星，卻又也是修道之星、宗教之星，反差非常鮮明。不過，如果貪狼遇到地空、地劫，空劫就會將貪狼的慾望與桃花空掉，減少貪狼因欲望和桃花誤入歧途的機率。更進一步，空劫都是有利宗教與修行的星，在空掉貪狼的欲望之後，同時也激發出貪狼的修道特質，反而能使貪狼獲得心靈與精神上的充實，少去一般社會上濁流風塵，引導貪狼走向正道。

而且貪狼也是斗數中有名的命理五術之星，空劫也是，因此對於貪狼而言，空劫除了有利於心靈上的充實。對於學習命理五術更有極大的助益，如果各位讀者命盤裡也有貪狼加空劫的組合，千萬不要浪費自己學習命理五術的天份，否則相當可惜！

唯一例外的是，貪狼加地空、地劫出現在疾厄宮仍屬不利，空劫兩星什麼都空就是不會把你的疾病空掉，出現在疾厄宮仍會發生貪狼所主的病症加上空劫所主的病症，而不會因此而平安無事。

▲科星最不喜空劫

科星意即四化中的「化科」,「科」顧名思義與科甲、考試、功名、教化、學問、思考相關,故除了文昌文曲之外,主金榜題名的一大關鍵就在於科星,命宮裡有化科或自化科的人,多半書念得不錯、善思考或有學問,通常學生時代成績也屬優秀。

然而,紫微斗數中有個凶格稱爲「科星逢破格」!此格的條件是一旦化科所在的宮位以及該宮位的三方四正逢到羊陀、火鈴、空劫,則就可稱之「科星逢破格」。而煞星就代表阻礙,故斗數古文對科星逢破格的評價爲「長年居於孫山外,只做高明一士看」。意思就是有此格局的人,通常學問不錯、頭腦聰慧,但卻經常考不好,或者考試結果往往與此人的天賦有一大段落差,就有如擁有柯P一百五十七的智商,卻只能考到私立大學而已。

其中,科星逢破格又以化科遇到空劫殺傷力最大!羊陀、火鈴頂多是學生時代會遭逢阻礙,若排除萬難也還有功成名就的機會。但空劫兩星如其性質「半空折翅、浪裡行舟」,同時又會空掉所屬宮位的事物,因此如果命宮有化科卻遭遇空劫,以台灣幾乎一試定終生的升學制度,很容易發生努力打拼三年,但遇到基測或大學指定科考時卻因各種不同莫名其妙原因而考試失利,造成三年努力一夕化爲泡影!

更加需要注意的是,即便命宮沒有科星逢破格的條件,但是如果是在學生時代的十年大限運遇到地空、地劫也會有一樣的結果，遭遇化忌則更加嚴重數倍。一般人面臨升學考試的年齡大多在第二大限，也就是正常的升學考試都會發生在行運走到父母宮或兄弟宮的時候，故如果你的第二大限遇到空劫或被空劫所夾，就容易在關鍵考試馬失前蹄，遇到化忌則又更慘。絕大多數的命例會發生類似平常在校模擬考都有台政清交成的水準，但考試當天卻可能因睡不好、粗心、緊張、或任何莫名理由而慘遭滑鐵盧，運氣好點掉到中字輩大學，慘一點則可能下滑到私立大學的行列。而比較空星在父母宮與在兄弟宮，又以在父母宮對於考試的殺傷力大於兄弟宮。

如果很不幸遇到科星逢空劫的狀況，最好的解決方案就是離開台灣，因爲台灣的教育制度流於死讀書，壓抑學生個人特色與思考力，然而空劫基本上都帶有一點逆徑叛道和特立獨行，這在台灣死板的八股考試制度非常吃虧，科星逢空劫在中國古代會被視爲凶格的重要原因，除了空劫會導致馬失前蹄之外，另個最大關鍵就在於中國的科甲考題根本不重思考只重死背，與空劫的性質完全背道而馳。

但是，歐美的教育體制相當重視思考、自我探索、論證批判，也相當重視學生的多元發展與個人特色，更鼓勵創新與創意發想，對於命中逢化科又有地空地劫的人可說如魚得水，反而可激盪出與眾不同的人生光芒，甚至可能成爲下一位賈伯斯、愛因斯坦，創造出劃時代的發明與革新！

▲地空在十二宮所造成的影響

【地空在命宮】—地空在命宮，容易有特立獨行的想法或作風，此外不容易專心，有時會讓人有逆徑叛道的觀感，但優點在於因想法特立獨行，所以比他人容易想出新創意、新策略。

【地空在兄弟宮】—兄弟中有人較逆徑叛道或特立獨行，另外也可能發生兄弟姊妹人數比較少的狀況，如學生時代的行運走到兄弟宮，則不利考試。

【地空在夫妻宮】—地空在夫妻宮容易失去桃花機會，也可能在談戀愛過程中，突然遭逢惡運或突發事件導致原本可能的緣份告吹。例如，可能原本雙方關係不錯，但可能因某次約會不小心踩到女方的地雷，導致雙方關係瞬間降到冰點，諸如此類狀況。但如果有祿科來解，這類惡運可得到緩和。

【地空在子女宮】—地空在子女宮如無祿科來解，有一定機率容易求子困難，遭逢化忌則更嚴重，並且也要注意出門在外容易遇到突發事故或糾紛。

【地空在財帛宮】—地空在財帛宮，會空掉財富，容易兩袖清風或者求財求利總成空，如有祿科來解則情況可好轉，相對若遭逢忌星則慘上加慘。

【地空在疾厄宮】—地空在疾厄宮並不會把一生的傷病空掉，反而地空在疾厄宮容易使命主出現頭昏、頭暈等相關狀況。

【地空在遷移宮】—地空在遷一生要留意出外容易遇到突發意外或是非，同時如果經常外出，行事作風上也會比較特立獨行。

【地空在交友宮】—地空在交友宮，則一生的朋友人數較少，或者朋友中會出現一些特立獨行的人物。

【地空在官祿宮】—地空在財空財、在官空官，所以在官祿宮容易導致工作與事業到頭一場空，看它樓起看它樓塌，如逢祿權科則可使狀況好轉，但若逢忌星則加速敗亡。

【地空在田宅宮】—地空如在田宅宮，投資房地產容易失利，除非遇祿權科或者田宅宮的主星爲極強的財星，例如武府、武貪，否則不要輕易嘗試，遇到化忌則更嚴重，除非田宅宮的化忌是入庫忌，才能大賺一筆。（註：至於何謂入庫忌，老師將在本書的第二或第三本續集教給各位讀者）。

【地空在福德宮】—地空在福德宮則內心深處存在一定的特立獨行想法，並且如果福德宮內遇天同再加地空，則容易有宗教緣或宗教慧根，更有些命例有出家修道之緣。

【地空在父母宮】—地空在父母宮，則和父母、長官緣份較差些，當然如有祿科來解就能好轉，並且如果學生時代的大限行運爲父母宮又遭逢地空，則念書過程與升學考試就容易遭遇不順，遭遇忌星則更嚴重。

▲地劫在十二宮所造成的影響

【地劫在命宮】－地劫在命宮，除了容易有特立獨行的想法或作風，也有一定機率奇裝異服，或衣著風格與眾不同，此外地劫在命投資容易失利。且地劫在命，有一定機率的人一生腳很容易踢到東西。

【地劫在兄弟宮】－表示兄弟中有人較逆徑叛道或特立獨行，另外也可能發生兄弟姊妹人數比較少的狀況，除此之外如果遭逢忌星，則要小心不要與人合夥，容易賠錢，並且也代表如果學生時代的行運走到兄弟宮，則不利考試。

【地劫在夫妻宮】－地劫在夫妻宮一種可能是交往對象或配偶比較與眾不同，另一種可能則是如果與配偶共事賺錢或投資，如果遇祿權科還無所謂，但遇化忌則兩人扯到錢財或投資多半賠錢收場。不過各位讀者還是要注意，雖然祿權科爲三化吉，可以化解地劫的劫財特性，但是夫妻宮本身不喜化權，容易導致男女雙方爭吵及分離，故如果地劫在夫妻宮，原則上仍以遇祿科最爲完美無後遺症。

【地劫在子女宮】－地劫在子女宮，一種可能爲子女比較特立獨行或逆徑叛道，但另一種狀況是合夥股東容易出狀況，或者因下屬出包而賠錢，有忌星則更驗。

【地劫在財帛宮】－地劫在財帛宮殺傷力非常大，忌投資、投機，否則很容易發生令人血本無歸或瞠目結舌的虧錢與破財事件。尤其遇到忌星更加慘烈無比，除非恰巧遇到入庫忌或逆水忌則無妨。(註：至於何謂逆水忌，老師將在本書的第二或第三本續集教給各位讀者)。

【地劫在疾厄宮】—地劫在疾厄宮也一樣不會把一生的傷病空掉，反而地劫在疾厄宮容易使命主出現與下肢有關的疾病，並且也容易腳踢到東西。

【地劫在遷移宮】—地劫在遷移一生要留意出外容易遇到突發意外或是非，不同於地空，地劫在遷比地空更容易發生破財事件，同時如果經常外出，行事作風上也會比較特立獨行，或者外出容易奇裝異服，或者穿著和一般人不同。

【地劫在官祿宮】—地劫在官祿宮，一生在工作與事業上不可投機躁進，投資上也盡量要選風險較穩定的事業，否則很容易事業土崩瓦解、血本無歸，如遇祿權科則審時度勢可不懼地劫的問題，但如遇化忌，最好一生將工作所得穩穩當當的存在銀行方爲上策，並避免任何需擔負風險的事業投資。

【地劫在田宅宮】—地劫在田宅，如遇忌星要避免投資房地產，如得祖業也不容易守住，除非田宅宮的化忌是入庫忌，才能大賺一筆。除此之外，需靠祿權科或者田宅宮的主星爲極強的財星方能有所斬獲，例如武府、武貪，否則不要輕易嘗試投資房地產。

【地劫在福德宮】—地劫在福德，則一生運氣較差，如遇忌星更慘，祿權科則可化解，並且地劫在福德也要注意出外的衣著容易比較特異，內心深處也有一定程度的獨特想法。

【地劫在父母宮】－地劫在父母宮則和父母、長官緣份較差些，當然如有祿科來解就能好轉，並且如果學生時代的大限行運爲父母宮又遭逢地劫，則念書過程與升學考試就容易遭遇不順事與願違，遭遇忌星則更嚴重。

▲善用空劫成爲人生贏家

空劫在命的人，想法多少會與眾不同、特立獨行，有時又有些逆徑叛道，因而在中國古代被視爲凶星，理由在於，傳統華人社會不喜歡人有自己的意見、想法、見解，更不喜歡和群眾不同想法的意見，甚至華人的教育體制下的模範生，多爲聽話、服從、依照傳統或倫理的好學生。

而在文化上特別壓抑每個人的個人特色，所以有著與眾不同想法的空劫，在華人社會很容易被視爲異端或怪咖，甚至求學過程還容易不得師長疼，而不得人疼的理由往往在於師長容易認爲空劫在命的人意見很多、問題很多、想法都不按指示來。並且還容易責備空劫爲何不像一般人一樣規規矩矩、按部就班。

但如同知名電影「三個傻瓜」所演的內容一樣，華人傳統的教育大多只能生產毫無特色的批量白痴。因此，統整空劫所謂的缺點，首先「特立獨行、想法奇特」，用在錯的地方或許會被人認爲是怪咖，但用在對的地方不就表示空劫的奇特思想，足以讓他比一般人「更有創意、更能想出奇特的點子」？而現在正是創意創新爲王的時代，誰有創意、誰有點子，誰就能開創新商機新藍海！

再來，華人社會批評空劫的人「點子特多、逆徑叛道、不依傳統」，但以上這三點，不正表示空劫在命的人比一般人更有突破傳統的潛力？如果一味守舊依循陳規，那永遠無法創新突破，偏偏世界上的偉大創新與發明，往往都是挑戰傳統並推翻傳統才徹底改變人類的文明。例如萊特兄弟在發明飛機前，經常在山坡上看著天空飛行的鳥，一邊思考人類如何飛上天空。當時，幾乎一般人都認爲萊特兄弟是瘋子，覺得人類怎麼可能在天空中飛翔，甚至許多人還禁止自己的小孩和萊特兄弟說話，深怕小孩被萊特兄弟影響而變成瘋子。

結果事實證明，萊特兄弟成功發明飛機，並讓人類的交通及科技從此發生劃時代的革新與改變！因此，空劫在命的人，只要能將空劫發揮在創新、創意、創作，則就能將空劫以往負面的評價轉爲無價之寶，甚至創造出匠心獨運的的作品或者眾人望塵莫及的創新與發明！

《六煞星章節思考題》

1.

斗數古文提到羊陀夾忌為敗局，此外空劫夾忌亦為凶格，那麼兩者如真要比較，羊陀夾忌與空劫夾忌哪個比較嚴重？或是依據不同狀況各有比較嚴重的時候？

2.

擎羊在命宮刑傷難免，那麼命宮在十二地支的不同位置時，擎羊的凶性是否有所不同？

3.

火星容易有過火及暴烈的性質，那麼遇到地空、地劫是否能將其過火或暴烈的性質消除掉？

4.

同上題，空劫能消除掉貪狼的欲望，那麼假如貪狼+火星+地空，是否地空也相對會把火貪格暴發的優點也一起消除掉？

5.

假如火貪格出現在命宮而不是財帛及田宅，是否還能擁有暴發的優點？再來，如果遇到雙星組合，例如紫貪、武貪、廉貪，加上火星，哪一種組合對於求財最有利？

《六煞星章節思考題》

6.

陀羅有反覆拖磨的性質，是否遇到火星能夠使陀羅比較有積極度？

7.

如果不巧遇到科星逢破的格局，偏偏又是遇到空劫，但又無法離開台灣，那麼在台灣的考試升學制度下，有何化解的方法？

8.

科星逢破格，以遇到空劫最爲嚴重，那麼如果是遇到羊陀、火鈴又會產生怎樣的差異？

9.

投資運差的人又遇空劫，如果真要投資，面對命盤有何克服的策略？

☆《天馬星的介紹與分析》

天馬星爲地支系星，只會出現在寅、申、巳、亥四個宮位，這四個宮位又稱做四馬地，故任何宮位在四馬地多多少少都有變動的特質存在，然而天馬星又分做命馬和月馬，部份斗數門派以命馬作爲命盤天馬的依據，但也有另一部份的門派以月馬爲主，兩者有何差異？主要的不同在於，命馬是以出生年的地支作爲天馬的排盤依據，而月馬是以生月的地支作爲排盤的依據，那麼究竟何者正確？

以老師的觀點，認爲兩者皆正確，只是命馬的影響力大於月馬，然而如果命馬和月馬都在同一宮，或者兩馬互相對座，那麼影響力就更加倍增，而天馬星最喜逢祿存、化祿、武曲、天相這類星宿，天馬遇祿存或化祿稱爲祿馬交持，表示越是出外打拼越能成就財富事業，跟武曲這顆正財星在一起也有異曲同工之妙，然而如果武曲再加天相又加天馬，更加顯貴，是爲財馬配印，越往外開疆闢土越能成就大業！

正因爲天馬驛動的性質，故只要有天馬所在的宮位，逢吉星則需越動方能越旺，例如天馬星如果在宮祿宮，那麼就不能一心只想從事安逸坐辦公室的靜態工作，而要盡量爭取可以出外和人談生意、甚至出差或到處奔走接洽的工作，如此一來才能事業步步高升，否則安於做辦公室或內勤工作，則多半庸庸碌碌、高不成低不就，徒然浪費自己命盤的優勢。

▲天馬星對於十二宮的影響

【天馬在命宮】—天馬在命宮則命主先天喜動不喜靜，或者有很多機會可以出遊外地，並且多半較無法忍受過於平靜安靜關在家裡的生活，如遇殺破狼格局更驗。

【天馬在兄弟宮】—天馬在兄弟宮則兄弟姊妹中容易有喜歡四處奔走或喜動不喜靜的人，並且如果命主的第二大限是兄弟宮又逢天馬，則此大限不管命主願不願意，都會比之前多出許多出外或出門甚至出國的機會。

【天馬在夫妻宮】—天馬在夫妻，如不遇忌星則表示多出外多出門，命主會較有異性緣，當然也有一定的可能是配偶喜歡出門或出外，而如果天馬在夫妻又遇祿星同時右在大限遷移，就表示命主在該大限越往外跑桃花越旺！

【天馬在子女宮】—子女宮本身就有出外的意涵，又逢天馬則驛動能量更旺，如遇祿權科，則表示人生一部份的利益要靠出外獲得，若加上遷移宮格局也不差，則人生需多出外發展對自己方有助益。當然天馬在子女，也要注意生子求子易生變卦，天下父母多希望生子求子能順利，而不喜變動，故如果子女宮內有忌星、擎羊、陀羅、空劫、空亡，就要小心生子過程很容易遇到障礙導致功敗垂成。

【天馬在財帛宮】—天馬在財帛宮，絕不能賺文財或靜財，而要奔走求財或外地求財，越奔走則財運越旺，一天到晚杵在門市或店面苦等客人絕對僅能糊口而無法賺大錢，此外，天馬在財另一方面也可解讀爲「錢與資金要活絡才能賺大錢」，也就是命主賺錢的方式是以錢滾錢、需要經常資金進出則獲利越可觀，例如做生意經常需進出大筆金錢，資金如活水般流進流出壯大自己的事業就完全符合天馬在財的特性。但是，先決條件還是不能逢忌星和空劫、擎羊，尤其是忌星否則越動越慘、資金越週轉越不靈，空劫跟擎羊如遇到祿權科還可化解，但忌星則絕對要避開方爲上策。

【天馬在疾厄宮】—天馬在疾厄宮表示身體狀況時有變動，遇到忌星則容易傷病一波未平一波又起，接連不斷又沒完沒了。

【天馬在遷移宮】—天馬在遷移則加強遷移的力道，如遷移宮吉則越動越功成名就，也適合多出差或往國外發展，甚至小時後移居他國也是上佳之選。反過來說，如果天馬在遷逢忌星，則外出容易遭遇車關、血光、意外、是非，宜靜不宜動，否則越動越慘甚至可能威脅到生命安全。

【天馬在交友宮】—天馬在交友，如遇祿權科則表示越往外越能交到好友，並且所交往的好友還多能對自己產生幫助，此外另一方面也表示容易結交到喜歡出外或者出國的朋友，並且也可能朋友群的變動性比較大。

【天馬在官祿宮】—天馬在官祿宮則表示所從事的工作最好是動態類型的工作，越是能出外、出差、出國，甚至是外派則事業越能鴻圖大展，即便不是生產、行銷、業務類的工作，也最好能全省走透透或者在全國開設多處工作室或分店，並且經常往來全國各個工作據點，則事業越能飛黃騰達。但仍要叮嚀，如遇忌星則最好保守以對，否則反而越動越慘，甚至工作上很容易動輒得咎，甚至工作上的麻煩事一波接著一波。

【天馬在田宅宮】—天馬在田宅宮，表示可從事房地產買賣或是房仲生意，越往外看房買房則獲益越大，但如遇忌星則越動越得反效果。

【天馬在福德宮】—天馬在福德表示內心有一定的出外與變動性格或喜好，只是埋藏在內心潛意識，不一定會外顯或溢於言表。

【天馬在父母宮】—天馬在父母有可能父母中有人喜外出，或者來往的長輩中有人喜外出。另一方面，也可能情緒上的變化比較多。

一言以蔽之，如果天馬遇到好的星性組合或者祿星，又剛好在重要宮位，即便先天喜歡宅在家裡，也必須自我要求對於天馬座落之宮位所主的事物，要常常出外經營、奔走奮鬥，否則若一味故步自封，將使自己命盤的表現落在中下的水準，而無法催發至頂尖！

▲有關天馬的各種好格局

對於斗數有所涉獵的讀者一定知道紫微斗數中有許多格局，其中不乏好格局，也同樣有壞格局，天馬也不例外，除了前面章節所說的祿馬交馳、財馬配印之外，關於天馬也有其他堪稱吉利的好格局，相關格局整理如左：

【扶輿馬】—天馬與紫府同宮稱之『扶輿馬』，有此條件者名利雙收、財官顯達！而此格局之所以稱作扶輿馬，原因在於紫府皆是帝王星，而「輿」泛指帝王的座車，雖然有些朝代高官將相也可乘坐，但主要多用以稱呼天子鑾駕。故與紫府兩顆帝王星在一起的天馬，自然也成了拱扶帝王威震四方的千里良駒！

【雄馬】—天馬與太陽同宮而居亮位稱爲雄馬。如太陽在旺位逢之，則太陽源源不絕的能量加上天馬則光芒四射，主貴且積極進取。但若太陽在失輝暗位，則因能量低落而無法與天馬相互配合，反而好事拖磨、拖泥帶水。

【雌馬】—而有雄馬想當然爾必有雌馬，並理所當然天馬與太陰同宮稱爲雌馬，同樣雌馬在太陰的旺位時以吉論，太陰的柔靜加上天馬的幹勁可令命主既富積極又不會有勇無謀，然而如果太陰在失輝之位，則不但被動，也容易拖磨。

【權馬】—天馬與紫微同宮是爲權馬，因紫微爲帝星本就富權令，加上天馬則權令更顯，故能獲得權柄及掌權。

▲有關天馬的各種壞格局

【戰馬】—天馬與火星同宮稱爲戰馬，此格局由於火星的火爆加上天馬的衝鋒，猶如橫衝直撞的馬車，優點在於勇猛果敢、有幹勁，但缺點在於刑傷難免，尤其如在遷移宮更要小心出門易發生車關或血光意外。如遇戰馬喜遇祿科來化解，遇忌星則更惡化。

【負屍馬】—天馬與擎羊或七殺同宮稱做負屍馬，不但容易白費心機且刑傷難免，尤其是和擎羊同宮，傷害力甚至比戰馬更高，如在遷移宮，出門在外更容易發生重大車關或意外以及是非血光，遇此狀況最好有祿科化解，如遇忌星則能不出門就不出門。

【折足馬】—天馬與陀羅同宮稱爲折足馬，天馬主驛動、陀羅主打繞，故天馬加陀羅猶如馬怎麼跑都在原地打轉一般，這樣的馬即便是千里馬也等同折足的馬一樣無法奔馳遠地，因此折足馬的格局容易使事情反覆拖磨、囉唆打繞。

【死馬】—天馬與空、劫同宮稱爲死馬，不論如何奔走變動多爲一場空，毫無進展，在遷移則因空劫「半空折翅、浪裡行舟」的特質，所以容易發生車關及意外。

【馱馬】—天馬與鈴星同宮稱爲馱馬，馱馬容易讓人到處奔走，透支個人的自由與時間而忙碌不堪。

【祿空馬倒】—祿存遇空星、天馬又逢忌星而兩者在同一宮同時發生稱之。此爲大凶格，輕則人生遭遇重大傷害，重則危及生命。

☆《息神星的介紹與分析》

息神在斗數中永遠在天馬的順時鐘下一位，息神正如其名表示元神處於休息與停息狀態，因此息神是顆容易導致精神不佳的星曜，可說息神在哪一宮就會導致該宮所主的大限容易精神不濟、活力渙散。

▲息神對於十二宮的影響

【息神在命宮】—息神在命，容易造成命主先天精神不好，也容易打瞌睡或者無精打采，甚至可能會和流川楓有著同樣的興趣—「睡覺」。

【息神在兄弟宮】—息神在兄弟宮，可能兄弟姊妹或母親中有人欠缺活力或容易打瞌睡，當然如果命主的第二大限是兄弟宮，就要注意該大限很容易想睡或者上課容易打瞌睡，而遭到師長責罰。

【息神在夫妻宮】—息神在夫妻宮，可能配偶欠缺活力或者精神不濟及容易打瞌睡，同時配合另一半的命盤，如果另一半的疾厄宮相對也較差，則表示先天身弱需好好調養方能有彩色健康的人生。

【息神在子女宮】—息神在子女宮，子女之中可能有人精神欠佳、較無活力，如果子女的命宮或疾厄宮偏偏又逢息神，則更嚴重，更容易精神不濟或渙散。

【息神在財帛宮】—息神在財帛宮，較無太大的傷害力，只要命主在賺錢和求財上保有積極度和企圖心，多半沒什麼大問題。

【息神在疾厄宮】—息神在疾厄宮,與在命宮很類似,但對於身體健康的影響更大，故如果息神在疾，很容易先天元氣不足、精氣神都給人感覺有氣無力或昏昏欲睡，甚至容易出現嗜睡問題，故息神在疾厄的人最好學習養氣與納氣的功夫，並透過中醫調養讓自己的氣血活絡、神清氣足。

【息神在遷移宮】—息神在遷移宮,如果常出外的話反而容易精神不振、無精打采，如遇忌星又更加不例外地發展。

【息神在交友宮】—息神在交友宮，容易交往到比較沒有元氣的朋友，當然如果交友宮主星特質爲積極主動例如太陽化權或者天機化權，則相對影響較低。

【息神在官祿宮】—息神在官祿宮，工作或學習上可能欠缺幹勁，或者工作時很容易打瞌睡，即便不打瞌睡也容易讓人覺得缺乏元氣與朝氣。

【息神在田宅宮】—息神在田宅宮，一種可能是家裡氣氛比較不活潑缺乏朝氣，另一種可能是命主回到住所很容易想睡或精神不佳。

【息神在福德宮】—息神在福德宮，則表示內心深處較缺乏活力，有可能表面上精神奕奕奮鬥不懈，但內心卻有如沉寂的老年人一般。

【息神在父母宮】—息神在父母宮，除了父母中可能有人較欠缺活力與幹勁之外，如第二大限剛好走到父母宮，則上課很容易打瞌睡、無神、無精打采，而導致被老師訓話或責罰。

▲息神永在四正位、華蓋永在四墓地

由於，天馬、息神、華蓋必定按順序順時鐘排列，所以天馬永在四馬地就表示息神永遠在四馬地的下一宮位，意即永在(子、午、卯、酉)四個宮位，接下來華蓋則永在息神的下一順位，即爲華蓋永在(辰、戌、丑、未)四個宮位。

換言之，在挑選出生命盤時，如要挑選有關天馬的好格局，就必須鎖定命宮在四馬地的命盤，如此一來就不用如大海撈針一般看遍每張命盤。再次，如果要避開息神對命盤的負面影響，那麼重要宮位就不能在該年的息神宮位，同理可證，如果要網羅華蓋的好處，則命宮必須選擇在辰戌丑未四宮的命盤。

最後，息神最怕遇到的狀況爲，命主本身疾厄宮就差，偏偏命宮又遇息神，因爲先天身弱或壽元較差的人本來就會比一般人需要更多睡眠時間，此時如命宮又遇息神，則可能精神更加萎靡不振，導致學習與做事的動力不足，而較難有精進。

☆《華蓋星的介紹與分析》

華蓋在中國古代天文中確實有其星群存在，華蓋一詞的意思為「華麗的蓬蓋」，即為古代時天子座車與高官馬車上用來遮頂的豪華頂蓋，象徵高貴與崇高。三國時代時，有賢者論斷劉備將來會是大人物，正是依據劉備家門口有顆如同華蓋的大樹而論斷。

此外，華蓋又稱小文昌，因為華蓋必在辰戌丑未四宮，而中國古代歷次科舉考試必在辰戌丑未年舉行，同時金榜題名就有機會乘坐搭配華蓋的馬車，故而稱之為小文昌。但是華蓋最關鍵的特性在於代表「神明和宗教」，因為世間最普遍使用華蓋的事物就是神明的鑾駕。故而華蓋主要代表神明以及宗教，更可引申為禪修與命理五術。

也因此，如果華蓋出現在命宮中的重要宮位，而且遇祿權科，則表示該宮所表示的事物如祈求神明庇佑則多有效果，如果供奉神明相對也會比一般人更有效果。

▲有關供奉神明需注意的事項

華蓋在重要宮位，固然供神對自己有利，但供奉神明仍然有許多要注意的事項，否則不但無法幫到自己反而容易造成傷害，不可不慎！

第一，以陽宅風水的觀點，神位絕不可安在房屋中有五黃煞以及二黑病符方的區域，否則反而容易使居住在此的人身體健康變差，甚至罹患癌症或發生重大災禍。入宅的日期也不能選中宮或門口飛二黑五黃的時日安神位。

第二，家中神明至多供奉三尊即可，過多反而容易家宅不寧，此外供奉的神明最好不要選彼此關係惡劣的神明，例如孫悟空和二郎神、保生大帝和媽祖。

第三，如家中神明供奉達三尊，則神明需依神格高低順序安放，神格最高者安於中間、次高者安於中間神明的左手邊(需以神明的方向為準，而非以人的方向，因為神明和人正如自己照鏡子一樣，鏡中的你和你本人，左右是相反的)、神格最低的神明則供在中間神明的右手邊。而民間信仰裡神明的神格高低順序為「佛、菩薩、帝君和大帝、尊王、王爺千歲、將軍」。

第四，焚香祭拜神明時需衣衫整齊，並且需持單數柱香，不得持雙數柱，因為雙數為陰是用來祭拜陰間無形物。

第五，如果在路上遇到被遺棄的流浪神明，千萬不要撿回家供奉，不然十之八九流浪神明會將你家原本的神明趕走而鳩佔鵲巢。

第六，神位不能設在大門邊，設在門邊神明猶如看門兵，自然對你幫助有限，再來神位更不能緊鄰或正對廁所，如此一來將使供神的效果幾乎完全破滅。

第七，神位不得設在主臥室中，如在主臥則容易使夫妻感情趨於淡薄，甚至形單影隻，同時也不能僅與主臥隔一堵牆。

▲華蓋對於十二宮的影響

【華蓋在命宮】—華蓋在命宮，則命主先天對於宗教、靈學甚至是五術較有緣份，如遇祿權科，則求神明保佑效果高於一般人，從事宗教相關行業也算是得心應手。

【華蓋在兄弟宮】—華蓋在兄弟宮，一定機率兄弟姊妹或母親中有人對於宗教、命理較有興趣或緣份，另外也表示命主如透過兄弟或好友的穿針引線，也可接觸到宗教和命理的相關契機。

【華蓋在夫妻宮】—華蓋在夫妻宮，一定機率交往的對象容易有宗教或五術的緣份，另外，也表示如要在宗教、靈學、禪修等學問有所進步突破，則師父選擇異性，容易較有進境，同性反而進步有限。

【華蓋在子女宮】—華蓋在子女宮，表示子女容易有宗教與五術的緣份，另外如遇祿科也表示在求子方面，祈求神明可獲得較大的幫助。

【華蓋在財帛宮】—華蓋在財帛宮，表示可賺宗教之財或五術之財，例如經營宮廟、宗教巡迴演講、擔任神職人員都是不錯的選擇，次一等則作和神明有關的生意，例如神像買賣、香鋪生意或工廠、法會承包…等等都是不錯的選擇。

【華蓋在疾厄宮】—華蓋在疾厄宮，如遇祿科則一生祈求神明有關身體健康的事情會比一般人靈驗，同時華蓋在疾厄宮也有一定機率有通靈的潛在天份和體質，並且也比較有機率能練成神明上身或者成爲與神明溝通的神職人員。

【華蓋在遷移宮】—華蓋在遷移，也表示有神仙與宗教緣，宜多出外參與宗教活動或五術相關活動。

【華蓋在交友宮】—華蓋在交友，表示可透過朋友而與宗教、五術有緣份，另外也可能來往的朋友中有對宗教、五術、修行有興趣的朋友。

【華蓋在官祿宮】—華蓋在官祿宮和財帛宮頗相似，一樣適合從事與宗教或五術相關的工作，例如神職人員、宮廟工作人員、宮廟主持、宗教演講家、五術專業人員，不過和財帛宮不同的是，即便不從事相關工作，華蓋在官的人，也表示在工作場所供奉神明有強大的加持效果，此外也表示不管是自己創業或上班，都適合經常拜神祈求事業得意，效果皆比一般人好，當然如果官祿宮有忌星的狀況除外。

【華蓋在田宅宮】—華蓋在田宅，代表家中宜供神，供神對於宅運和個人運勢有強力的助益，不過安神位仍要謹記老師前章所提到的「安神位注意事項」，不然如果不小心犯了注意事項中所說的錯誤，反而會招致反效果。此外，如果華蓋出現在某一大限的田宅宮，表示該大限如在家供神，有助行運的提升！不過，老師建議各位讀者，對於安神位需有通盤的規劃，如果只是某個大限田宅宮有華蓋就在家供神，則要審慎思考十年過後，換新大限，神位又是否該繼續供奉的問題。所以除非相當確定要供奉一生，否則不要因一時衝動而輕易供神，畢竟請神容易送神難。

【華蓋在福德宮】—華蓋在福德，表示和神明和宗教有先天緣，因爲福德宮乃命主累世的因緣果報的福報總合，故華蓋在福德表示累世以來命主就和神仙、宗教有緣份，除了可以學習並接觸宗教、武術相關的學問與行業之外，也表示對於修仙、修道很有天份，如潛心修練有成爲仙風道骨之方外高人的潛值。

【華蓋在父母宮】—華蓋在父母宮,除了父母或長輩中可能有人有宗教緣或五術緣，亦表示可以透過父母或長輩獲得與宗教或五術的緣份及契機，更値得注意的是，華蓋在父母宮適合認神明爲義父母或契孫，尤其如果同時先天命宮比較弱，或者疾厄宮比較差時，更需要認神明爲義父母，如此一來對於自己的行運才有幫助，

最後，補充給各位讀者一些關於台灣宗教與神明的小知識。首先，以信仰來說，判斷宮廟的主神以道教爲主還是佛教爲主，可從宮廟的名字辨別，如果名稱爲宮、壇、觀屬於道教的建築，而名稱爲寺或廟的則主神屬佛教。而爲何老師僅強調以何教爲主及主神屬於哪個宗教，主要原因在於，中國的宗教系統到後期佛與道融合度極高，幾乎快成一家，所以像龍山寺這樣的佛寺亦供奉道教神明「文昌帝君、媽祖、月老」，而道教的松山奉天宮卻也供奉「彌勒佛、觀世音菩薩」，正是這道理。

☆《天刑星的介紹與分析》

天刑於斗數中爲業力煞，與陰煞爲一體兩面，天刑爲陽業力煞，陰煞則爲陰業力煞。天刑顧名思義與刑罰官非有關，故斗數中有個格局名爲「刑囚夾印格」，最原始所指的是天相與廉貞和擎羊同宮，但後來有斗數前輩先進認爲天刑和天相及廉貞同宮一樣可視爲「刑囚夾印格」，因爲天刑一樣會帶來刑傷與官非。

所以天刑除了不能遇到化忌之外，也不喜遇到廉貞、巨門、六煞星以及白虎與官府這類星曜，因爲雖然白虎與官府是小星，但都有加強官非的磁場。此外，也不適合遇到桃花星又遇化忌，例如天刑遇貪狼又化忌，就要小心殺傷力極大的桃花劫或者因桃色而牽扯刑案與官非。

同時，由於天刑爲業力煞，故天刑主多，但業力與「多」有何邏輯關聯，可能令各位讀者思考不透，甚至覺得兩者應毫無關連，其實，天刑主多的原因就在，由於上輩子缺乏某樣事物而欠下業力債，導致這輩子天刑所在宮位代表的事物必須「呈倍數發生」，以彌補過去所欠下的業力債，例如假設天刑在官祿宮，就會使命主經歷較多工作，或者一生不管自願也好、被迫也罷，都可能學習到很多工作技能或輪調很多職務。故天刑如不遇容易發生官非的星曜或是忌星，善加利用亦有其驚人的優點。

▲天刑對於十二宮的影響

【天刑在命宮】—天刑在命宮，如遇忌星或六煞星，一生容易扯入官非或糾紛，即便沒有忌星，如無祿權科在命，則表示業力煞在命，一生容易過著能者多勞的生活。

【天刑在兄弟宮】—天刑在兄弟，表示兄弟人數可能較多，此外如遇忌星則可能兄弟扯後腿多，或因兄弟而扯入官非。此外，也可能會發生工作場合上的同事或合夥人出錯而害命主扯入官非或是非，或者容易工作上遇到小人。

【天刑在夫妻宮】—由於業力在感情，一生感情糾紛或是非較多，如遇忌星甚至可能遭遇桃花劫、恐怖情人、仙人跳，或因異性而扯入官非。

【天刑在子女宮】—由於業力在子女，一生子女或下屬的數量較多，但如遇忌星則容易遇到一連串的子女問題，一生也容易帶到豬一般的下屬，而使自己捲入是非與官非之中，同時也不適合合夥股東。

【天刑在財帛宮】—如天刑在財帛宮，遇祿權科則表示一生可發展多重財路，或多樣賺錢技能，但假設遇到忌星，則就需小心容易因財而惹上官非、是非。而如果又再與貪狼和廉貞同宮，在工作上千萬不能收受任何有賄賂嫌疑的財禮，如果是公務員更要杜絕任何有關貪汙、性招待的酬庸或情事，否則多半會因此而鋃鐺入獄。

【天刑在疾厄宮】—天刑在疾厄宮，由於業力在疾厄，所以身體的病症也會相對較多，並且一生刑傷也難免，遇忌星更驗，遇此狀況則喜祿科來解。

【天刑在遷移宮】—業力在遷移，表示一生需多到處奔波到處奔走，並且命遷爲一體，故添行在遷的人也是屬於能者多勞型的人，然而如果天刑在遷又遇忌星，就要小心容易出外遇到官非、血光、車禍、意外事故，所以如天刑在遷又遇忌星，最好少出門，同時應事先買好意外險、旅遊平安險，信用卡也盡量選擇有附加道路救援、平安險、醫療相關服務的卡片，以防發生意外時得以增加獲救機會。

【天刑在交友宮】—業力在交友，朋友人數通常較多，但如遇忌星表示損友多，也容易被閒雜人等陷害而扯入官非之中。而非常重要的觀念在於交友宮所主的範圍並不僅限於朋友，不認識的陌生人、路人甲也包含在交友宮的範疇之中，故天刑在交友友忌星一生就容易有無妄之災，哪怕是與你無關的路人都可能讓你躺著也中槍。如果各位讀者無法想像，老師隨便舉個例子，例如在路邊吃碗麵，剛好毒犯路過把毒品順手放入你的包包，毒犯前腳一走，警察後腳就現場臨檢，而你就剛好莫名的因路人甲遭受到無妄之災，扯入官非之中。

【天刑在官祿宮】—因爲業力欠債於官祿，命主很容易一生學習很多專長或工作技能，也可能一輩子做過的工作較多，或者在公司裡，容易變成十八般武藝樣樣接觸，例如同時要做網路行銷、網管、人資，有時還要支援現場服務、業務，在公司業務量大時搞不好還要活動企劃、貨物包裝，而使得自己需解決各式各樣的工作和任務，不論是否自願都會過著十八般武藝樣樣接觸的工作生涯。當然如果遇到祿權科，則有可能命主本身就有開創多重事業的能力，但如遇忌星，則會是工作上總有一波未平一波又起的麻煩事等著命主來克服或解決，抑或是爲了解決諸多難關而被迫學習很多技能。更重要的是要小心因工作而扯入官非刑訟與糾紛當中。

【天刑在田宅宮】—天刑在田宅，一般要處理的家務事較多，如果買賣房地產也容易經歷較多過程，但若遭遇忌星，則容易因爲房地產而捲入官非之中。

【天刑在福德宮】—天刑在福德宮，表示業力就在累世的因緣果報之中，所以一般運氣不會太好，除非遇到祿權科才相對較好，但如果遭遇忌星則內心會較爲不快樂、福氣也差，內心煩惱亦多。

【天刑在父母宮】—表示業力與欠債在父母與長輩，故一生和長輩的接觸與相處是課題，但千萬注意如果天刑在父母宮遇到忌星，一生要極度小心官非刑訟，以及因文書而起的法律糾紛，同時也絕對要避免，如果上司交付你有法律爭議的任務，即便有被開除的風險也絕對要拒絕，否則好一點的狀況是你與上司兩人共同承擔法律責任，差一點的狀況是成爲長官的代罪羔羊，而面臨官司與刑責的問題。

☆《天姚星的介紹與分析》

斗數中，天刑與天姚爲一組，兩者互在彼此的三方，天姚可說是斗數中的其中一大笑星，也是人緣星，同時也是桃花星之一。不過雖然與天相同爲笑星，兩者得性質卻有所不同，天相主貴，因此天相的笑是高貴的笑、典雅的笑，而天姚則是社交型的笑、較爲談天說地的笑。也因爲有此笑星特質，所以能爲天姚帶來好人緣。

除此之外，也因爲天姚的笑星特質使得天姚擁有較好的人緣與異性緣，使它成爲斗數中的桃花星之一，然而天姚的桃花會帶有一些動手動腳，如在與人相關的宮位，則該宮所代表的人物可能較有笑容或者較有人緣。

並且天姚在與天相同宮時又可代表毒品，尤其遇忌星時更驗，其中最怕命盤裡有刑囚夾印格偏又化忌同時又遇到天姚，如此一來，要是沾染毒品多半一定被逮，甚至鋃鐺入獄。並且如果天姚在夫妻宮遇忌星，更要注意桃花劫或仙人跳。

因此，天姚如善用其喜歡笑的特質定可成爲社交利器，反之天姚不喜遇到天相、廉貞、貪狼、羊陀、遇到化忌更需注意，這些都會使天姚的桃花引導到負面的方向，或者牽扯到官非和糾紛。

☆《陰煞星的介紹與分析》

前面章節提到天刑爲陽的業力煞，本節要介紹的陰煞，則是陰的業力煞，在明爲小人、在陰爲邪祟。天刑主要與官非、刑傷有關，陰煞則與小人與陰邪相關，由於陰煞爲邪祟、小人，故更不喜歡與巨門、廉貞這類黑暗駁雜的星曜同宮，將加劇陰煞的殺傷力，也提高犯到煞的機率。

常言道：「明槍易躲、暗箭難防」，如果天刑是明槍，陰煞就是躲在處放冷箭的小人或邪祟，因此處理起來比天刑更麻煩，又因爲陰煞多與無形界的陰邪相關，故陰煞如果出現在與人相關的宮位，例如父、兄、夫、子、友這類宮位則該宮所代表的人物，有可能會有比較怪里怪氣或陰陽怪氣的狀況，如遇忌星，更可能人生中的小人大多來自於該宮所代表的人物，譬如說父母宮裡有陰煞又逢化忌，那麼一生在學生生涯或者工作職涯中，經常會遇到陷害你或放你冷箭的上司。

如果命宮裡有陰煞，命主容易有莫名的擔憂或納悶，同時對於無形物的敏感度相對比一般人高出許多，而若是官祿宮有陰煞，則工作上容易犯小人，而如果是疾厄宮裡有陰煞，則一生容易犯煞或莫名不舒服，並且如果有此條件，如果遇到難醫難診，或久病不癒的問題，往往求神問卜都能找到解法，普通求醫相對績效不彰。

▲遇到邪祟別驚慌（教戰手冊）！

有關鬼怪邪祟，在陰煞不受忌星影響的情況下多半與你井水不犯河水，他過他的你過你的，但如果真的遇到了或者命盤中有犯煞的條件也別驚慌，老師教給各位讀者應對方案。第一，平時要事先預防邪祟傷害，最好的方法就是睡眠充足不熬夜，隨時保持神清氣足，邪祟就不容易影響你的意志，試想如果今天邪祟要找人附身，一個人精力充沛、神采飛揚，而另一位卻精神委靡不振，哪個被附身或陷害的機率大？第二，要經常保持燈光明亮，只要燈光不昏暗，多半邪祟也就無法作怪。

但假設真的不幸遇到，請注意千萬不要驚慌，甚至需鼓起勇氣與之對抗，同時如果命盤有撞煞條件，請隨身攜帶火蔥或蒜頭等能讓自己發熱的食物在身邊，遇到陰邪時立刻吃下可加速血行提高己身的能量，使陰邪退卻。尤其是遷移宮裡有陰煞的人更要做好相關的防護措施，否則出外很容易發生莫名其妙的意外，或者出門容易犯到煞或不舒服。

最後，如果是田宅宮裡有陰煞，那麼最好請供奉神明以制煞，而且最好是勇猛善戰能制煞的神明，例如關聖帝君、三太子這類神明。此外，平常居宅中要多點淨香，因爲淨香有助驅邪，絕大多數邪祟討厭有淨香的環境。另外，擺放八卦太極圖也有制煞的效果。

☆《紅鸞與天喜的介紹與分析》

紅鸞與天喜是斗數中的喜慶桃花星，兩者的關係必為對宮座，紅鸞為斗數中的指標性桃花星，如遇祿科多半有桃花，在命也較有異性緣，逢貪狼、廉貞、天相更是左右逢源桃花朵朵開，行限逢之也容易有桃花與姻緣，但如果年紀過小時逢紅鸞則多半只是人緣好而已，而不至於有太多火花。

而天喜相較於紅鸞，桃花的成分雖有卻相對弱很多，反而天喜的性質比較偏向喜慶，故如果大限逢紅鸞天喜又遇桃花星及祿科輔助，則該大限成婚的機會不小，反之如果遭逢忌星反多生事端，不僅如此還容易因異性而惹出糾紛。除此之外紅鸞不喜碰擎羊，不僅容易使好事落空，還容易引發血光與災厄。

由於紅鸞天喜主異性緣與桃花，故遇祿科的情況下喜入命宮、遷移、官祿，而反不利於他宮，此外也不太適合在夫妻宮，容易因桃花而招惹不必要的糾紛，此外就宮性而論，在其他條件不變的前提之下，紅鸞天喜在子、午、卯、酉的桃花力道最強，寅申巳亥次之，辰戌丑未最弱，邏輯在於子午卯酉為天位又是桃花位，故鸞喜在此正得其位。再來，寅申巳亥為四馬地，雖力道不及子午卯酉，但四馬地主變動，一樣有活化紅鸞天喜的效果，故四馬地的力道次之，最後辰戌丑未由於是墓庫地，墓庫主收藏所以會收斂鸞喜的桃花性質，故桃花力道最弱。

▲紅鸞、天喜中年以後遇到反主凶的論點

紫微斗數的學問中流傳一種說法，認爲中年以後遇到紅鸞、天喜並不主喜慶反而主血光或災禍反爲凶，關於這項論點，雖然紫微斗數古籍未提出具體理論根據，但老師推測可能的原因在於，古人大多少年時代就成家，十五六歲娶妻生子不算少見，而如果到中年四十幾歲還遇喜慶，則代表多半配偶早逝，故才需中年續弦，因此論凶不論吉，但這部份僅是老師的推測，至於實際究竟如何，也歡迎有興趣的讀者深入研究。

▲三重鸞喜桃花力道驚人無比

理論是死的，命盤卻是活的，要觀看自己桃花力道的強度，除檢閱本命盤紅鸞天喜的條件之外，進一步活用，尚可將大限鸞喜、流年鸞喜也列入分析，假如某一大限紅鸞入命，此時又正好大限紅鸞也剛好入命遷，流年紅鸞也入命遷，則該流年等於會集三盤紅鸞於一身，桃花百花盛開擋也擋不住，但先決條件是不能遇忌星或權星破壞，尤其以忌星最爲嚴重，被忌星破壞，則變成桃花千百朵，卻凋零花謝花滿天，隨風飄散不復返。

☆《龍池與鳳閣的介紹與分析》

龍池與鳳閣爲斗數中一組貴人型的助力星，龍池主男性助力、鳳閣主女性助力，由於龍鳳兩星爲搭檔，故兩者最好同宮或夾命，或者在命遷，最差也應該在本命三方才算有助力，彼此分開作用極低，而有龍池鳳閣在命的人一生多有人幫助，不過有人相助也要知珍惜，否則容易使貴人失去幫助你的熱誠。

再來，龍池鳳閣在命的人，多半外表體面或長相俊美或漂亮，即便不是帥哥美女看起來也有型或者乾淨，當然這些狀況主要以不遇忌星以及不遇六煞星的情況下較可能發生，並且以遇化科更顯命主之斯文俊秀。

再次，龍池鳳閣猶如左輔右弼一般是助力星，故兩者最適合入命、財、官三宮，或者夾命財官，倘若跑到疾厄、交友、子女，則暴殄天物浪費助力。並且，既然和左輔右弼一樣爲助力星，相對也表示如果遭逢忌星，原本幫你的人容易越幫越忙，或者成事不足，敗事有餘。但假如龍池與鳳閣夾命，而夾命的兄弟宮和父母宮都有祿權科，反而本命爲忌星，如此一來，就如同身邊有強大的長輩與親友團拱扶，但自己本身卻能力不足，此時需多自我加強，提升自我格局，方能邁向成功，而不至於左有孔明、右有趙雲，卻失去大好江山又樂不思蜀。

☆《天才與天壽的介紹與分析》

天才與天壽兩顆星雖爲影響力較低的小星，但仍對於命主的命格多少有加分的作用，一般天才在命宮的人，如果命宮內本身就有科星拉抬，則才能或才華卓越，而且小時後就能明顯令人感覺出過人之處。即便命宮沒有科星拉抬，也多少有些小聰明或聰明才智。同理，如果天才出現在與人相關的宮位，則該宮所主的對象多少有些小聰明，格局夠大也較有才華和才能。而如果出現在與事物有關的宮位，則主命主對於該宮所主事物的相關專業有一定程度的天份，不過由於天才只是小星，故如果該宮的主星本身力道不足，有天才相伴也不過杯水車薪罷了。

但即使天才與較爲聰明有才華的星曜在一起，仍要注意，聰明可分做兩種，第一種爲智慧，第二種爲巧智，何謂巧智？用台語的「奸巧」理解更能一針見血，如將天才用於滿足私慾與做惡，那天才也不過爲虎作倀罷了。因此如命中有天才，更要自我要求將自己的才能用於正途正道，方爲高格局的大人物！

至於天壽，顧名思義與壽命和健康有關，因此最喜出現在命宮和疾厄宮，對於身體健康與壽元有加分的作用，如入與人相關的宮位，則代表該宮所主的人事物健康或壽元能較有福氣，但仍需注意，天壽與天才一樣僅是小星，如果命宮和疾厄宮本身的主星屬凶，或者被忌星所破，有天壽也不過猶如蚍蜉撼樹徒勞無功。

☆《咸池的介紹與分析》

咸池也是斗數中的桃花星，同樣是桃花星，咸池的味道有點不同，咸池所主的桃花爲肉慾桃花，在易經中咸爲「感」的代表字，因爲咸字再加上心就是「感」，故充滿男女情愛的意涵，而感情萌發、春心蕩漾正是催發肉慾桃花的前提與重要條件，因此咸池所主的桃花爲肉慾桃花。

也因此咸池所代的桃花大多有色情、貪色的味道，故如遇桃花星再加忌星，遭遇仙人跳、騙色事件、桃花劫在所難免。不過如遇情慾較爲旺盛的星曜組合例如武貪，又剛好所伴隨的星曜爲祿科，則夫妻可夜夜春宵、盡享魚水之歡。

所以，如咸池在遷移，表示經常出外、出國容易有肉慾桃花，如在命又遇桃花星則慾望較高，而在不考慮主星組合的情況下，與人相關的宮爲中有桃花，多半表示該宮所代表的人物色慾較高，或者命主容易與該宮相關的人物發生男歡女愛，但在此老師還是要慎重叮嚀，是否發生肉慾桃花或有魚水之歡，仍要參考整張命盤與行運的盤勢條件，切勿因爲看到本章節就杯弓蛇影，看到黑影就開槍。不然要是因爲本篇造成讀者夫妻失和、互相猜忌，就大非老師的本意了。

☆《官府與白虎的介紹與分析》

官府與白虎這兩顆星並非像昌曲、輔弼、龍池鳳閣是成雙成對的組合星，但爲何老師將它們歸納在一起講解，理由在於這兩顆星都是主官非與刑訟的小星，儘管他們不是主星，也沒有天刑的份量，但兩者如遇忌星或官非相關的星曜，仍足以火上加油，將凶運擴大，使命主更加重創。

其中官府星正如字面，逢之就容易對簿公堂沾惹官非，如遇廉貞、巨門、天刑和忌星更驗，遇到太陽化忌亦然。故官府星宜遇祿科來解，方能平安無事。反過來說，如官府遇到祿科，又逢廉貞或巨門，不論在命及在官，反而都適合從事與司法、警政、官司相關的工作，不但適才適所還能展現天份。

而白虎主傷害、刑杖、刑傷，所以斗數古文中經常描述遭逢白虎刑杖難逃，相較於官府，白虎的負面意含更多，故如白虎遇廉貞、巨門、天刑、化忌，則不但容易有官非，更嚴重還可能會被刑求，或在監獄中被毆打、傷害…等等，而命主被傷害的程度尤其又以白虎遭逢擎羊、火星、武曲化忌最爲嚴重，而在古代，衙門可公然用刑，就容易被刑杖或刑具伺候，故白虎如遇上述星曜，喜祿科來解，較能平安順遂。

因此，若要反過來善用白虎的特質，則如果白虎在命或官擔任行刑人員與監獄管理人員則可充分發揮白虎的特質。

☆《三台與八座的介紹與分析》

三台、八座為斗數中的助力星，延伸自左輔右弼，故兩者同樣具有拉抬、輔助之效，然而三台與八座和左輔右弼不同之處在於，兩者為互補組合，猶如引擎與輪胎，不論少任何一者都無法讓汽車得以行駛，故而三台與八座最好能在同宮或夾某一宮，再次是能互相座落在對宮，最低底線也至少要能在三方中互相拱扶，否則三台與八座如分開無交集則猶如廢物，毫無作用。

既然三台、八座為助力，但凡能幫助命主的人事物，皆屬三台八座的範圍，而不僅僅只局限於貴人，所以如果命主所從事的工作需經常跨公司、跨團隊合作，以及工作績效與成敗經常要依靠外在因素，則有三台、八座相助可相對順利許多。

所以，三台、八座最好夾、座、照命宮或官祿宮，工作與事業較容易一帆風順，如果三台、八座出現在財帛宮，則表示賺錢求財較可遇到助力事半功倍。此外，如兩者出現在與人相關的宮位，則表該宮所主的人物較能得到助力。再來，三台八座如出現在遷移宮，則表示人生的助力需經常出外方能獲得，並在其他條件不變的情況下，往外地發展較能獲得助益，發展也較為順利。

最後，三台八座對命盤貢獻度最差的宮位為疾厄宮，將助力灌注於疾厄，有如焚琴煮鶴，浪費命盤的寶貴能量。

☆《孤辰與寡宿的介紹與分析》

孤辰與寡宿，星如其名，代表著孤家與寡人，而孤辰寡宿同樣爲一組星，其中孤辰爲陽孤、寡宿爲陰孤，故而孤辰對男人的影響力較大、寡宿對女人的影響力較鉅，但不論何者皆主「孤家寡人」或「孤獨感較重」。

爲何老師要將「孤家寡人」和「孤獨感」兩件事分開討論？因爲兩者的意含深入探討有所區別，通常命主孤家寡人容易產生孤獨感。但有孤獨感卻不一定要孤家寡人才會引發。命盤的分析需綜觀整張命盤的條件方能下定論，打個比方，如果某張命盤，命主既有左輔右弼拱命、又見文昌文曲夾命，可說眾星拱月，即便命中有孤辰寡宿，又不足以影響大局。那麼這樣的矛盾情況，孤辰寡宿對於命主會產生何種影響？以星性邏輯深入推論，就可論斷爲，命主雖然因爲輔弼昌曲而眾星拱月，但由於孤辰寡宿的影響，將使命主產生「相識滿天下、知心無幾人」的孤獨感。

此外，如命宮主星本身就屬較孤的星曜，例如武曲、天機、紫微，則遇孤寡將更顯孤獨，故如在遇忌星一生有關社交與桃花相對遇到的障礙也較多。不過相對有孤寡兩星較利於宗教、修行等身心靈的活動。甚至有利於僧道、修仙。此外，由於孤寡在命宮三方的人，如不遇左右昌曲或祿科，則助力較少，樣樣都需自己來，所以相對只要命格不差，自身能力多半不錯，且工作上十八般武藝樣樣精通。

▲孤辰寡宿對於十二宮的影響

【孤辰寡宿在命宮】—孤寡在命宮容易孤獨感較重或形單影隻，如遇性質較孤的星則不容易朋友成群，感情姻緣所遇的阻力也較大。並由於孤辰主男、寡宿主女，故如男命遇孤辰的人，會比遇寡宿者更孤更獨。同理，女命遇寡宿的人，會比遇孤辰者更孤更獨，更容易孤家寡人。

【孤辰寡宿在兄弟宮】—孤寡在兄弟宮，則兄弟中有人性格較孤或者喜獨來獨往，另外也可能表示兄弟對自己的幫助較少。

【孤辰寡宿在夫妻宮】—孤寡在夫妻，則感情桃花要開花結果較難，如要求姻緣，難度相較一般人也較高，如遇祿科來解方能化險爲夷。

【孤辰寡宿在子女宮】—孤寡在子女宮，則子女中有人容易性格較孤或有孤獨感，並由於孤辰主男、寡宿主女，故子女宮內有孤辰對兒子的影響較大，反之如爲寡宿，則對女兒的影響力較大。

【孤辰寡宿在財帛宮】—孤寡在財有兩種可能，一者爲求財賺錢比較不容易賺群眾之財，一者則是命主的財路或進財管道較少。

【孤辰寡宿在疾厄宮】—疾厄主內性，所以孤寡在疾厄的人，孤獨感通常比較內隱，而不外顯，同時命主應盡量自我要求不因孤獨而產生負面思考，否則容易對身體健康造成不良影響。

【孤辰寡宿在遷移宮】—孤寡在遷移，則表示如經常出外則孤獨感較重，或是容易形單影隻，年老時孤獨感亦會比較重。

【孤辰寡宿在交友宮】—一種可能爲所來往的朋友比較獨來獨往或者個性孤獨，另一種可能爲朋友比較少。

【孤辰寡宿在官祿宮】—孤寡在官祿，多半工作上較不適合團隊合作，也較習慣獨力完成任務，所以較適合可以單兵作業的工作。

【孤辰寡宿在田宅宮】—孤寡在田宅宮，容易發生房地產數量較少，或者在家容易產生孤獨感，或者家庭成員彼此互動不怎麼熱絡。

【孤辰寡宿在福德宮】—孤寡在福德宮，則內心深處會有潛在的孤獨感，只是不常表露於外，而另一種可能爲，天生較喜歡安靜，不喜歡人來人往，喜歡享受一個人單獨靜默的感覺。至於孤寡在福德帶給命主的內心感受是好是壞，則需由四化來評斷。

【孤辰寡宿在父母宮】—孤寡在父母宮，一生容易遇到比較孤獨的長輩，甚至父母之中也可能有人性格較孤。此外，如第二大限走到父母宮，則學生時代很容易成爲獨行俠，或者喜個人完成各項作業。

☆《天哭與天虛的介紹與分析》

天哭與天虛兩星是斗數中的哭星，故行限逢之容易有喪事或悲傷事，同時如果遇到喪門則發生喪事的機率更高，故如果哭虛座落在父母宮又逢化忌，偏偏行運又是順行運，那麼命主就要留意很可能年輕時父母輩就有人發生喪事，或者命主也容易少時就失去父母，而造成行運的情緒陰霾。

然而哭有分很多種，有嚎啕大哭泣不成聲、有感動落淚及因情而哭、有血淚交織大聲哭喊。要判斷命主容易出現哪一種哭泣方式，就需分析命主的四化，如果哭虛遇上化祿，則頂多是沒笑容，不至於大哭。若遇到權星則容易因情緒而大哭一場，接著如果是遇哭星則屬多愁善感、因感觸而落淚。最後如果是遇化忌則容易嚎啕大哭泣不成聲。

故而，假如命主所走到的大限剛好遇到哭虛，尤其如果又遇化忌，則第一要務爲，檢查自己家中親朋好友的命盤，看是否有災禍、車關、傷病的可能，如果有相關的凶厄，則需提早預防，否則如命主的行運有哭虛，恰巧命主家人的命盤又有災病的凶應，據老師實務觀察，通常事情演變到最後，都容易變成相關親友蒙主寵召，因此不可不慎重以對，而哭虛的影響力以在同宮或互在對宮影響力最大，其次爲夾，最後是兩星在三方，如僅遇一顆，則力量減半。

☆《冠帶、沐浴、封誥、台輔的介紹與分析》

冠帶，顧名思義「冠帶雲集」，如逢官帶又遇祿權科，則容易有功名、立功、喜慶等值得慶祝的佳音，但由於冠帶只是小星，只有錦上添花之功，並無主宰功績之效，故如果與冠帶同宮的主星本身力道不強，或遇化忌，綜有冠帶也不值一閱。

再來，沐浴為斗數中的小桃花星，沐浴如遇桃花星則容易有豔遇，但沐浴並不像咸池一樣帶有過重的肉慾桃花，頂多只能稱做略帶肉慾桃花。

接著，封誥此星，星如其名帶有功名、晉升、表揚、封賞的意思，在中國古代唯有建功立業以及升官才能受封加爵。同時古代對於女性的封賞稱作「誥」，因此古代受封為「誥命」是對於女性的極高尊榮與封賞。也因此，在命盤中遇到封誥，則容易有升官嘉獎、得獎得功名的吉運，不過由於封誥為小星，如果與封誥同宮的主星本身力道不強，或遇化忌，封誥也一樣無用武之地。

而最後，談及台輔，台輔的性質比較接近獎狀、獎盃、獎牌，在環境上也可能為高台或牌坊、牌樓，因為有獎狀獎盃的性質，因此命、官或行運逢之，則有拿獎盃、得名的機會，如果各位讀者的職業是經常需要比賽，則遇台輔加持的行限流年或有得獎機會，可是由於台輔是小星，力量低微，所以只有同宮主星格局夠強時方能發揮作用、大顯神威！

《斗數小星章節思考題》

1.天馬具有奔馳、驛動的特性，那麼天馬是否有直接跟現實中的馬匹直接相關的特質？例如什麼樣的條件下天馬可引申爲賽馬場，而且命主還可因此賺錢？

2.華蓋既然稱作小文昌，那麼華蓋對於考運是否有幫助，或者什麼樣的條件下華蓋能對考運有幫助？怎麼幫助？

3.華蓋與宗教和神明有緣，但要從何判斷命主和哪個宗教或哪一尊神比較有緣？

4.一般到宮廟拜神爲何要燒金紙？爲何宮廟的中間正門不能直接跨足而入，而要走右手邊的門？

5.前章提到擎羊+天相+廉貞可稱作「刑囚夾印格」，天刑+天相+廉貞也可稱作「刑囚夾印格」，而介紹天相星時，曾提到天相能制擎羊之惡，那麼舉一反三到同樣化氣爲刑的天刑，是否天相也仍可制天刑之惡呢？

《斗數小星章節思考題》

6. 天姚爲桃花星又爲笑星，那麼如果天姚同時又與天哭、天虛同宮時，又當何解？

7. 陰煞在明爲小人，在暗爲邪祟。那麼如果陰煞卻恰巧與象徵神明的華蓋同宮，究竟是吉？是凶？抑或是另有解讀？而此時華蓋是否還有能力剋制陰煞？

8. 如果不幸真的因爲陰煞而受驚，除了嚴重到需要到廟裡收驚之外，有何方法可以自行收驚？此外，何以廟裡收驚有些人有效有些人無效？

9. 紅鸞天喜爲桃花與喜慶星，那麼是否可從紅鸞天喜看出力於從事婚友社或婚姻仲介的條件？

10. 咸池爲肉慾桃花，但如果咸池偏偏遇到天機、空劫等利於修行的清奇之宿，如此矛盾的組合又會在命盤上產生怎樣的交互作用與化學反應？

《斗數小星章節思考題》

11. 白虎與刑傷、刑杖有關，與六爻卦中的白虎有類似意含，但文王卦中有關六神的架構非常完整，不但有大家耳熟能詳的青龍、白虎、玄武、朱雀，還有勾辰和騰蛇，然而紫微斗數中的神煞卻只引用青龍與白虎，卻不見玄武、朱雀更不見勾陳和騰蛇？理由何在？

12. 孤辰、寡宿爲孤星，但如果命主的格局非常適合當領導者，但偏偏逢孤寡又無輔弼、昌曲來拱，那麼有何解決方案能使命主得以順利擔任領導者？

13. 前述提到哭虛遇化科爲多愁善感、因感觸而落之淚，而遇化忌則爲泣不成聲、哭倒在地，那麼如果哭虛同時遇到化科+化忌，又當何解？

八、紫微斗數與命理十八問答

從民國六十年代起，紫微斗數的風氣逐漸超越八字成爲華人命理界的顯學，各門各派更是百家爭鳴，新舊論點此起彼落，各種創新見解前仆後忌粉墨登場，你方唱罷我登台。形成斗數界空前的學術思潮。

知名思想家笛卡爾曾說：「我思故我在」。儘管各門各派有其堅持與見解，但不管任何論點，皆需思考推敲其邏輯與合理性，並存在思考、懷疑、批判的精神。知其然更要知其所以然，否則毫無意義。

所以本章，老師將自己過去論命經驗中所遇到之「問命者與學習者經常犯的誤解與迷思」，統整出十八項最容易令人誤解的斗數錯誤及問題進行分析，讓各位讀者在學習斗數的過程中避免走同樣的冤枉路，並且未來閱讀各種斗數書籍也能思維清晰，辨別出各派理論的真僞與合理性，而不會人云亦云被書本唬得一愣一愣。

更重要的是，本章所列出的問題，多爲實務上問命者經常問的問題，如各位讀者有人未來的志願爲命理師，多半也會遇到相同的疑問與質疑，閱讀本章的十八問答，未來遇到相關的疑問便能輕鬆迎刃而解！

☆問題一：能否從兩張命盤中看出對方是不是我的『正緣』？

經常在斗數版上，有很多人會拿自己心儀對象的命盤來問：「請問老師，我跟這個人能不能修成正果」？基本上老師都會回答他，這是屬於『占卜』的範圍！

如果各位讀者在坊間有看到書籍寫說可藉由雙方命盤看雙方能不能修成正果，基本上是唬人的。之前在斗數版上有版友進一步向我請教合盤的問題，他問道：『不懂占卜的範圍爲何，原以爲兩張命盤看是否是正緣屬於合盤，這部分還有勞大師專業的指教』？

這時老師的回答直接切入核心，斗數無法看兩張命盤是否彼此爲正緣，基本上這是邏輯上的問題。理由很簡單，如果你的問題是『能不能追到這個女生』，這問題若是屬於紫微斗數的論命範圍，則會產生一個邏輯上的盲點。

假設今天真的能用斗數看出你可以追到「七十五年八月十日巳時出生的這個女生」，此邏輯一旦成立，換言之同理可證，全國跟這個女生同樣一張命盤同時出生的女人你也通通都能追到。再反向思考，如果看兩張盤可以論斷你追不追的到對方，假設追的到，也就同時按此邏輯，全國和你同時出生同一張命盤的人，也都能追到這個女生，因爲命盤的條件都一模一樣。看到這，你覺得合邏輯嗎？

所以舉凡『我能不能追到這個女生？』、『這個人是否是我的正緣？』皆屬占卜類的問題，而非斗數的論命範圍！並且如果還要更進一步探討，以民國七十五年出生的新生兒來說人數大概三十一萬人，以數據分析佐證，答案自然一目瞭然：

也就是說，民國七十五年，平均會有35到36人的命盤會是完全一模一樣！所以如果光看兩張盤就可以論斷出對方是不是自己的真命天子或真命天女，或者雙方能否修成正果，這樣的邏輯如果成立，表示跟你同一屆其他和你命盤條件完全相同的36人也都能追求到你喜歡的對象。很明顯不合邏輯。

一年 365 天，一天 12 時辰，則民國七十五年出生的新生兒約 310000 人，則擁有同一張命盤的人數平均爲:

310000 / 365 天 ＝ 約 850 人

850 / 12 時辰 ＝ 約 71 人

接著別忘記一個細節，斗數又分男命和女命，所以算出約 71 人後還要再除以 2，才是擁有同張命盤的平均人數。

71 / 2 = 約爲 35~36 人

由此證明，以 75 年次的人來說，全國平均有 35~36 人和你擁有一模一樣的命盤、完全相同的八字~!!

☆問題二：斗數合盤主要在看什麼問題？

接續問題一，求知慾較高的版友更會進一步問：「老師，你說看兩人是不是正緣以及是否能追求到對方，這種問題屬於占卜的範圍，那麼斗數所謂的『合盤』主要是在看什麼問題」？

關於這問題，紫微斗數中所稱的合盤，主要並非在論斷對方是不是你的正緣，而是在論斷『兩張命盤是否彼此適合』！也就是，斗數合盤主要的重點在於評估男女雙方命盤的適合度，而不是兩人是否爲正緣，因爲「是否爲正緣」跟「兩人適不適合」是兩回事，是獨立的兩個邏輯命題。在現實上更存在四種可能的邏輯狀況組合：

(1)兩人命盤彼此適合、並且也是正緣—(天造地設的佳偶)。
(2)兩人命盤彼此適合、但雙方不是正緣—(有緣無份擦身而過的兩人)。
(3)兩人命盤彼此不適合、但雙方是正緣—(怨偶一對)。
(4)兩人命盤彼此不適合、雙方也不是正緣—(毫無交集的兩人)。

因此，適合度與是否爲正緣深入分析是不同的核心問題，故紫微斗數合盤主要在於解決『兩人適不適合』這個關鍵問題，而非對方是否最後能和自己成爲夫妻！

☆問題三：能否從命盤中看出我想去應徵的工作明年是否會開缺？

在老師論命的顧客中，曾有人因爲準備參加正式教師甄試，而詢問：「請問老師，我明年想去應徵台北市某某高中的英文老師、高雄市某某國中的公民老師，能不能從我的命盤裡看出這兩間學校明年會不會開缺」？

老師的答案是「沒辦法」！理由很簡單，因爲問公司或學校是否會開缺也是屬於「占卜」的問題，屬於個人命運之外的獨立事件。紫微斗數在五術中屬於『命術』的範疇，也就是斗數所討論的範圍，主要聚焦於和「命主一生命運」直接相關的分析，然而某某公司是否會開缺這樣的事情，與問命者的命運並無直接關聯，試問某公司是否會開缺與「你這個人」有何直接關聯？與這件事直接相關的因素，應該是該公司的業務需求、經營策略、人事穩定度這些直接影響職缺的變因。因此是否會開缺這種問題需以占卜的方式直接針對問題進行卜測。

歸結一個重點，斗數與命術所討論的範圍在於與命主一生直接相關事物的運氣起伏，而占卜則是針對一個獨立或單一事件的問題進行卜測。兩者最大的分野在於，命術所探討的範圍一定要和命主本人直接相關，但占卜可討論的範圍爲事件，所以不需要和命主本人直接相關，故即使是占卜天氣、國家大事這類與命主無關的事情亦可。

☆問題四：命理中有某些命格不能吃牛肉的說法，究竟有沒有根據？

相信各位讀者一定聽過命理上有關於某些命格禁吃牛肉的說法，但是這些說法往往眾說紛紜，有些命理師說某些命格吃了會破格，有些說考試會因此落榜，那麼究竟以命理的角度而言是否真的有被認爲不適合吃牛肉的命理條件呢？如果有，理由何在？

（八字方面）—首先命理上會建議說不能吃牛肉，在命理方面，八字學主張命帶『魁罡』的人不能吃牛肉，何謂魁罡？就是指生日是『戊戌、庚辰、庚戌、壬辰』這四天出生的人。而出生的年月日時的八字中上面這四組天干地支出現越多，則越不宜吃牛肉。理由在於，據八字的說法命帶魁罡的人大多脾氣硬且多有將風將氣，故個性也較剛強，如果吃牛肉會將剛硬特質烈化，脾氣

(圖片擷取自網路)

也會變差，甚至老師的考證發現，有魁罡的人吃牛肉更容易做出許多衝動性的決策，自然行運就會不好、投資運也會因爲衝動性決策而導致投資失利與破財。當然這只是一種說法，各位讀者也可進一步加以驗證。

(信仰與習俗方面方面)─除了大家熟知的務農家庭不吃牛肉的理由之外，台灣民間不乏有關聖帝君的信仰，而關聖帝君的信仰裡有一條就是「不食牛犬馬肉」，原因在於這些動物爲人效力，道義上不應忘恩負義。而跟考生息息相關的信仰，則是有一說法提到有些命格的人吃牛肉考運會變差，理由在於牛是文昌帝君的坐騎，所以食耕牛的人得不到文昌帝君的庇佑，自然考運低迷。當然以上都是民俗信仰，信者恆信，參考就好！

(命理與文化方面)─在中國的文化中，牛在五德中主「仁」，所以有些命理的說法認爲吃牛肉會降低人的仁義與仁德修養，所以反對吃牛肉。當然上面這些有些只是習俗文化，至於吃與不吃與相信與否還是看個人。

☆問題五：紫微斗數或八字能否算出有幾個兄弟姊妹或子女？

有些學習命理的人都曾有過相關的迷思，認爲論命就應鐵口直斷，所以不論是兄弟姊妹人數、子女數都應該能精準無比一目了然，如不能準確說出人數如何能稱得上是準？然而實際上紫微斗數與八字最多只能推論某個人兄弟姊妹的人數相較於他出生年代的其他家庭，普遍偏多或是偏少，而無法斷定人數，因爲命理所能分析的內容爲意象與趨勢，而非確實的數據。但凡量化皆只能蓋略推估。

然而如果沒有任何推論邏輯與實例，光提出這論點說服力明顯不足，故老師就以我們中華民國與對岸大陸爲例，這項迷思就能輕鬆破解。首先，如果依據命盤就能論斷某人的兄弟姊妹人數，則按此邏輯，每個同年同月同日同時出生的命盤，理當兄弟姊妹人數應該完全一樣，並且是不管出生在任何國家都應一樣。

因此假設有兩張完全相同的命盤，一張出生台灣、一張出生大陸，如果前述邏輯成立，理當兩人兄弟姊妹人數一樣，但實務上眾所皆知，大陸過去幾十年間採用「一胎化政策」，在此同時，台灣的生育政策卻是「兩個孩子恰恰好，三個也不嫌少」！因此在民國七八十年代，家中有兩三個兄弟姊妹非常正常，但中國大陸則強制就是一胎，所以實務上經常出現，同一張命盤台灣人有兄弟姊妹，大陸人卻是獨生子這樣的狀況。由此可見，兄弟姊妹的人數無法以斗數或八字論斷出精準的數字，否則就不會存在同張命盤但因國家不同而產生差異的狀況。

同樣的道理，子女人數也一樣，斗數與八字可從命盤的盤相看出子女人數相較其他家庭偏多或偏少，而無法準確給與正確數字，且同時還需參考時代背景加以論斷，方能準確評估。例如看到某人的子女宮很熱鬧，又有輔弼又有昌曲，以現今民國一百年以後的社會狀況，老師會論斷此人子女人數不算少，大概可生三個以上。但如果同樣一模一樣的命盤，可是時空背景是民國四十幾年，老師雖然一樣會論斷此人子女頗多，但在人數方面老師可能會改口爲大概可生五六個以上！

形成這樣的差異，主要關鍵在於時代背景，即使六十甲子一循環，每六十年一定會出現一模一樣的命盤，但時代背景的不同就會造就不一樣的人生，前者老師論斷三人的原因在於民國一百年，由於台灣經濟衰退、年輕人痛苦指數高，多得是無力負擔養兒開銷的家庭，形成少子化趨勢，故年輕家庭能生到三人已是非常難得。反之六十年前出生的四年級生，由於成家立業的時間點大多在民國六七十年台灣經濟奇蹟，號稱「台灣錢淹腳目」名列『亞洲四小龍之冠』的輝煌年代，由於經濟富裕在當下普通家庭有兩三個小孩幾乎爲常態，故同一張命盤如要論子女人數多，標準訂於五人，方能讓當代的父母感到認同。

☆問題六：在國外出生的人，論命時間是否要換算成中原標準時間？

老師過去論命的經歷中，只要遇到國外出生的命主，不乏會有人詢問到是否國外出生的人，命盤時間需換算時差，換算為中原標準時間方能進行論命。關於這問題答案是「不用」！理由很簡單。

(斗數的角度來看)—舉個例子，在斗數中，一個最簡單的例子「太陽星」，太陽星正如我們現實中的太陽一樣，白天時能量最強，到晚上時能量衰退，所以太陽座命的人，晚上出生命格會比較無力。因為晚上時太陽的能量衰弱，但是如果一個人在美國的白天出生，此時太陽的能量如日中天，難道你可以說：「因為換算成台灣時間是晚上的緣故。所以在美國中午出生的太陽星寶寶，屬於命格失輝的太陽嗎」？當然不能！因為此時當地太陽的能量實際上是如日中天，所以命理上，時空因素應以當地現場的情況為依據標準。

(風水的角度來看)—以風水的角度論證亦然，風水與命理在運用天干地支時，巳午屬火，主夏日、極陽、炎熱。但是，如果你替南半球的人看風水時，依然抱持死原則，則會鬧笑話，因為南半球的五到七月是冬天，很多風水原則也要因此而改變，例如「龍怕鬧、虎怕臭」。這個風水法則就與北半球中國人的建屋習性跟季節更替習習相關。但是同樣情況如果用在澳洲，則不可行。

但國外的出生資料仍然有些需要留意的關鍵，否則依然容易論錯命盤。其中最需注意的重點就在「即便同一行政區仍存在巨大時差」！台灣不容易發生時差校正的問題主要在於台灣地理狹長又在低緯度地區，所以全島的時差僅在八分鐘以內，並不造成過與巨大的影響。但是國外的狀況卻相對複雜許多，經常存在隨便一個洲就比台灣大數倍，偏偏又東西幅員廣闊，造成即便在同一洲出生，仍存在不少時差，有時甚至可能差到將近一小時左右，尤其在緯度越高的國家越嚴重，因爲時區是以經度爲劃分標準，如左圖所示地球越北的地方，每條經度線彼此的距離就越近，也就是同樣寬度的國土，地處越高緯度，將被越多經度線所分割，然而經度每十五度就差一小時，越多經度線通過就表示國土橫跨的時區越多，關於時差的校正就需越精細，否則就容易發生出生在同一洲，但是出生證明時間與實際地理時間存在落差的問題。

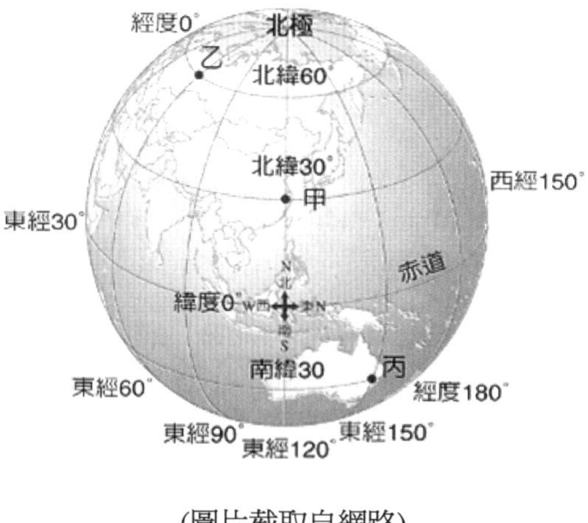

(圖片截取自網路)

☆問題七：命理能否算出重大天災或國運？

每當重大選舉時，電視媒體總會報出命理師對於選舉或國事的預言，每每成爲選前的熱門話題，屢試不爽。好奇的讀者也一定不禁想問：「請問大師，那麼命理的眾多學問中是不是真的有可以預測天災或國運的學問呢」？

答案的真相是—五術中的確是有針對重大事件做預測的學術，這方面的學問主要以星象學與太乙神數爲主。而如果各位讀者有興趣可以研究由「袁天罡、李淳風」所著的『推背圖』，推背圖的原理就是以觀星斗的變化融合易經卦理預測未來，推背圖是唐代初所完成的著作，但卻連後代的武則天篡唐、朱塭叛唐、明成祖靖難奪建文帝皇位都完全說中。

(2016 年命理師選舉預測新聞)

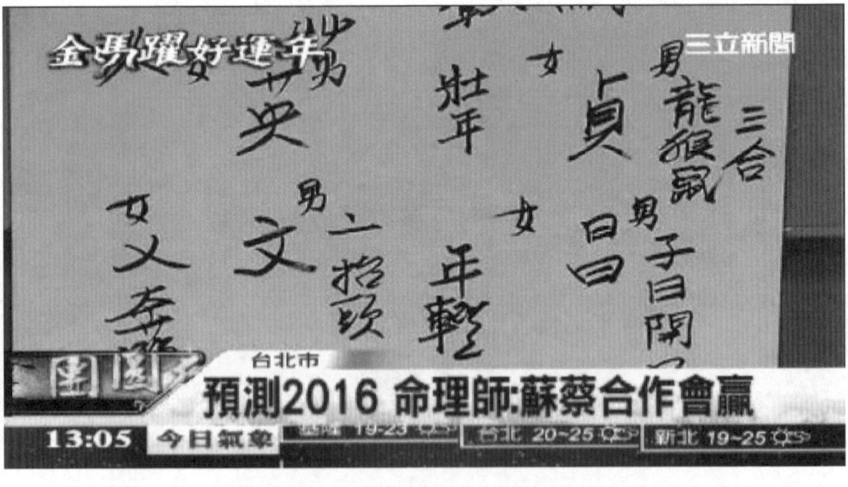

(圖片擷取自網路-三立新聞)

但由於歷朝歷代的統治者害怕民間有人從推背圖中事先預知朝代何時衰弱動亂，密謀佈局造反，到後來皆被各朝皇室列爲禁書，直到八國聯軍攻入北京才流出。

以推背圖所預言的歷史事件，如下面右圖的第三象讖圖就是預測武則天稱帝的歷史，推背圖第三象提及：

讖曰：日月當空，照臨下土。
撲朔迷離，不文亦武。

頌曰：參遍空王色相空，一朝重入帝王宮，
遺枝撥盡根猶在，喔喔晨雞孰是雄？

而日月當空指的就是武則天，因爲武則天的名字正爲武「曌」，洽爲日月與空的組合，照臨下土則是指武則天得帝位，然而女性掌權陰陽顛倒，使李唐政局形成撲朔迷離的局勢。而頌文中的「晨雞孰是雄」，更道出牝雞司晨的政局。故

（明朝滅亡）	（武則天稱帝）
 推背圖第32象	 推背圖第3象

金聖歎的評註爲：「此象主武曌當國，廢中宗於房州，殺唐宗室殆盡。先武氏削髮爲尼，故有參遍空王之句。高宗廢后王氏而立之，故有喔喔晨雞孰是雄之兆」。

再來，左邊的這張圖是爲推背圖第三十二象，其中預言的歷史正是闖王李自成攻破紫禁城，明朝從此滅亡的歷史，推背圖第三十二象提及：

讖曰：馬跳北闕　犬敖西方

八九數盡　日月無光

頌曰：楊花落盡李花殘　五色旗分自北來

太息金陵王氣盡　一枝春色占長安

第三十二象的圖中，一隻馬在門中，而「馬」再加上「門」不正是闖王的『闖』字？因此推背圖的馬跳北闕指的就是闖王李自成，而讖的最後一句日月無光，很顯然道出明朝的滅亡。而後面的頌文更是將清軍入關、南明勢力瓦解描繪得清楚無比！頌文中提到五色旗分自北來，恰巧以清軍的編制而言，分爲黃、紅、藍、白四種旗色，每種旗色又分正旗與鑲旗共八旗，也許各位讀者會問「頌文裡說是五色旗，只有四種顏色豈不少一旗」？但是，清朝的部隊編制其實不只八旗，除八旗之外，由漢人所組成的部隊稱爲綠營兵，故五色旗分自北方來，指的即是滿清從北方南下入關得天下，最後太息金陵王氣盡一語道破南明勢力徹底被瓦解的命運。故金聖歎評註：「此象主李闖、張獻忠擾亂中原，崇禎投環煤山，福王偏安不久明祀遂亡。頌末句似指胡后，大有深意。」

至於其他命理五術中曾出現過預測國勢和歷史的著作尚有諸葛孔明的「馬前課」、劉伯溫的「燒餅歌」。但是這些著作都是針對國勢與歷史趨勢作預言而非重大天災。

專門針對預測重大災難而發明的預測術也不是沒有，那就是太乙神數。但各位讀者想必好奇：「紫微斗數能否用來預測大環境變動」？其實是可行的，雖然斗數主要針對個人命盤，但是既然是大環境變動，那就有所謂的『共氣』，如果當你發現普遍許多找你論命的顧客，在某一時間點官祿運都不好時，你就大概可以推斷景氣將會變差，例如若在金融海嘯時，就可以明顯看到很多人該年的官祿運都不佳。

無獨有偶，占卜類的數術也能預測當年的國運或重大天災，例如文王卦就能預測重大選舉、地震、天氣等有關天災人禍的資訊，以天氣爲例，文王卦中以養爻爲晴天、財爻爲旺晴、官爻爲陰風烏雲、長爻爲大雨、友爻爲雨後多雲，然後再以卦中各爻之旺衰進一步預測判斷天氣狀況，如此一來也就能推估重大天災所造成的影響與問題。

☆問題八：斗數如何分析同樣命盤的人之命運

前面問題五提到即使同一張命盤兄弟姊妹與子女數也會有所不同，也就是說即便命盤相同也不可能有完全一樣的命運。說到此，肯定會有讀者想問我：「那請問老師，既然這樣，遇到同樣命盤的人，又該如何論斷出他們彼此間的命運差異」？

這部份問題在斗數中稱爲「共盤問題」，何謂共盤？指的是不同的人卻擁有同一張命盤稱做共盤，而共盤問題最大的關鍵就在於，命盤可以多人相同，但實際上同張命盤的人命運頂多相似，不可能完全一樣，否則和蔣經國前總統同一張命盤的人則人人都可擔任中華民國總統。

過去歷史上，明太祖朱元璋曾發現一個屠夫，八字和自己一模一樣，深怕屠夫和自己一樣有天子命，欲殺之而後快。但當代命理名士卻勸朱元璋不用過於擔心，因爲屠夫的八字雖然和朱元璋一樣，但是兩者的共通點只在於兩人都是「主宰」，差別只在朱元璋主宰的是天下，屠夫所主宰的是畜牲。所以斗數論命遇到共盤問題時，除了論斷命盤的起伏趨勢與特徵之外，最重要的精華在於如何判斷，命盤相同的情況下，命主究竟是「皇帝」還是「屠夫」？

分析共盤問題的關鍵，經老師考證，精髓就在『其他參數』！也就是兩個命主的其他不同條件，因爲即使命盤相同，不表示家中排行、身高體重、陽宅、祖墳、父母命盤、居住地也盡然相同，只要有差別必然就能造就不同的人生。舉例來說，同樣是紫微星在命宮的兩張共盤，某甲在家中排行老大、某乙排行老三，則兩人在性格上，即使命盤相同，某甲給人的感覺會趨於雖然主觀但不至於太固執，但某乙就會變得非常執拗難管教，理由在於紫微星為帝星、老大星，排行老大恰到好處，因此紫微的威嚴給人感覺就不會過硬。反之如果紫微星不是排行老大，就與其磁場相衝突，明明該當老大偏偏他又不排行老大，所以個性就會變得比較執拗講不聽，以彰顯自己紫微的老大架勢。

而在外型方面亦然，同樣是武曲星座命，矮的武曲衝勁較強、聲音宏亮，高的武曲則相對的特徵都比較弱，但相對孤寡的特質較少，故如果兩張相同的命盤，比經營生意矮的武曲會因執行力強於高武曲而略勝一籌。除此之外，古人云：「一命、二運、三風水、四靠讀書、五積陰德」，相同的命盤所住的陽宅吉凶不同命運自然也不同，後天個人的努力更是直接影響自己的命運究竟是整體性往上拉抬，還是向下沉淪。

所以，共盤的問題，重點除了學習相同的命盤如何分析彼此差異之外，最重要的是讓我們學習體會即便是相同命盤，仍可透過其他不同的努力、機會將自己的格局向上提升，而不是消極認為一切都是命半點不由人！

☆問題九：爲什麼坊間有算過去神準無比但算未來卻完全失準的命理師？

過去台灣命理界不乏算命神準的命理師，神準程度甚至連細微瑣事都能如同親臨現場一樣鉅細靡遺清楚交代，令人嘆爲觀止、佩服不已，但後來人們卻經常發現，這些命理師往往算命主的過去神準無比，但有關命主未來的命運卻經常失準，令人百思而不得其解。照道理，如果能算準過去，沒有道裡算不準未來，究竟問題出在哪裡？

其實，答案的關鍵在於，過去有些傳說中的命理師，他們論命並不是憑藉命理學術，而是憑藉鬼神的神通，例如過去，傳聞中台灣早期有個論命極準的相士，人稱「柳相士」，此人論斷過去神準無比，令人瞠目結舌，但論斷未來卻存在極大落差，而之所以論過去準論未來不準，據傳說正是因爲柳相士的論命依據來自於鬼神。早年柳相士在年輕的時候曾幫助過一個女鬼，而這個女鬼爲了報恩，每當柳相士在替人論相時，就負責幫柳相士調查並搜集命主過去的資訊及資料，所以只要問到過去的事情，柳相士都能對答如流、有如親身經歷，然而過去的事情已經發生可以查閱，但未來的事情卻無法調查蒐集，所以論斷未來自然失準。

所以，如果各位讀者以後有機會遇到論斷過去超準但論斷未來屢屢失準的命理師，十之八九就可懷疑是藉由鬼神之力來論命，而非以命理學術論斷。

☆問題十：命理問題能不能連續問好幾次都問相同的問題？

經常我們總聽老一輩命理師提到論命與占卜不能同樣的問題，連續一直問，否則會不準，而且也褻瀆神明。在易經中，也確實有記載「再三瀆，瀆而不告」。指的是同樣問題反覆一直占問神明，等於是對神明的一種不信任，因此到後來會越占越不準。

但實際上果真如此嗎？其實這問題沒有標準答案，因爲根據使用工具的不同，同時存在可以重複占卜與不適合重複占卜的兩種狀況。如果你使用的占卜工具是「六爻文王卦」則最好同樣的問題不要重複占問，甚至即使是不同問題短時間內也不要連占三題以上，原因在於文王卦的準度一大部分取決於占問者的精神身心集中度，如問太多事則心神思緒分散，準度自然下降。此外文王卦普遍實證以第一次專心起心動念所占卜的結果最準，第二次與第三次占卜皆會與現實有部分落差。

然而，如果是斗數卦，則不受占卜次數的限制，但聰明的讀者一定會反問我：「請問冠元大師，你說斗數卦不受占卜次數的限制，那如果第一次占卜的結果和第二次占卜的結果，吉凶恰巧相反，該當何解」？

沒錯！反覆占驗，最怕遇到的就是兩次占卜彼此吉凶矛盾的狀況。這問題以斗數卦的角度，此時就需同時將兩張斗數卦占卜結果進行綜合分析，統合出最終結果，就是占卜得真正解答，直觀來說，如果以斗數卦占卜第一次得到一張90分的盤，而第二次得到

50分的盤，則事情最終的結果大致上為兩者相加除以二，也就是大約七十分左右的水準。當然，如果想得到更精確的平均數，甚至可以多占卜幾次，取所有占卜結果的總平均，便能得到事情得真正答案。

不過，事情總有例外，有些情況是已得到具體結果就不得再繼續重複問下去，那就是「到廟中抽籤」，基本上抽籤、解籤也是屬於占卜的一種，差別在於比較大眾化與宗教化，而且有具體的求問對象—「神明」。台灣的籤主要又以六十甲子籤以及觀世音靈籤為主，通常求籤時需先抽籤，然後以擲杯的方式和神明確認「是否為這支籤」，依據宮廟不同的規定以聖杯一杯或三杯為確認門檻。而在擲筊杯方面，需留意，當出現笑杯時表示還可繼續在擲杯，直到擲出三個聖杯為止，但假如出現陰杯則就表示神明不同意或拒絕，這時就不能再繼續擲杯詢問，否則即便之後出現連續三杯聖杯的狀況，也只能視為機率問題。同樣的道理，當詢問神明是否同意某件事時，如果出現一次陰杯，此時就需先休息幾分鐘後，再來詢問一次，如果第二次還是陰杯，就表示神明不同意你所要求的事，這時就不宜繼續卜問下去，否則即便卜出三個聖杯，也就是單純的機率事件而已，因此如遇這樣的狀況，最好過幾天以後再來問神明是否同意。

☆問題十一：命會不會越算越薄？

坊間經常流傳命不能一直反覆算，否則容易越算越薄，越算運越差，因此許多問命者在論命時經常提出這樣的擔憂與疑慮。然而在老師眼裡這問題有過分誇大與渲染之嫌，事實上，這個問題同時存在兩個答案—「命可以越算越薄」以及「命也可以越算越不準」！聽起來很玄，但注意老師用『可以』兩個字，表示決定命究竟「越算越薄」還是「越算越不準」取決於命主本身。

什麼樣的人會命越算越薄？一般而言，命越算越薄的人通常屬於相信宿命或認爲運氣註定不會改變的人，這樣的人知道何時有好運時，往往仗著自己有好運，不積極進取消費自己的好運，懶於進步與奮力開創，自然在好運方面會得到比原先命盤格局還少的益處，將自己的好運算薄了。反之，在凶運方面，這樣的人往往因一再算出同樣的惡運，而導致情緒低落，進而使心態消極，認爲一切是禍躲不過，除了怨天尤人之外毫無正面的積極改善作爲，當然惡運來臨時，也就只能照單全收，變成好運越來越薄，惡運卻越加一波三折。

真正能讓命越算越好的積極想法應該是，透過多次論命「越加了解自己的優缺點」，進而對於自己的優勢加以積極把握，而對於缺點與運氣不佳的部份，分析原因後加以自我檢討改進，或者積極規話與思考解決方案，使惡運帶來的殺傷力降到最低，如此一來，就反而能將自己命盤的格局提升，增幅好運、削弱惡運。

舉例來說，如果經多次分析後發現自己的命盤將在五年後遭逢事業與財運的大破敗，並且還會因合夥股東而大破財，那麼正確的觀念，就應多管齊下步步爲營，如果是老師自己遇到這狀況，老師若因應五年後的大破財，在前四年就會先有計劃的存財並盡可能趁有好運時多賺錢積穀防饑，等到財運大凶年即便遇到財務問題，也有足夠的資本應付，同時既然知道五年後容易因合夥股東而大破財，在這五年間就應逐年減少手中的持股，漸漸淡出股權體系，並且越到凶年越放緩事業的擴張腳步，將自己的損失盡可能降到最低，屆時即使真的發生損財事件，也會由於事先已積蓄大筆財富以及將損失盡可能壓制到最低，而輕鬆過關。

這也是爲什麼，老師在本書開宗明義強調，學習命理最關鍵的決不在於「是否能算準」，而是在於『知命、改命以及用命』！不論算得再神準，也不過只停留在知命的範圍罷了，如果不能再知命後，進而掌握自己的優點，甚至善用自己的缺點，那麼有無學習命理，差別就只在能不能事先知道會發生的事情而已，但對於實務的改善卻毫無建設性，所以只要抱持『知命、改命以及用命』的態度，命就絕不會越算越薄！

☆問題十二：請問老師紫微斗數跟八字哪個比較準？

這個問題一直是命理界的火紅話題，因爲斗數與八字，一個是時下顯學、一個是歷史悠久的最大宗論命術，所以兩者誰強誰弱，一直是各方支持者經常論戰的爭議點，客觀來說不論是斗數或八字都有其不足之處，也都有其勝過對方的強項，並沒有任何一方是毫無缺點完美無瑕。

以八字的立場而言—八字支持者會認爲，八字的共盤論命誤差明顯較低，因爲所有天干地支組合，每六十甲子才會循環一次，因此每六十年才會遇到一模一樣的八字，然而紫微斗數在同一個月出生的人，就可能有兩到三人命盤長相完全一模一樣，共盤雷同度相比八字來說過高，所以八字的共盤誤差問題遠低於紫微斗數。此外，八字勝過斗數得地方還有「閏月」的問題，斗數因爲只有十二宮，遇到閏月時往往造成爭議，但八字的論命依據爲節氣，節氣八字完全不受閏月影響，自然也不會有斗數遇到閏月該歸屬於上月還是下月的問題。

並且在學術基礎上，八字是中國古代擁有數千年歷史的主流論命術，所以相關文獻、典籍、學術體系皆不僅完備而且豐富，也累積較多先人的智慧結晶，反而紫微斗數因發展較晚，且古時並非顯學，故可參考的古籍乏善可陳，甚至考究困難，這點也是八字客觀上贏過斗數的優勢。

但以紫微斗數的立場而言—八字的論命基礎爲節氣，然而節氣容易因地而變，例如南半球的節氣就和北半球完全相反，八字就無用武之地，此外就連在中國本土，八字光是江南與江北就因氣候有所差異而論法有所不同，但這些缺點紫微斗數幾乎不用考慮。除此之外，紫微斗數之所以能取代八字成爲近代顯學，原因就在於紫微斗數比較具結構化，十二宮也直接貼近我們的日常生活，學習理解較爲容易，八字則存在不小的距離感。

不過，以老師的觀點而言，學術與工具本身沒有高下之分，有高下之分的只有論命者的功力，正如同沒有無敵的武術，只有無敵的武術家。如果某天你發現斗數可以算出某件事情，但八字不能，正確的研究態度應該是去探討「爲何目前八字不能」？以及「如何讓八字也能論出這件事」？學術研究方能與日俱進。

就學術面來說，紫微斗數和八字所使用的推命資料都是同一套，皆爲出生年月日及時辰，既然推命的依據資料皆相同，按理說八字能推論的東西斗數也應能做到，斗數能論斷的事件，八字也應同樣能達成。並且都應能反映出相同的事實，因此論命工具本身沒有高低，在選擇適合自己學習的論命術後，最重要的是不斷追求自我突破，如此一來不管你學習八字還是學習斗數，都能成爲頂尖的命理師。

☆問題十三：整型會不會影響命運？

在整型醫美發達的現代，削骨、玻尿酸、自體脂肪填充蔚爲風潮，有不少問命者都曾問過我：「既然手面相可以用來推論人的命運，是否意謂著經過整形命運也會跟著改變？還是命運依舊不變」？如果整型就能改變命運，那不就人人都可輕易改變命運？

關於這問題答案，正確的解答是—「整型確實可以改變命運」！邏輯很簡單，事實勝於雄辯，爲何時下的許多小模或藝人經常花錢整型以及隆乳？不正是因爲外在條件的改變可以爲自己帶來更多曝光的機會？甚至很多女星在整型前根本是路人甲，靠著整型才獲得進入演藝圈的機會，如果沒有整型，他們根本不可能有進入演藝

（面相與額相範例）

(圖片擷取自網路)

圈的好運，所以整型當然可以改變命運。

手面相與人的運氣及內涵正如陽宅的形勢和理氣的關係，一間最佳的陽宅必定是形勢和理氣都好方能稱為吉宅，當形勢好理氣不好或者理氣好形勢不好，都仍然算有缺點的屋宅。但是當一間屋宅形勢與理氣都差時，如果能改變其中一者，至少就能削弱一半的惡運。而人的命運也是如此，如果在手面相上做改善，就能先將符合命盤衰運的手面相給改掉，如此惡運就能削弱一半。

就拿上頁老師所舉例的圖而言，上面兩張圖是大陸女星張馨予，本來她在整形前只是路人，在整型後才戲劇邀約不斷，而下面兩張圖分別是諸葛孔明和烏龍派出所的兩津勘吉，這兩人的面相就存在一大缺點，兩津的問題在於他的眉毛完全連在一起，在面相學中眉頭不宜相距太近或中間有細毛相連，更不宜直接連在一起，如有這樣的面相，很容易心胸不開闊，並且疑神疑鬼時常懷疑別人在背後偷說自己的壞話。所以雖然兩津是卡通人物，但各位讀者相信都知道兩津的性格恰恰正是經常懷疑別人故意在背後說他壞話，心裡也經常記仇且有仇必較。故古代的相書有云：「自古無連眉之宰相」。位居宰相肚裡應能撐船才能運籌天下。此外，左下的孔明面相之問題在於經常性皺眉。經常眉頭深鎖的人容易憂慮憂鬱，所以宜自我要求改掉皺眉頭的習慣。

故以面相學的角度，多會建議眉頭間有細毛或連眉的人需將兩眉中間的毛刮除，如此就能改變命運、心胸較開闊，其背後的原理就在於面相爲人命運的「形勢」，有其形則有其氣，如果把對自己不利的形勢加以改變，惡運當然也就隨之消弱，只剩理氣需化解而已。

但雖然改變手面相可以改善命運，仍需謹記改變手面相只能改變命運的「形勢」而無法改變理氣，故如果真正要改變命運仍需從自我檢討與充實做起！否則如果只依靠改變手面相，不僅所收效果有限而且極容易被打回原形。就拿整型來說，其實老師對於現在時下追求金玉其外、敗絮其中的社會風氣相當反感！尤其是最近十年，彷彿女人只要有外貌有身材即便毫無才藝也能當藝人，甚至變成女性專業人才的焦點只剩罩杯，而不見專業能力。就像幾年前就有位女藝人，記者問她有什麼才華？該女藝人非常直白的說：「臉蛋和身材就是我的才華」。如此風氣正是台灣的演藝界日趨沒落的原因。

臉蛋與身材會隨年齡而老去，一旦沒實力、演技、才華，單靠外表最多只能炒短線當花瓶，紅不過三十歲，最後也就被更年輕的女藝人或宅男女神取代。如果老師是台灣的執政者一定會設立政策限制節目炒作外貌和身材罩杯相關議題，因爲唯有如此，各大節目才會去思考不靠炒作情色爲賣點的創新和點子，台灣的演藝界也才有未來。

事實勝於雄辯，在十幾年前台灣歌壇能人輩出，林俊傑、許茹芸、張惠妹的歌曲無一不是經典，甚至傳唱至今，但現在檯面上又有幾個七十五年次以後的藝人有這樣的歌唱實力？甚至女團到現在仍是以S.H.E爲龍頭，就可知台灣的女團斷層多久。

所以，雖然整型可以改變命運，但改變命運最重要的仍在自我精進與充實，不然就算透過整型將自己整爲范冰冰等級的美女，也猶如短期獲利財報很漂亮但公司體質基本面仍然不佳的股票，剛開始也許是眾人捧在手心的寵兒。但隨著日子一久，如果內涵空洞最後也只是被人當成花瓶看破手腳。故除了改變自己的外型與手面相這些形勢條件之外，更重要的是提升自己的理氣，方能收到改變命運的強效。

☆問題十四：如何提高理氣改變命運

前一節提到，人的命運可分爲外在的形勢如手面相以及理氣，而改變手面相與整型能改變命運的形勢，那麼肯定會有好奇的讀者想問如何改變命運中「理氣」的部份？所謂理氣指的是無形的氣場條件，例如思想、內涵、行爲舉止這類無形卻會影響我們的條件，而一個人即使形勢大好可是理氣極糟，命運仍然會遭遇困頓與不順。

例如假設有個男人擁有金城武的外表又身高超過一八五，但如果他滿嘴髒話、嚼檳榔一坐下就瘋狂抖腳、開口閉口就罵人大吼大叫，就算他擁有最好的外在條件，人生也勢必經常碰壁。故如要改變命運，固然可從形勢上下功夫，但更重要的是從根本改善自己的氣場，使自己的氣變好，好運自然發生的機會就會提高。

提高自己的氣最好的方法就是自我充實、多學習、思考與多看書，老師一直以來都認爲「英雄不怕出身低」，因爲只要透過自我充實，人人都能成爲英雄，透過學習我們可以改善自己行爲舉止的格調，透過看書與思考，可以改善自己的內涵、思維與能力，使自己成爲佼佼者，進一步就能提升自己的眼界與成就與格局，而成爲大人物。

正所謂「窮者因書而富、富者因書而貴」！我們雖然無法選擇出身在名門望族，但卻可以選擇聽好演講、學好技藝、看好書來自我提升，外在條件會隨著年華而老去，但腦中的軟實力卻是永遠的資產。

☆問題十五：命理可否看出一個人的前世今生

前世與今生一直是充滿神秘色彩的議題，甚至令人好奇斗數或其他命理學問能否看出一個人的前世今生？關於這問題，首先斗數中與累世因緣關係度最高的宮位爲福德宮，因爲福德意謂著人累世所修的福報總合，所以如果福德宮不好，也就表示運氣與福份差，十之八九過去世的福報不佳，故福德宮不好的人，今生今世如何累積福報就是一大課題。此外，如果在過去世累積過多業障，多半今生今世會有幾個現象，第一、家境家世差。第二、身體天生身弱或帶有先天疾病或是罹患現代醫學無法根治、找不到病因的罕見疾病。第三、精神憂鬱。

同時，每個人命盤中生年化忌所在宮位所主的人事物，也代表命主這一世所欠債的對象，而欠債自然也就得還債，所以忌星所在的宮位才總是讓人覺得不順與麻煩，故如果忌星在夫妻表示欠債於配偶，故如果沒有好的行運來補足，則多半感情與婚姻多災多難。甚至姻緣難求。

又~斗數界中有一派說法，認爲命盤的十二宮分別代表不同的前世，該派別認爲父母宮爲命主的上一世、福德宮爲上上一世依此類推，而各宮裡面的星曜則可代表該世的性別以及特性，例如如果某一宮爲太陰座命則命主那一世則是女人，而若某一宮爲紫府座命，則表示那一輩子官做很大還可能拜相封侯，甚至是坐擁天下。然而，這僅僅是一個派別的看法，至於是否屬實無法考證起，故僅供讀者參考。

那麼究竟有何方法可以驗證斗數或命理與前世今生的關係？其實也不是完全無法考證，只是考證的方法很特殊，古往今來能夠對於前世今生進行驗證的方法只有兩個：「第一是『通靈』，第二是『催眠』」！據兩岸通靈專家的說法，透過通靈便能穿梭過去的歷史畫面進而看到過去世所發生的事情，如此便能加以印證前世今生，然而通靈並不是每個人都有機緣可以練成，所以如果各位讀者有通靈的天份，老師非常鼓勵加以利用在斗數關於前世今生議題上的印證。

再來，人的累世記憶其實都封印在我們的大腦以及阿賴耶識之中，透過催眠的引導可以使人將封印在腦中有關前世的記憶一一浮現，進而達到驗證前世今生的效果，如此一來，斗數能否看出一個人前世今生的難關就能迎刃而解，而這部份也是老師自我期許未來能夠研究並破解的斗數新理論。

☆問題十六：攝取不同的食物能否改變命運？

之前問題四時我們談論到「關於命理中是否有禁吃牛肉」的說法，相信喜歡深入思考問題的人，想必會舉一反三懷疑既然命理中有某些命格不適合吃牛肉的說法，那麼命理中是否有關於攝取哪些食物可以提升運氣的理論？如果有，該攝取哪些食物才能提升自己的運氣？

其實，萬物之法不離陰陽與五行，食物亦然。每種食物也都有其五行屬性，同時每個人的生年也都俱備相對應的五行屬性，如果經常食用能生自己命卦五行屬性的食物，自然運勢受到拱扶，運氣自然也比較亨通。換言之，如果經常以和自己卦命五行相剋屬性的食物爲食，運氣自然也會變差。

舉例來說，在八卦中「坎卦爲魚、離卦爲彩鳳、乾爲馬、巽爲雞、坤爲牛、艮爲鳥、兌爲羊、震爲龍」。以民國七十六年次立春後的男人來說是爲「巽命」，巽的五行爲木，故以卦命的五行而言，屬水的魚、屬木的雞，都是有益行運的佳餚。反過來說，屬金的馬肉及羊肉，因五行剋卦命，所以對命主反而沒有幫助，甚至反而有害處。

不過切記命理最忌以單一條件以偏概全，卦命只是其中一個參考條件，整體仍需統合所有相關條件方能下定論，否則按此邏輯豈不全國所有七十六年次的男人都不能吃羊肉爐？顯然不合邏輯。

如果要準確論斷命主適合的食物，除卦命之外，老師認爲尙需參考命主的疾厄宮結合中醫理論，方能給與最精確的建議。例如假設命主的疾厄宮爲天機加太陰，這樣的組合就要避免吃比較寒性或涼性的食物，反而像羊肉爐、人蔘雞這種能提高元氣、活絡氣血的食物多吃較有幫助。

最後，儘管掌握食物的五行可以提升自己的運氣，但任何食物過與不及都容易造成健康上的問題，故除了命理的角度，最根本的仍要秉持飲食均衡、營養兼顧的原則，多吃天然蔬果少吃肉類與加工食品，就能最起碼替自己贏得健康的彩色人生。

☆問題十七：紫微斗數的星曜是否實際存在於現實？

過去幾十年來，斗數界對於星曜一直存在爭議與歧見，許多門派認為紫微斗數的星曜來自易經，皆為虛星。就連名稱也都是假立安名不存在於現實。那麼紫微斗數中的各星曜究竟是虛星還是實星？

據老師考證，紫微斗數的每顆星在實際星空中皆存在，在前幾章相信各位讀者都有印象紫微星系和天府星系皆來自於北斗七星與南斗星群，除此之外，中國古天文學中也存在斗數中的華蓋、紅鸞等星群，所以紫微斗數的星曜確實存在於現實的星空中。

即便如此，虛星論點的支持者，對於實星論述仍有不少質疑，其中最受爭議的關鍵點在於命盤星曜的分佈狀況與實際天文狀況有時會存在不合常理的狀況，例如午時出生的命盤，按道理命主盤中的太陽星應該能量充沛、日中鼎盛。然而實務上中午時分出生的命盤，仍有太陽在亥或子這種失輝的命例，這點就讓虛星論點的支持者擁有強力的反駁理由。

因此，客觀來說，要破解這問題，需探就天體運行與各命盤的連動關係方能得出最具說服力的結論。

☆問題十八：占卜問事什麼樣的情況下會占不準？

不論六爻卦、易經、斗數卦、抽籤皆屬五術中「卜」的範圍，然占卜必然有準確與失準的情況，最讓人無法接受的情況莫過於明明占卜或抽籤的結果一片光明，但最後事實卻事與願違。那麼命理上在占卜問事時哪些情況下會占不準？

首先以文王卦的角度而言，如占問不準通常有幾個原因：

第一—占問的人精神不濟或胡思亂想則占卜就容易不準，因為文王卦講究專心志致，意念越是集中則準度越高。

第二—以嬉鬧、測試的心態占卜，古時關於占卜有句名言：「戲占不卜」，以開玩笑的心態所做的占卜，一般而言求問的神明相對也不會以嚴謹的態度給予指點。

第三—當命主運氣較弱時一樣容易占卜不準，因為求籤或占卜是否準確，一部份取決於命主本身的氣場，當命主本身氣場較弱惡運連連的時候，往往會發生所抽到的籤和占卜的結果與實際狀況恰恰完全相反的情形。所以，占卜與抽籤最好選在自己行運佳、福份好的時候進行，方能得到準確的結果。

第四—如有精神與身心疾病，例如強迫症、憂鬱症等等，多半占卜也容易失準，因為強迫症容易造成命主強迫思考而不容易專心，導致無法聚精會神進行占卜。

第五—被無形物所干擾導致占卜失準，據佛學的說法，當人被無形物或因果業障所干擾時容易出現幾種情況，首先是容易受到驚嚇，或者莫名其妙被某些畫面所嚇到，再來是容易莫名其妙跌倒，以及占卜容易開始失準，接著是容易看到莫名黑影以及開始煩悶，以上這些狀況如果符合越多項，則表示受無形物影響導致運氣下滑的嚴重度越高，自然占卜也就越不準，氣運也可能因此越變越弱，不可不慎。

然而這問題的影響層面已經不單單只是占卜準確與否的問題，如未妥善處理，還可能危及個人整體運勢，因此本節老師提供一些化解無形物干擾的方法。首先，最重要的關鍵在於提升自己的氣場，因爲當氣場弱時才容易被無形物所影響，而提升自己氣場最好的方法就是念經持咒，使自己的福份增加。再來受無形物影響多半是緣自於對於無形物有所欠債，所以除了自己念經持咒外，宜多念往生淨土咒並以念咒之功德迴向給導致自己失運的因果業障以及無形物。

九、看電視學紫微斗數&斗數界逸聞

隨著本書即將進入尾聲，在連續八章四百多頁的專業分析之後，爲了讓各位讀者得以學習斗數事半功倍，本章老師以知名偶像劇爲例，寓教於樂，讓各位讀者對於斗數的學理印象更深刻，並且未來看到電視上的命理節目和偶像劇時不會被唬得一愣一愣，反而能抽絲剝繭找出盲點與破綻，而不人云亦云。

接著，老師也將分享自己長期以來在命理界觀察到的心得及狀況與各位讀者勉勵，進而希望未來能有更多斗數後進將紫微斗數科學的中心理念加以發揚光大，使斗數與命理的進展得以突破前人的極限開創新局，達到更精細的論斷水準、更宏觀的實務應用，與時俱進而使命理與斗數成爲一門正統學術，而不再被普羅大眾視爲迷信與旁門左道。

老師的畢生志願，首先是希望能讓斗數成爲一門正統學術，再來是希望能在有生之年將斗數研究出得以排出更精細的刻盤甚至是分盤的理論模型，以解決更多共盤的問題。最後，如果有機會，老師也想研究每六十甲子一循環，完全一樣的出生資料究竟是否有方法歸納出一套理論模型能清楚區別兩者之差異。以上是老師對於斗數的人生目標與願景，與各位讀者共勉之。

☆看偶像劇學斗數（一）—犀利人妻裡溫瑞凡錯誤的命盤

犀利人妻是民國一百年最火紅的電視劇，至今仍讓大家印象深刻，而犀利人妻第七集恰巧演到隋棠因爲擔心老公是否出軌，於是找詹唯中排溫瑞凡的命盤，來看看溫瑞凡是不是真的有外遇。但是，戲裡詹唯中排的命盤『根本是錯的』！而且是大錯特錯。爲了找出問題的關鍵，我們先來看看戲裡詹唯中怎麼排溫瑞凡的命盤：

戲裡的詹唯中：哦，這張命盤不錯喔，昌曲照命、座貴向貴，書一定唸的不錯！加上府相朝垣格，食祿千鍾，肯定是經理級以上的人物。

隋棠：對對對！那老師，我老公會不會有外遇？

(圖片擷取自網路)

戲裡的詹唯中：看這命盤，現在應該三十五六歲，前三個大限運氣都不錯，可是你看他夫妻宮，風流彩杖，左擁右抱，桃花劫就在最近了！

現在讓我們言歸正傳，依照詹唯中的排盤，溫瑞凡的命盤究竟錯在哪呢？依老師分析，有以下問題，使得這張盤無解：

(1)坐貴向貴格—詹說，溫瑞凡是坐貴向貴，所謂坐貴向貴，指的是天魁天鉞在命遷座守，這樣的命格只有甲年、戊年、庚年，出生的人才會符合，因為只有甲戊庚這三年出生的人天魁天鉞會分別坐落在丑未兩宮互相相對，其他年則都不會是兩星相對。所以從詹唯中給的這個條件又可以推出，溫瑞凡的命宮不是在丑宮就是在未宮。

又~戲裡說到溫瑞凡大概三十五六歲，要同時符合這個年齡，又要符合甲戊庚這三年出生的條件。只有一個可能，那就是溫瑞凡是「甲寅」年出生，所以，到了二零一零年(庚寅虎年)，才可能是符合實歲三十六歲、又同時是坐貴向貴的條件。

(2)昌曲照命—依照戲劇裡這項條件，昌曲兩顆星也只有在丑未兩宮是同宮，所以也證明，溫瑞凡的命宮一定在丑未，這樣昌曲才可能同時照命！

所以溫瑞凡命盤的重大矛盾點在於：剛剛我們已推出溫瑞凡出生的年份，但後面詹唯中的描述有兩個重大矛盾點。

盲點一──(風流彩杖的條件不可能出現在這張命盤)

理由很簡單，詹唯中說此人夫妻宮風流彩杖，何謂風流彩杖?就是貪狼星同時與擎羊或陀羅同宮加煞，問題是~如果溫瑞凡是甲年出生，那麼它的擎羊跟陀羅，一個會在丑宮、一個會在卯宮。但是如我們剛剛上面所推論，溫瑞凡命宮就在丑未兩宮，如此一來，溫瑞凡的夫妻宮只會出現在(亥宮)和(巳宮)，根本不會碰到擎羊和陀羅兩顆星，何來風流彩杖?所以溫瑞凡的命盤原則上不存在!

盲點二──(貪狼在夫妻宮與桃花劫的矛盾點)

由於風流彩杖的條件是貪狼須在夫妻宮，如果同時又要溫瑞凡符合命宮在丑未、又要府相朝垣格，那溫瑞凡的命盤就只有一個可能，那就是溫瑞凡天府座命在丑宮，貪狼在夫妻宮亥宮。但是溫瑞凡是甲年出生，所以行運是走順行運，即便溫瑞凡是行運最晚開始的火六局。以他的年齡也早就走過第三大限三十五歲，而進入第四大限三十六歲了，如果真要說桃花劫也應該是順行第三大限的時候中箭落馬才是，而不會是詹唯中說的桃花劫即將發生!也不會有所謂前三個大限三十年一帆風順這件事了。

所以綜合以上條件，溫瑞凡的命盤不存在!但是這段戲劇是很好的錯誤教材，所以有興趣的讀者可以以此多加研究研究。

☆看偶像劇學斗數（二）—必娶女人裡錯誤的斗數命盤和風水量法

今年二零一六年初收視率排行前幾名的偶像劇非「必娶女人」莫屬。老師在年假期間也花了五天的時間終於全部追完了~~雖然覺得結局後半有點瞎，又覺得男主角不錯，可是女主角好煩喔。同樣的主角陣容，真心覺得幾年前的小資比較好看。當然這些都是心得題外話。

言歸正傳~由於劇中女主角的母親是個命理老師，在劇中也提到很多紫微斗數和風水的言論，但是其中錯誤不少，所以趁此機會，老師也來寓教於樂，告訴大家必娶女人劇情中到底有哪些紫微斗數和風水的錯誤？讓各位讀者藉機對斗數和風水有更深入的了解。而不至於被偶像劇的錯誤觀念所影響。

(圖片擷取自網路)

錯誤一—女主角的媽媽錯誤的紫微斗數論斷

柯佳嬿飾演的女主角~環環，她的媽媽在戲裡是個命理師，叫「月娥老師」，故事剛登場，他幫一個女客人算命，提到說：「小姐。你的男朋友現在遇到七殺破軍，夫妻宮裡還有貪狼巨門，感情問題很嚴重」。

【錯誤點】：這部份最大的錯誤在於，貪狼和巨門都是天府星系的主星，所以貪狼永遠不可能跟巨門同宮，天府星系的主星在主星的部分只會跟紫微星系的主星在同宮。

錯誤二—郝萌表叔錯誤的命盤

在前三集，邱澤飾演的男主角~郝萌，有個表叔叫書鴻，女主角的媽媽月娥，一直反對女主角嫁給書鴻，反對的理由是認爲書鴻的命盤根本是衰尾道人。但在前三集，月娥和他老公在種仙人掌斬女兒的桃花時，卻對她老公說了一個錯誤的斗數觀念，她說：「那個衰尾道人書鴻，他的大運要到一百零七歲才開始，而你的大運是87才開始，比你還晚20年」。

【錯誤點】：這部份一個很嚴重的斗數錯誤在於，所謂的大運，指的就是大限運，而大限運是依據水二局、木三局、金四局、土五局、火六局而來，大限運的開頭只會是歲數尾數的2歲~6歲，也就是水二局的人第一大限一定是2歲開始，第二大限一定是12歲開始，而火六局的人第一大限一定是6歲開始，第二大限一定是16歲開始。所以最多尾數到6，不會有任何人命盤的大限是從尾數7的歲數開始。

錯誤三—月娥老師錯誤的量風水方法

在約五、六集時，月娥爲了幫女兒斬掉郝勝男的桃花，所以潛入公司替他設計風水和做法，但戲裡，月娥老師竟然是直的拿電子羅盤進入公司內部量方位，這裡有兩個錯誤點，首先~羅盤一定是拿平的不會是垂直地面，就算手機應用程式可以克服這問題，也仍存在第二個致命問題，也就是羅盤基本上在室內量方位是錯的，因爲室內多是鋼筋水泥建築，所以會影響羅盤指針的準度！

☆命理界始終無法進步的最大弊端

幾年前，有人在PTT紫微斗數版上，發問哪裡可以學習紫微斗數的相關問題，而老師除了提供學習斗數的相關資訊之外，也提到斗數長期以來積弊已久的陋習—『藏私』的弊端，而後就有版友提到：「其實藏私屬於人之常情，因爲斗數的學理有如可口可樂的商業機密價值，爲啥其他人要無私奉獻讓你知道其中祕密」？

而這說法其實就剛好呼應老師先前所提到的論點：「這就是斗數永遠無法成爲一門『正統學術』的根本原因」，因爲有關可口可樂的比喻看似很合理，但也正因如此，斗數才一直以來難登大雅之堂，因爲從上面這段話就知道多數的斗數界人士，把斗數定位爲「商品」，而非一門「正統學術」，因爲可口可樂本身就是「商品」，既叫商品，表示就是用來營利用的貨物而已。而既是可以用錢兌換的「貨物」，又有何珍惜有何尊敬的必要？有人會尊敬營利商品？

諸位可以仔細想想，爲何同樣的狀況不會發生在正統學術界？爲何同樣是研究出新發明新發現，丁肇中發現J粒子，第一件事就是在世界期刊發表？爲何何大一博士發明「雞尾酒式療法」，馬上全世界就能看到相關公開發表？爲何就沒有所謂命理界的藏私問題？那是因爲在正統學術殿堂中，將學術視爲純營利工具是件令人鄙視、知識份子所不齒的事！在真正學術殿堂中，重視的是『對於該門學問的貢獻』，而非營利的多寡，正如眾所皆知的道理：『要立志做大事而不要立志做大官、賺大錢』，事實勝於雄辯，就像你絕不會記得17、18、19世紀甚至是歷史上各朝的全球首富是誰，也絕不會記得美國第15、17、23任總統是誰。但你一定記得林肯解放黑奴、華盛頓建立美國，你也一定知道瓦特發明蒸汽機、艾迪生發明電燈泡！因為真正會被歷史留名的都是『做大事、有貢獻』的人！

這也是為何在古代「士農工商」中，商是排行最後，被士大夫所看不起，因為把營利當成人生主要目地的人大多格局都不高，所以才會有：「放於利而行多怨」、「君子懷德、小人懷土，君子懷刑、小人懷惠」……等諸多說法，因為大格局的人大多都是有所貢獻抱負的人，不會是將營利當作人生最終願景，而是除了營利之外還存在更上位的理想抱負！事實證明，古今以往多數用來形容命理師的詞大多都是負面居多，例如：九流術士、奇技淫巧、三教九流、江湖術士、旁門左道……，甚至老師在研究命理的歷程中也曾被人消遣：「算命算得好要飯要到老」。有些知識份子對於命理也常露出不屑與輕視的神情。

而為何一般人對於命理界會有此刻板印象？不正是因為從古代在知識份子眼中，命理界就是一群交代不出正統學術根據裝神弄鬼、成天搞神祕手指又莫名其妙不知道算什麼東西，只知道利益又對正統學術毫無貢獻的一群人！所以長久以來命理界才會被正統學術輕視，最根本的原因不就是命理界藏私陋習太盛從來沒有大格局的人物，自己把自己的層次和格局搞低？我在SCI、SSCI等國際期刊每年都可找到數以千計的最新學術研究文獻，但斗數界有這種風氣嗎？

不然，試問爲何正統的科學，人類可以從16、17世紀起牛頓發現三大運動定律、萊特兄弟發明飛機，短短數百年就發展到核武、太空梭、電腦、磁浮列車，而斗數與命理卻始終原地踏步？命理界史上最強的幾位神人，推背圖的作者「袁天罡、李淳風」、諸葛神算的始祖「孔明」、以燒餅歌預言明朝國運的「劉伯溫」，至今有人能超越這些前人嗎？所以命理無法進步之弊在於藏私，始祖藏10％、下一代藏10％…五代後就只剩一半的精髓了。否則按照正統學術的進步速度，照理說現在應該命理這門學術已可進步到排出分盤、甚至更精細得秒盤，解決更多共盤問題，甚至應該可以進步到刑事局看到犯人的命盤就可推出犯人在何時何地犯案、證據窩藏在哪…等等資訊！

所以，老師對此現象非常感嘆，也致力能讓斗數成爲一門正統學術。也相信斗數應可正統學術化，至少能建立理論模型、統計模型分析並得以論證，而不是流於口耳經驗談。這正是我長期以來的心得與觀感，望與各位讀者共勉之！

《本章思考題》

1. 紫微斗數與八字皆無法看出一個人的正緣是誰，那麼是否有命理數術可以看出一個人的正緣？

2. 推背圖、燒餅歌皆是預言歷史的學問，那麼命理五術中是否有預測天氣的學問？

3.北斗七星分別代表紫微斗數的七顆重要星曜，然而據天文學家估計 2000 萬年以後北斗七星將完全變形，這又會對命運帶來何種影響？

4.偶像劇中提到替女主角斬桃花，那麼在命理實務上有何方法可以斬桃花過盛的人之桃花？

5.如果鋼筋水泥會影響羅盤和 APP 羅盤的準確度，實務上如果要用羅盤準確測量建築物的座向，該用什麼方法才能克服鋼筋水泥對於磁力的影響？假設無法克服，又有什麼方法可以精準量出房屋的座向？

《本章思考題》

6.手面相普遍多數人的認知都是男左女右，男生看左手、女生看右手，這樣的說法是否具可信度？實際上又是？

7.如果改變面相確實能改變命運，是否反過來說修德勵行，由內在改變，相對也能改變自己的外在手面相？

8.如紫微斗數要精細到能排出分盤，技術上需突破的問題是什麼？又~有何方法能使斗數可以排到分盤？

9.你認爲命理與斗數理論目前無法有大幅超越前人的突破性進步，除了藏私之外還有什麼弊端？爲什麼？

十、附錄——實用斗數資料

一、定十二宮表

命宮	兄弟	夫妻	子女	財帛	疾厄	遷移	奴僕	官祿	田宅	福德	父母
子	亥	戌	酉	申	未	午	巳	辰	卯	寅	丑
丑	子	亥	戌	酉	申	未	午	巳	辰	卯	寅
寅	丑	子	亥	戌	酉	申	未	午	巳	辰	卯
卯	寅	丑	子	亥	戌	酉	申	未	午	巳	辰
辰	卯	寅	丑	子	亥	戌	酉	申	未	午	巳
巳	辰	卯	寅	丑	子	亥	戌	酉	申	未	午
午	巳	辰	卯	寅	丑	子	亥	戌	酉	申	未
未	午	巳	辰	卯	寅	丑	子	亥	戌	酉	申
申	未	午	巳	辰	卯	寅	丑	子	亥	戌	酉
酉	申	未	午	巳	辰	卯	寅	丑	子	亥	戌
戌	酉	申	未	午	巳	辰	卯	寅	丑	子	亥
亥	戌	酉	申	未	午	巳	辰	卯	寅	丑	子

二、定五行局表

生年干＼命宮	子丑	寅卯	辰巳	午未	申酉	戌亥
甲己	水二局	火六局	木三局	土五局	金四局	火六局
乙庚	火六局	土五局	金四局	木三局	水二局	土五局
丙辛	土五局	木三局	水二局	金四局	火六局	木三局
丁壬	木三局	金四局	火六局	水二局	土五局	金四局
戊癸	金四局	水二局	土五局	火六局	木三局	水二局

三、起紫微訣

五行局＼生日	1	2	3	4	5	6	7	8	9	10	11	12	13	14	15
水二局	丑	寅	寅	卯	卯	辰	辰	巳	巳	午	午	未	未	申	申
木三局	辰	丑	寅	巳	寅	卯	午	卯	辰	未	辰	巳	申	巳	午
金四局	亥	辰	丑	寅	子	巳	寅	卯	丑	午	卯	辰	寅	未	辰
土五局	午	亥	辰	丑	寅	未	子	巳	寅	卯	申	丑	午	卯	辰
火六局	酉	午	亥	辰	丑	寅	戌	未	子	巳	寅	卯	亥	申	丑

三、起紫微訣—2

生日＼五行局	水二局	木三局	金四局	土五局	火六局
16	酉	酉	巳	酉	午
17	酉	午	卯	寅	卯
18	戌	未	申	未	辰
19	戌	戌	巳	辰	子
20	亥	未	午	巳	酉
21	亥	申	辰	戌	寅
22	子	亥	酉	卯	未
23	子	申	午	申	辰
24	丑	酉	未	巳	巳
25	丑	子	巳	午	丑
26	寅	酉	戌	亥	戌
27	寅	戌	未	辰	卯
28	卯	丑	申	酉	申
29	卯	戌	午	午	巳
30	辰	亥	亥	未	午

(以上生日皆以農曆爲準)

四、安紫微星系表—(以紫微星爲起點排列)

紫微	天機	太陽	武曲	天同	廉貞
子	亥	酉	申	未	辰
丑	子	戌	酉	申	巳
寅	丑	亥	戌	酉	午
卯	寅	子	亥	戌	未
辰	卯	丑	子	亥	申
巳	辰	寅	丑	子	酉
午	巳	卯	寅	丑	戌
未	午	辰	卯	寅	亥
申	未	巳	辰	卯	子
酉	申	午	巳	辰	丑
戌	酉	未	午	巳	寅
亥	戌	申	未	午	卯

五、安天府星訣—(以紫微星爲起點排列)

紫微	天府
子	辰
丑	卯
寅	寅
卯	丑
辰	子
巳	亥
午	戌
未	酉
申	申
酉	未
戌	午
亥	巳

六、安天府星系表—(以天府星爲起點排列)

天府	太陰	貪狼	巨門	天相	天梁	七殺	破軍
子	丑	寅	卯	辰	巳	午	戌
丑	寅	卯	辰	巳	午	未	亥
寅	卯	辰	巳	午	未	申	子
卯	辰	巳	午	未	申	酉	丑
辰	巳	午	未	申	酉	戌	寅
巳	午	未	申	酉	戌	亥	卯
午	未	申	酉	戌	亥	子	辰
未	申	酉	戌	亥	子	丑	巳
申	酉	戌	亥	子	丑	寅	午
酉	戌	亥	子	丑	寅	卯	未
戌	亥	子	丑	寅	卯	辰	申
亥	子	丑	寅	卯	辰	巳	酉

七、安時系星表

星曜／生時	文昌	文曲	地劫	地空	台輔	封誥	寅午戌年		申子辰年		巳酉丑年		亥卯未年	
							火星	鈴星	火星	鈴星	火星	鈴星	火星	鈴星
子	戌	辰	亥	亥	午	寅	丑	卯	寅	戌	卯	戌	酉	戌
丑	酉	巳	子	戌	未	卯	寅	辰	卯	亥	辰	亥	戌	亥
寅	申	午	丑	酉	申	辰	卯	巳	辰	子	巳	子	亥	子
卯	未	未	寅	申	酉	巳	辰	午	巳	丑	午	丑	子	丑
辰	午	申	卯	未	戌	午	巳	未	午	寅	未	寅	丑	寅
巳	巳	酉	辰	午	亥	未	午	申	未	卯	申	卯	寅	卯
午	辰	戌	巳	巳	子	申	未	酉	申	辰	酉	辰	卯	辰
未	卯	亥	午	辰	丑	酉	申	戌	酉	巳	戌	巳	辰	巳
申	寅	子	未	卯	寅	戌	酉	亥	戌	午	亥	午	巳	午
酉	丑	丑	申	寅	卯	亥	戌	子	亥	未	子	未	午	未
戌	子	寅	酉	丑	辰	子	亥	丑	子	申	丑	申	未	申
亥	亥	卯	戌	子	巳	丑	子	寅	丑	酉	寅	酉	申	酉

八、安月系星表

星曜／生月	左輔	右弼	天刑	天姚	天馬	解神	天巫	天月	陰煞
正月	辰	戌	酉	丑	申	申	巳	戌	寅
二月	巳	酉	戌	寅	巳	申	申	巳	子
三月	午	申	亥	卯	寅	戌	寅	辰	戌
四月	未	未	子	辰	亥	戌	亥	寅	申
五月	申	午	丑	巳	申	子	巳	未	午
六月	酉	巳	寅	午	巳	子	申	卯	辰
七月	戌	辰	卯	未	寅	寅	寅	亥	寅
八月	亥	卯	辰	申	亥	寅	亥	未	子
九月	子	寅	巳	酉	申	辰	巳	寅	戌
十月	丑	丑	午	戌	巳	辰	申	午	申
十一月	寅	子	未	亥	寅	午	寅	戌	午
十二月	卯	亥	申	子	亥	午	亥	寅	辰

九、安日系星表

星曜	安星曜的方法
三台	從左輔的位置起初一，順數到生日。
八座	從右弼的位置起初一，逆數到生日。
恩光	從文昌的位置起初一，順數到生日，然後再退數一宮。
天貴	從文曲的位置起初一，順數到生日，然後再退數一宮。

十、安生年博士十二星排法

不論爲男命或女命，皆依祿存所在的宮位起博士星，陽男陰女爲順行、陰男陽女爲逆行，依序排列。
博士、力士、青龍、小耗、將軍、奏書、飛廉、喜神、病符、大耗、伏兵、官符

十一、安年干系星表

生年干	祿存	擎羊	陀羅	天魁	天鉞	天官	天福	天廚	天星文昌	化祿	化權	化科	化忌
甲	寅	卯	丑	丑	未	未	酉	巳	巳	廉貞	破軍	武曲	太陽
乙	卯	辰	寅	子	申	辰	申	午	午	天機	天梁	紫微	太陰
丙	巳	午	辰	亥	酉	巳	子	子	申	天同	天機	文昌	廉貞
丁	午	未	巳	亥	酉	寅	亥	巳	酉	太陰	天同	天機	巨門
戊	巳	午	辰	丑	未	卯	卯	午	申	貪狼	太陰	右弼	天機
己	午	未	巳	子	申	酉	寅	申	酉	武曲	貪狼	天梁	文曲
庚	申	酉	未	丑	未	亥	午	寅	亥	太陽	武曲	太陰	天同
辛	酉	戌	申	午	寅	酉	巳	午	子	巨門	太陽	文曲	文昌
壬	亥	子	戌	卯	巳	戌	午	酉	寅	天梁	紫微	左輔	武曲
癸	子	丑	亥	卯	巳	午	巳	亥	卯	破軍	巨門	太陰	貪狼

十二、安年支系星表

生年支	天哭	天虛	龍池	鳳閣	紅鸞	天喜	孤辰	寡宿	蜚廉	破碎	天才	天壽
子	午	午	辰	戌	卯	酉	寅	戌	申	巳	命	由身宮起子，順數至生年支，即可安天壽星。
丑	巳	未	巳	酉	寅	申	寅	戌	酉	丑	父	
寅	辰	申	午	申	丑	未	巳	丑	戌	酉	福	
卯	卯	酉	未	未	子	午	巳	丑	巳	巳	田	
辰	寅	戌	申	午	亥	巳	巳	丑	午	丑	官	
巳	丑	亥	酉	巳	戌	辰	申	辰	未	酉	友	
午	子	子	戌	辰	酉	卯	申	辰	寅	巳	遷	
未	亥	丑	亥	卯	申	寅	申	辰	卯	丑	疾	
申	戌	寅	子	寅	未	丑	亥	未	辰	酉	財	
酉	酉	卯	丑	丑	午	子	亥	未	亥	巳	子	
戌	申	辰	寅	子	巳	亥	亥	未	子	丑	夫	
亥	未	巳	卯	亥	辰	戌	寅	戌	丑	酉	兄	

十三、安十二長生表

五行局	順逆	長生	沐浴	冠帶	臨官	帝旺	衰	病	死	墓	絕	胎	養
水二局	陽男陰女	申	酉	戌	亥	子	丑	寅	卯	辰	巳	午	未
	陰男陽女		未	午	巳	辰	卯	寅	丑	子	亥	戌	酉
木三局	陽男陰女	亥	子	丑	寅	卯	辰	巳	午	未	申	酉	戌
	陰男陽女		戌	酉	申	未	午	巳	辰	卯	寅	丑	子
金四局	陽男陰女	巳	午	未	申	酉	戌	亥	子	丑	寅	卯	辰
	陰男陽女		辰	卯	寅	丑	子	亥	戌	酉	申	未	午
土五局	陽男陰女	申	酉	戌	亥	子	丑	寅	卯	辰	巳	午	未
	陰男陽女		未	午	巳	辰	卯	寅	丑	子	亥	戌	酉
火六局	陽男陰女	寅	卯	辰	巳	午	未	申	酉	戌	亥	子	丑
	陰男陽女		丑	子	亥	戌	酉	申	未	午	巳	辰	卯

十四、安截空表

生年干	截空
甲	申
己	酉
乙	午
庚	未
丙	辰
辛	巳
丁	寅
壬	卯
戊	子
癸	丑

十五、安旬空表

天干	地支組合					
甲	子	戌	申	午	辰	寅
乙	丑	亥	酉	未	巳	卯
丙	寅	子	戌	申	午	辰
丁	卯	丑	亥	酉	未	巳
戊	辰	寅	子	戌	申	午
己	巳	卯	丑	亥	酉	未
庚	午	辰	寅	子	戌	申
辛	未	巳	卯	丑	亥	酉
壬	申	午	辰	寅	子	戌
癸	酉	未	巳	卯	丑	亥
旬空	戌亥	申酉	午未	辰巳	寅卯	子丑

十六、安天傷、天使表

命宮所在	子	丑	寅	卯	辰	巳	午	未	申	酉	戌	亥
天傷	巳	午	未	申	酉	戌	亥	子	丑	寅	卯	辰
天使	未	申	酉	戌	亥	子	丑	寅	卯	辰	巳	午

十七、安命主

命宮	子	丑	寅	卯	辰	巳	午	未	申	酉	戌	亥
命主	貪狼	巨門	祿存	文曲	廉貞	武曲	破軍	武曲	廉貞	文曲	祿存	巨門

十八、安身主

生年支	子	丑	寅	卯	辰	巳	午	未	申	酉	戌	亥
身主	火星	天相	天梁	天同	文昌	天機	火星	天相	天梁	天同	文昌	天機

十九、安流年將前星

生年支	寅午戌	申子辰	巳酉丑	亥卯未
將星	午	子	酉	卯
攀鞍	未	丑	戌	辰
歲驛	申	寅	亥	巳
息神	酉	卯	子	午
華蓋	戌	辰	丑	未
劫煞	亥	巳	寅	申
災煞	子	午	卯	酉
天煞	丑	未	辰	戌
指背	寅	申	巳	亥
咸池	卯	酉	午	子
月煞	辰	戌	未	丑
亡神	巳	亥	申	寅

二十、安流年歲前星表

生年支	歲建	晦氣	喪門	貫索	官符	小耗	大耗	龍德	白虎	天德	弔客	病符
子	子	丑	寅	卯	辰	巳	午	未	申	酉	戌	亥
丑	丑	寅	卯	辰	巳	午	未	申	酉	戌	亥	子
寅	寅	卯	辰	巳	午	未	申	酉	戌	亥	子	丑
卯	卯	辰	巳	午	未	申	酉	戌	亥	子	丑	寅
辰	辰	巳	午	未	申	酉	戌	亥	子	丑	寅	卯
巳	巳	午	未	申	酉	戌	亥	子	丑	寅	卯	辰
午	午	未	申	酉	戌	亥	子	丑	寅	卯	辰	巳
未	未	申	酉	戌	亥	子	丑	寅	卯	辰	巳	午
申	申	酉	戌	亥	子	丑	寅	卯	辰	巳	午	未
酉	酉	戌	亥	子	丑	寅	卯	辰	巳	午	未	申
戌	戌	亥	子	丑	寅	卯	辰	巳	午	未	申	酉
亥	亥	子	丑	寅	卯	辰	巳	午	未	申	酉	戌

二十、安子年斗君表

生時＼生月	一月	二月	三月	四月	五月	六月	七月	八月	九月	十月	十一月	十二月
子	子	亥	戌	酉	申	未	午	巳	辰	卯	寅	丑
丑	丑	子	亥	戌	酉	申	未	午	巳	辰	卯	寅
寅	寅	丑	子	亥	戌	酉	申	未	午	巳	辰	卯
卯	卯	寅	丑	子	亥	戌	酉	申	未	午	巳	辰
辰	辰	卯	寅	丑	子	亥	戌	酉	申	未	午	巳
巳	巳	辰	卯	寅	丑	子	亥	戌	酉	申	未	午
午	午	巳	辰	卯	寅	丑	子	亥	戌	酉	申	未
未	未	午	巳	辰	卯	寅	丑	子	亥	戌	酉	申
申	申	未	午	巳	辰	卯	寅	丑	子	亥	戌	酉
酉	酉	申	未	午	巳	辰	卯	寅	丑	子	亥	戌
戌	戌	酉	申	未	午	巳	辰	卯	寅	丑	子	亥
亥	亥	戌	酉	申	未	午	巳	辰	卯	寅	丑	子

紫微斗數星盤架構圖

▲紫微在巳亥

紫微 七殺 巳	午	未	申
天機 天梁 辰	紫微在巳		破軍 廉貞 酉
天相 卯			戌
太陽 巨門 寅	武曲 貪狼 丑	天同 太陰 子	天府 亥

天府 巳	天同 太陰 午	武曲 貪狼 未	太陽 巨門 申
辰	紫微在亥		天相 酉
破軍 廉貞 卯			天機 天梁 戌
寅	丑	子	紫微 七殺 亥

▲紫微在子午

太陰 巳	貪狼 午	天同 巨門 未	武曲 天相 申
天府 廉貞 辰	紫微在子		天梁 太陽 酉
卯			七殺 戌
破軍 寅	丑	紫微 子	天機 亥

天機 巳	紫微 午	未	破軍 申
七殺 辰	紫微在午		酉
天梁 太陽 卯			天府 廉貞 戌
武曲 天相 寅	天同 巨門 丑	貪狼 子	太陰 亥

▲紫微在丑未

廉貞 貪狼 巳	巨門 午	天相 未	天同 天梁 申
太陰 辰	紫微在丑		七殺 武曲 酉
天府 卯			太陽 戌
寅	紫微 破軍 丑	天機 子	亥

巳	天機 午	紫微 破軍 未	申
太陽 辰	紫微在未		天府 酉
七殺 武曲 卯			太陰 戌
天同 天梁 寅	天相 丑	巨門 子	廉貞 貪狼 亥

▲紫微在寅申

巨門 巳	廉貞 天相 午	天梁 未	七殺 申
貪狼 辰	紫微在寅		天同 酉
太陰 卯			武曲 戌
紫微 天府 寅	天機 丑	破軍 子	太陽 亥

太陽 巳	破軍 午	天機 未	紫微 天府 申
武曲 辰	紫微在申		天同 酉
太陰 卯			貪狼 戌
七殺 寅	天梁 丑	廉貞 天相 子	巨門 亥

▲紫微在卯酉

天相 巳	天梁 午	廉貞 七殺 未	申
巨門 辰	紫微在卯		酉
紫微 貪狼 卯			天同 戌
天機 太陰 寅	天府 丑	太陽 子	武曲 破軍 亥

武曲 破軍 巳	太陽 午	天府 未	天機 太陰 申
天同 辰	紫微在酉		紫微 貪狼 酉
卯			巨門 戌
寅	廉貞 七殺 丑	天梁 子	天相 亥

▲紫微在辰戌

天梁 巳	七殺 午	未	廉貞 申
紫微 天相 辰	紫微在辰		酉
天機 巨門 卯			破軍 戌
貪狼 寅	太陽 太陰 丑	武曲 天府 子	天同 亥

天同 巳	武曲 天府 午	太陽 太陰 未	貪狼 申
破軍 辰	紫微在戌		天機 巨門 酉
卯			紫微 天相 戌
廉貞 寅	丑	七殺 子	天梁 亥

冠元　大師命理經歷

一、冠元大師的命理演講與活動事蹟

老師一向秉持不論從事任何行業，都應回饋社會的精神，過去被『中華職能教育學會』聘任爲專業講師，二零一三年因國內考公職的風氣鼎盛，舉辦有關如何安文昌位與以斗數增加考運的專題演講。不僅大獲好評，更造福更多奮戰不懈的考生得以圓夢。

此外，老師人生的志願也希望未來能多舉辦以公益爲主的相關命理演講，同時能讓更多未來的可造之才能夠有更好的學習機會，進而使社會未來的發展與風氣能夠從現在的不斷向下沉淪得以向上提升。

未來更希望能將命理學術以及老師自己的理念推廣到兩岸三地，推己及人，讓更多人除數術之外更能兼具術德！

（2013 年中華職能教育學會斗數演講）

二、冠元大師因論命實績卓越而遭到打壓

命理界一大弊端在於，命理師的功力與實力都是耳聞居多，並由於缺乏實際作品參考，經常有見面不如聞名的落差。所幸網路論壇能提供論命者留下論命實績讓人參考。

而老師自二零一三年在全國最大論壇「PTT實業坊」的『紫微斗數版』也就是(LIFE版)發跡，只花了短短九個月就創下超過一千篇網友指名問命請益的記錄，同時創批踢踢命理小組開版十幾年來的最高指名問命記錄(註：第二高記錄只有五百多篇)。但由於人紅是非多，正因老師人氣太高，該組小組長便針對性找麻煩，從此禁止版友指名問命，而後在版友的據理力爭之下，小組長終於折衷讓步開放指

(9個月就創下超過1000篇指名問命記錄)

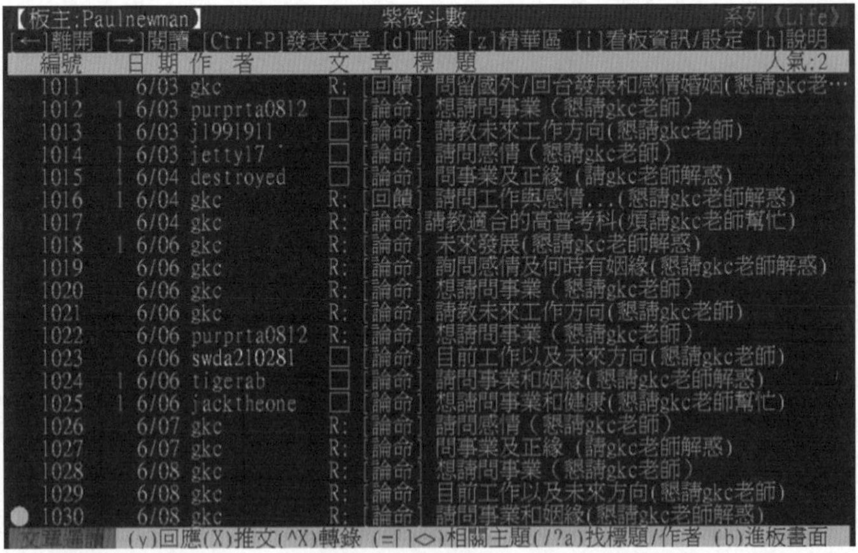
【板主:Paulnewman】 紫微斗數 系列《Life》
[←]離開 [→]閱讀 [Ctrl-P]發表文章 [d]刪除 [z]精華區 [i]看板資訊/設定 [h]說明

編號		日期	作者		文章標題
1011		6/03	gkc	R:	[回饋] 問留國外/回台發展和感情婚姻(懇請gkc老…
1012	1	6/03	purprta0812	□	[論命] 想請問事業（懇請gkc老師）
1013	1	6/03	j1991911	□	[論命] 請教未來工作方向(懇請gkc老師)
1014	1	6/03	jetty17	□	[論命] 請問感情（懇請gkc老師）
1015	1	6/04	destroyed	□	[論命] 問事業及正緣（請gkc老師解惑）
1016	1	6/04	gkc	R:	[回饋] 請問工作與感情...(懇請gkc老師解惑)
1017		6/04	gkc	R:	[論命]請教適合的高普考科(煩請gkc老師幫忙)
1018	1	6/06	gkc	R:	[論命] 未來發展(懇請gkc老師解惑)
1019		6/06	gkc	R:	[論命] 詢問感情及何時有姻緣(懇請gkc老師解惑)
1020		6/06	gkc	R:	[論命] 想請問事業（懇請gkc老師）
1021		6/06	gkc	R:	[論命] 請教未來工作方向(懇請gkc老師)
1022		6/06	purprta0812	R:	[論命] 想請問事業（懇請gkc老師）
1023		6/06	swda210281	□	[論命] 目前工作以及未來方向(懇請gkc老師)
1024	1	6/06	tigerab	□	[論命] 請問事業和姻緣(懇請gkc老師解惑)
1025	1	6/06	jacktheone	□	[論命] 想請問事業和健康(懇請gkc老師幫忙)
1026		6/07	gkc	R:	[論命] 請問感情（懇請gkc老師）
1027		6/07	gkc	R:	[論命] 問事業及正緣（請gkc老師解惑）
1028		6/08	gkc	R:	[論命] 想請問事業（懇請gkc老師）
1029		6/08	gkc	R:	[論命] 目前工作以及未來方向(懇請gkc老師)
1030		6/08	gkc	R:	[論命] 請問事業和姻緣(懇請gkc老師解惑)

文章選讀 (y)回應(X)推文(^X)轉錄 (=[]<>)相關主題(/?a)找標題/作者 (b)進板畫面

名回饋，而結算到今年二零一六年底，在斗數版上掛有老師的帳號(ｇｋｃ)三個字的指名問命加上指名回饋的文章已超過兩千兩百篇！而想參考命例增進自己斗數學問的讀者，可參考老師在(ＬＩＦＥ版)版上的論命準度和功力與版友如何讚嘆回饋的狀況。此外老師在命理網也有替版友論命，也歡迎各位搜尋網路的文章就能盡收眼底。

不過由於批踢踢的紫微斗數版在現下的時間點正處於隱版的狀態，希望各位讀者看到本書的時候已可自由閱讀斗數版上的文章，而爲何斗數版會被隱版？原因在於，命理小組的小組長經常違法行政，憑個人喜好違法判罰，上頁老師有提到，由於人紅是非多，小組長看老師不順眼，過去就曾經無任何法規依據違法水桶老師、違法隱版，而被撻伐後才心不甘情不願的解除罰則。

然而，在二零一六年十月，該小組長變本加厲，一樣在沒有任何法規依據的情況下，將老師判決『全組永久水桶』，但推測他自己也知道毫無法規依據定會引起斗數版眾的撻伐，故乾脆直接將紫微斗數版隱版以防堵反對意見，但這一切騙不了明眼人，連在八卦版都有人爆料，甚至在國家研究院群組版也有爆料文章留底。而這次事件，由於大家都知道老師是冤枉的，故站長將此案請國研組重審，無奈國研組重審進度曠日廢時，故如果當你看到本書時，ＬＩＦＥ版版仍處在隱版狀態，歡迎到ＰＴＴ的**國家研究院群組版(AboutBoards 版)**上替老師發聲，一來不信公理喚不回，二來老師之所以無償在版上替廣大版友解命，除了造福大眾之外，最重要的就是希望能讓更多人能從老師論命的命例中學到更多斗數，將斗數學術發揚光大，造福更多後進！反而，很多命理老師幾乎都不寫教學文，相當功利，深怕後進學到任何一絲功夫，但老師卻從二零一三年起開設個人命理教學臉書粉絲團，並定期撰寫命理教學文至今毫不間斷。就是自我期許，命理師除了營利之外，還能將命理學問發揚光大而不藏私，使更多後進在看了我的教學文後，未來能讓命理學問更加青出於藍。

並且批踢踢各版，決不是爲了滿足任何一位小組長個人喜好和私慾而存在，在民主法治時代，版友才是主人，法治才是規章，而不是任何一位版皇組皇滿足個人理想的獨裁之地。因此，『當獨裁成爲事實，革命就是義務』！

當然，如果當你看到這本書時，老師已經沉冤昭雪，也歡迎記得多上（ＬＩＦＥ版）看看老師過去的論命文章，相信會讓你感到更有收穫、不虛此行！

老師在國研群組版的申訴文章網址

版友看不下去小組長的意見網址

三、冠元大師『以斗數預測股票漲跌』的實績

老師從二零一二年起，歷經三年的時間研究以斗數結合文王卦預測股票漲跌的學問，而在二零一五年時，老師在FB上發表九則股票預測，最終結果九支股票預測準確八支！未來老師將更加精進讓自己的預測準度達到接近百分百。

至於爲何老師會選擇在臉書上公開預言？理由在於過去命理師的預言最讓人詬病的地方就在於沒有事前空開發表，經常被人質疑馬後砲，而在臉書上公開發表一來眾人有目共睹、二來有發表時間記錄，如此一來才具有公信力！

甚至如果有人質疑臉書的貼文可以事後修改，然而如下圖所示，如果貼文有經過修改，則貼文的選項就會出現「查看編輯記錄」這項，但從未經過編輯的貼文就不會有此選項，所以就能成功杜絕事後作弊修改的問題，並由於公開貼文

(FB 沒有編輯過的貼文)	(FB 有編輯過的貼文)
	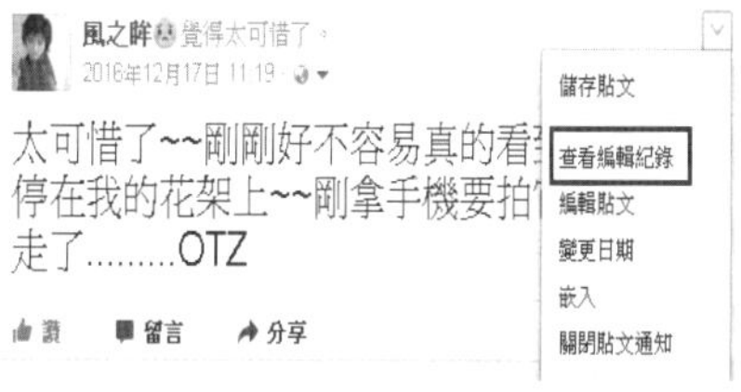

，如果一旦修改，一定會有人揭發，如此才能證明老師的預言是貨真價實，是真功夫真本事！然而在接下來老師附上當初預測的貼文前，還是要叮嚀讀者，研究預測股票相關的命理學術，雖然能夠讓自己賺錢的機率提升，然而投資與偏財運在斗數中有一定的命理前題和條件，如果先天命盤投資運不好，即便自己的預測準度高達99％，命中也會發生投資九十九支股票都賺錢，但第一百支虧錢，而且一虧就是把之前賺的獲利連本帶利全部虧光的窘境。老師之前就親身經歷過，屢試不爽！

所以，有關於斗數結合文王卦預測股票的理論，即使老師未來真的研究到近乎百分百準確，也極可能不會將這門學問列入我的斗數教學課程的教材之中，以避免未來的學生偏好投機，導致最後半生積蓄成一場空。

接下來，本篇老師就拿去年公開在FB上預言股票漲跌的其中三隻預測結果爲範例，讓大家眼見爲憑，而如果對其他六則股票預言有興趣的讀者可以上老師的個人臉書見證預言。

▲斗數預測股票漲跌案例一——（微星科技）

如圖所示，老師在二零一五的2月26日在臉書上對『微星科技』股票做出以下預言：

(2015/2/26 預言內容):

各位我沒有食言~~很多人可能以爲我忘了去年說羊年初要預言個股走勢這麼一回事，趁著開工就趕緊來做個股預言~~

當然，這是我將自己去年一整年的研究當成臨床實驗，到農曆 6 月結束前，一共會發佈 10 支個股預測!! 第一階段先要求 7 成的準確度，接著力求 100%準確!! 當然因爲是臨床實驗，所以預測內容僅供參考，賺錢你可以包紅包感謝我，但如果賠錢菜刀請不要對著我。話不多說，趕緊進入正題~~~

今年度預言的第一支股票是""微星科技""，以我昨天空它的價格 39 元爲起點，預測未來兩個半月至少會中跌甚至以上，具體數據的話，我估計越接近農曆 4 月股價越難力挽狂瀾，預估至少跌個 2.5 元以上!!兩個半月後，讓我來驗證看看並見證預言~拭目以待吧各位朋友!!

風之眸 覺得很有挑戰。
2015年2月26日

各位我沒有食言~~很多人可能以爲我忘了去年說羊年初要預言個股走勢這麼一回事，趁著開工就趕緊來做個股預言~~

當然，這是我將自己去年一整年的研究當成臨床實驗，到農曆6月結束前，一共會發佈10支個股預測!! 第一階段先要求7成的準確度，接著力求100%準確!! 當然因爲是臨床實驗，所以預測內容僅供參考，賺錢你可以包紅包感謝我，但如果賠錢菜刀請不要對著我。

話不多說，趕緊進入正題~~~今年度預言的第一支股票是""微星科技""，以我昨天空它的價格39元爲起點，預測未來兩個半月至少會中跌甚至以上，具體數據的話，我估計越接近農曆4月股價越難力挽狂瀾，預估至少跌個2.5元以上!!

兩個半月後，讓我來驗證看看並見證預言~拭目以待吧各位朋友!!

讚　留言　分享

你、[redacted]和其他 4 人

(2015/5/16 微星科技預言結果驗證)

風之眸

2015年5月16日

(各位朋友，見證預言的時刻又來了~)

在這邊跟各位說聲抱歉，上上週因爲我過於沒耐性，沒有繼續等下去就發表了微星的預測驗收導致沒有驗收完時間點這件事就結案，過於魯莽躁進，但這兩周因爲我天性追求完美，所以我一直非常在意這件事，心中一直放不下微星這支股票的最終結果是否真如我原先所預測，沒有完全100%驗收我始終無法釋懷!!

所以今天我們就來""見證預言""，在2/26時我在FB上公開發佈的斗數預言全文是:

(今年度預言的第一支股票是""微星科技""，以我昨天空它的價格39元爲起點，預測未來兩個半月至少會中跌甚至以上，具體數據的話，我估計越接近農曆4月股價越難力挽狂瀾，預估至少跌個2.5元以上!!)

而現在我附上微星從我放空的2/25日到今天的趨勢走勢圖，完全預測準確!! 因爲以2/25日來算，往後推未來兩個半月就是到5/12日，各位可看下圖，下面是微星到5/12日爲止的走勢，打籃圈的部分就是我當初下空單的日期，而打紅圈的部分就是到5/12日爲止的最後5個交易日。

從紅圈中可看出，到5/12日也就是我過言的時間點的最後5天，微星根本是呈現"""大跌崩盤的趨勢"""，而且價格跌到本年度目前新低32.9元。
遠遠低於我所放空的39元足足有6.1元的差距!! 而後天星期一就是農曆四月一日，也再次證明我所說的2/25日起的未來兩個半月越接近農曆四月，股價越難力挽狂瀾!!

(表示我所論斷的預言):
1.微星未來兩個半月會大跌而且跌超過2.5元 (完全正確)
2.越接近農曆4月股價越難力挽狂瀾 (完全正確)

因爲農曆三月最後5個交易日根本崩盤，當然有人可能會問，農曆3月最後兩天(5/14~15)有一點拉回，雖然不在你所預測的時間範圍內，但畢竟有一點拉回啊。 對於這點，我們看圖就知道，即使在最後兩天有一點點的拉回，但從我圖中用黑色噴漆所標記的地方就可看出，即使有拉回一點點，但是微星所拉回的股價仍然只和前一波低點幾乎相近而已。表示就算討論超出我所預測的時間範圍，微星的股價仍沒有較大的起色!!杯水車薪，所以仍然算無法力挽狂瀾!!更遑論最後兩天已超過我當初預測得時間範圍，嚴格來說不在討論範圍!! 所以本年度第一支股票預言驗收，今天終於告個段落，""完全成功""!!

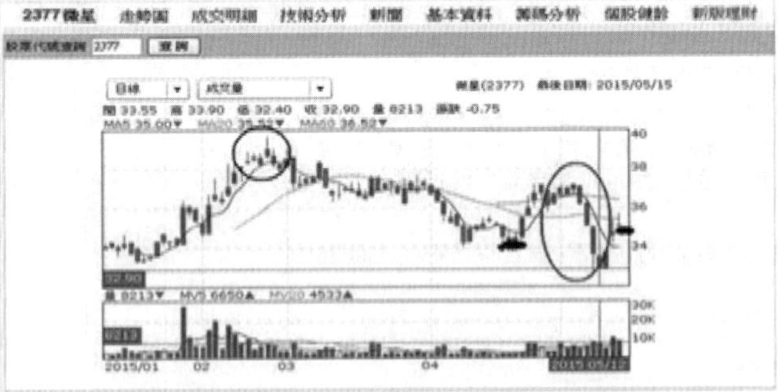

結果兩個半月後5月16日實際驗證預言，完全預言命中！

▲斗數預測股票漲跌案例二──（國泰金）

如圖所示，老師在二零一五的8月13日當天早上八點半開盤前，在臉書上對『國泰金』這檔股票當天開盤到收盤的漲跌趨勢做出以下預言：

(2015/8/13 國泰金當日股票漲跌預言內容):

風之眸 覺得開心。
2015年8月13日 ·

開盤前趕緊來本年度""第8支股票預言""!!
本人以斗數預測今天8/13日(國泰金)這支股票必跌。
而且股價走勢過程大概會有點反覆拖磨，但今天的股價趨勢必下跌!!

所以，衝了~今天多空它幾支~而我也很有義氣的大公開，大家有錢一起賺!!

讚　留言　分享

你、[redacted]其他 2 人

檢視另2則留言

[redacted] 還是比開盤高0.6 平盤已上
[redacted]覆 · 2015年8月13日 9:20
風之眸已回覆 · 3則回覆

風之眸 不過話說~~你有沒有空到高點?? 現在就已經比最高點低0.7了。
讚 · 回覆 · 2015年8月13日 9:58

[redacted]空在平盤高一點 現在還是虧
[redacted]覆 · 2015年8月13日 10:02
風之眸已回覆 · 7則回覆

風之眸 要不然這樣，其實我個人能關注的股票也有限，像今天的宏達電，要是我今早有預測這支，我們就賺翻了，不會只賺國泰金這樣1千多塊的小

(2015/8/13 國泰金當天漲跌趨勢的預言結果驗證):

風之眸 覺得很有挑戰。
2015年8月13日

OK，今天開盤前趕緊預測了本年度第8支股票預測!!
又是"""見證預言""的時刻了!!
今早8:30開盤前，本人在FB上預測:

(""以斗數預測今天8/13日(國泰金)這支股票必跌。
而且股價走勢過程大概會有點反覆拖磨，但今天的股價趨勢必下跌!!"")

結果果然完全正確，國泰金金早一開盤馬上漲破47元，然後接著就像各位看到的紅色框框部分的股價波動一樣，股價就在那理反反覆覆拖磨了""快3個小時""。 然後在尾盤終場終究是不敵壓力，以""本日最低價46.5元""跌破平盤爆量下殺4789張!!

所以證明我今早的預言:
1.國泰金的股價走勢過程會呈現反覆拖磨 (完全正確!!)
2.最終股價勢必下跌 (一樣完全正確!!)

本次第8支股票預言~~~依然成功!!
而剛好第5支股票預言"廣達"的預言時間點今天也到期了，將於明天繼續爲各位發表預言的驗收結果!!

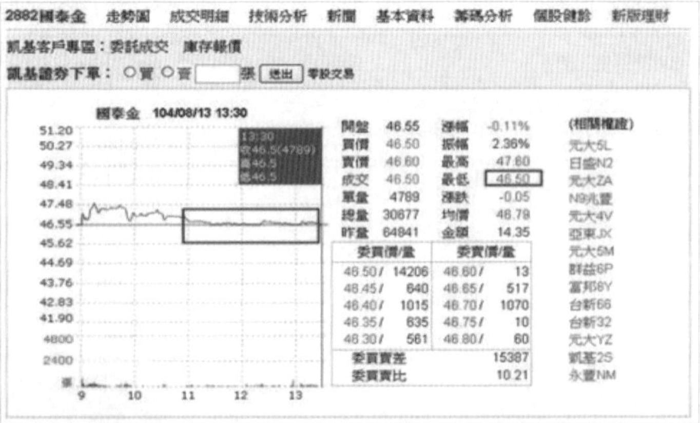

讚 留言 分享

你和[redacted]

留言……

結果當天收盤馬上實際驗證預言，證明老師完全預言正確！

▲斗數預測股票漲跌案例三——（聯鈞）

老師在二零一五的8月14日當天早上八點開盤前，在臉書上對『聯鈞』這檔股票當天開盤到收盤的漲跌趨勢做出以下預言：

(2015/8/14 聯鈞當日股票漲跌預言內容):

風之眸😃覺得興奮。
2015年8月14日 ·

各位朋友，有鑑於昨天大盤漲跌太少，導致我們賺的錢不多!!
所以今天特別選了支高價股來預測~!!
本年度第9支股票預測登場(3450聯鈞)!!

本人預測3450聯鈞這支股票今天的漲跌會呈現先好後壞，而且必跌的趨勢，並且不同於昨天的國泰金的是，今天聯鈞這支依斗數盤預測放空絕對夠賺，而且不會像昨天的國泰金一樣反覆拖磨!!

今天就來給他空個2~3支當沖，等待開盤中，加油~衝了!!有錢大家一起賺!!

讚　留言　分享

風之眸

風之眸 [redacted] 今天早上你有沒有空到聯鈞?? 我空到高價位121.5元了~!!
讚 · 回覆 · 1 · 2015年8月14日 9:28

隱藏24則回覆

[redacted] 沒有 來不及及了
收回讚 · 回覆 · 1 · 2015年8月14日 9:34

[redacted] 正在反覆拖磨
讚 · 回覆 · 2015年8月14日 10:26

風之眸 反個頭啦，我怎麼看我都穩賺啊，我現在正在打電動等收盤，因為12:30~收盤才是好戲登場的時候!!
讚 · 回覆 · 2015年8月14日 10:27

(2015/8/14 聯鈞當天漲跌趨勢的預言結果驗證):

風之眸 覺得開心。
2015年8月15日 ·

又是""見證預言""的時刻了!!
今年年初時承諾大家要公開以斗數預測股票的臨床實驗即將進入尾聲了!!
現在就來發表我們本年度的""第9支斗數預測股票預言的驗收""!!
今天早上8點還沒開盤前，我在FB上公開預測今天8/14日的股票預言如下:

(""本人預測3450聯鈞這支股票今天8/14的漲跌會呈現先好後壞，而且必跌的趨勢，並且不同於昨天的國泰金的是，今天聯鈞這支依斗數盤預測放空絕對夠賺，而且不會像昨天的國泰金一樣反覆拖磨!!"")

結果事實證明:
(1).如下圖所見，聯鈞一開盤馬上漲到122元，然後又劇烈下跌到，最後收盤價只剩118.5，跌了3.5元之多，並從趨勢圖中證明我的預言"""聯鈞的漲跌會呈現先好後壞"""~~~~~~~~~~~~~~~完全正確!!

(2)跟昨天國泰金拖磨3個小時的趨勢圖對比，今天聯鈞的震盪明顯幅度大非常多，所以我的預言""不會像國泰金一樣反覆拖磨""~~~~~~~~~~也完全正確!!

雖然今天有點可惜，雖然空到3支高價121.5元，但本來我有機會賺超過一萬，不過沒關係，至少賺了快5000元。[redacted]這下我放心了，準備要包給你的婚禮紅包這下有著落了!! [redacted] 最後關頭，拼了!! 這下我也有錢一個多月後參加你的慶祝趴了!! 加油~~!!

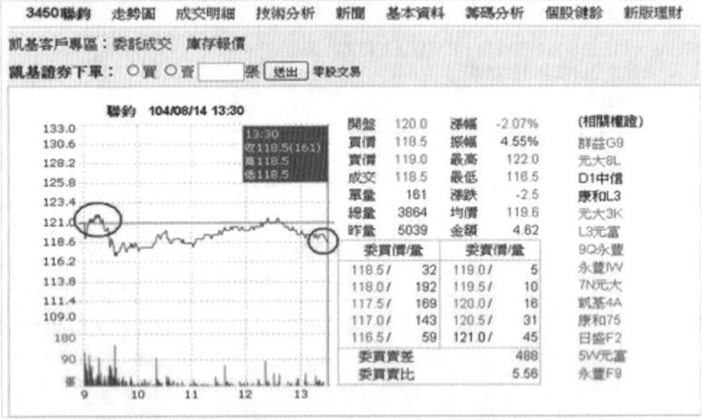

讚 留言 分享

你、[redacted] 和其他 1 人

結果當天收盤立馬實際驗證預言，證明老師完全預言神準！

▲研究斗數預測股票理論的探索與實驗歷程

雖然老師在民國一百零四年實現了自己定下的目標，以斗術臨床實驗，在FB上公開預言9支股票，事實證明結果9支預言對了8支，只錯了一支，而未來也將更精進，目標是讓自己的準度能達到99趴以上。但其實，花了老師2~3年研究成功的這項技術，回想起過程其實相當不順利，其實早在念研究所時，我就想做「以斗數預測股票漲跌」的論文。

無奈，我跟我的指導教授的關係很像「三個傻瓜裡的藍丘和所長」，基本上我跟藍丘有90趴以上的相像度，我們研究所主修「科技管理」，而且我們的專攻還標榜(創新)、(研發)。照理說論文題目應該越創新越符合我們研究所的宗旨。但我卻發現，所上大部份的碩士論文，大多都跟教授前幾屆的學長大同小異，頂多就是研究的範圍或對象有所不同而已，根本換湯不換藥，和我們研究所標榜的(創新創意)、(研發)背道而馳。

因此，當時我就決定，既然要做論文，就要做『過去前無古人、而且只有我才做得出的創新論文』！甚至當時我的心願是未來當教科書寫到發明史時，會寫到~萊特兄弟發明飛機、何大一博士發明雞尾酒式療法、麥可波特發明五力分析，而我發明『斗數預測股票趨勢模型』！而且還是以二十五歲的幼齡和眾位大師名列仙班。

可是~研究所當時我就跟藍丘一樣，一天到晚被罵，藍丘是被所長罵為何不好好依照傳統，硬是要與眾不同。而我也一樣，我老闆總是罵我：「別的同學想法都很正常爲什麼就你XXXXXX」、「叫你做東你老愛做西XXXXX」。所以當時我真的很希望如果我遇到的教授是像藍丘一樣標榜『想做什麼就做什麼』，也許我能更早研究成功。

而當時我心裡相當不服，因爲既然本所的宗旨就是創新，那就要突破傳統框架，萊特兄弟發明飛機前，人家也覺得他們是瘋子，都認爲人不可能在天空飛翔。而據統計創新與創業大概95％都是失敗的，既然如此，要創新就有風險也要突破傳統思維。如果想法都很正常如何能創新？就會跟95％的正常失敗者一樣。因爲創新的點子幾乎都來自於突破現有正常框架而產生。

所幸，事實證明，今天我研發成功了，而且有實務價值，說穿了，就算找遍SSCI國際期刊資料庫，也無法找到一篇財金相關的期刊能幫我預測股票，而且漲跌準度可以達到9支中8支。

除此之外，傳統的斗數，老師運用創新管理思維還想出更多的創新商業模式，例如預測火災大賺火險的錢然後和事主將保險金五五對分諸如此類，也都預計會在未來兩年內完成。

然而當初老師本來計劃，可以憑著研究論文，去投遞知名的投資公司，只要他能提供我一間研究室，每月供應我二三十萬研發費用和薪資，研發出來的斗數預測股票理論，我就可以將它程式化，並且專利權歸投資公司所有。我可以讓任何一家識貨的企業擁有獨占鰲頭的關鍵核心能力。

只可惜~一切不能重來~不過希望老師出書之後，未來有興趣的讀者，看了我的書之後，我期待更多後進能研究出比我更有價值的理論模型和論文~！

感謝各位讀者對於本書的支持與愛護，在此和各位讀者分享一個好消息~老師將成立『**冠元學術殿堂**』~!!旨在提供對命理有研究熱情的有識之士一起開創命理更高境界的學問與創新~也讓命理學問更加推廣與蓬勃發展、發揚光大~!!同時，老師也將在未來繼續寫「紫微斗數科學」系列叢書的續集，以讓讀者對於紫微斗數有更清晰的認識。

然而~命理研究者的無奈與辛酸在於，不如正統學術單位有單純的研究環境以及經費資源，寫書往往就意味著需辭去工作半年以上，有著過窮書生生活的心理準備~!!

所以~~不論是後續『寫書』或『成立學會』，都需籌備資金。如果你希望新書早日出版，也認同我們成立學會的理念~!!

<u>歡迎共襄盛舉~懇請捐款至以下《學會募款帳號》:</u>

銀行代號: 808　　　帳號: 0325-966-204-225

P.S: (國外讀者歡迎使用 Paypal 捐款)

老師的 PayPal : imemperorgkc@yahoo.com.tw

(金額隨喜~捐款後也希望能來信或 FB 告知您的大名，以便記錄與感謝)

後記

回想起來，老師會和紫微斗數有緣，要感謝以前龍山國中的老師讓我和斗數結下不解之緣，國中時我很幸運，遇到了一位教學風格豐富，而且又重視學生思考與智慧的生物老師—阮麗玉老師。而因爲老師從小就展現出卓越的思考力以及鶴立雞群的智力和才華，讓阮老師非常激賞，在擔任龍山國中首任班聯會會長後，有次聊天，阮老師就提到像我這麼聰明有慧根的學生，可以去研究紫微斗數，說不定未來還能研究出用斗數預測股票漲跌的技術。

當時我就已經對股票很有興趣，聽了這番話後，就讓我這十五歲的小夥子到重慶南路書店街，開啓了人生第一本紫微斗數的書，自此一頭栽進了紫微斗數的世界！而我們龍山國中的老師，大多都是術德兼備的良師，所以因從小耳濡目染，老師自己也自我要求成爲命理師後也一樣要成爲『數術與術德兼具的命理大師』！尤其時下社會風氣道德淪喪已久，有大師的能力更要有大師的風範，方能使社會邁向正途並對社會有貢獻。

飲水當知思源，所以未來老師所有命理課程，只要是龍山國中畢業的學弟妹且敦品勵學，報名參加老師的課程收費一律八五折優待，而教職員六折，至於曾經教過我的各位師長，爲表尊師重道，一律免費。未來如果『冠元學術殿堂』經營有成並有盈餘，老師也決定將固定拿出部分盈餘鼓勵學子及救濟社會，同時舉辦公益爲主的命理演講。

在準備考研究所時，我的管理學師父「管理學教學之神—王尹老師」有次上課說到：「現代的華人社會的組織狀況，都可以用西方的管裡學來解釋，所以老師一直在想是否可研發出專屬於中國人的管理理論」。這想法和我不謀而合，而我後來發現確實有西方管理學無法解決的問題！

管理學中將可用管理學解決的問題稱做「管理績效」，而無法運用管理學解決的問題稱爲「非管理績效」，非管理績效簡而言之就是『機運』！然而紫微斗數與命理不正是用來解決「機運」問題的最佳武器？從此切入便能研究出屬於中國人獨有的管理理論模型，以此構想爲藍圖，也才造就後來老師的斗數預測股票研究。

這一路走來，感謝所有帶給我契機認識紫微斗數的師長，以及曾經教過我命理的每一位老師，往後我也將把這些學問更加發揚光大，在命理界締造更嶄新的里程碑。

紫微斗數開課資訊
&
命理服務資訊

	課程大綱	課程時間
冠元派斗數教學班	1. 斗數架構與理論邏輯 2. 排盤方法與星盤架構 3. 星曜特性介紹 4. 雙星組合論斷 5. 四化基礎 6. 格局分析 7. 四化飛星與各種忌 8. 桃花與學業論法 9. 外災與身心問題討論 10. 健康疾病專論 11. 工作與財運解析 12. 趨吉避凶之方法 13. 特殊命盤討論 14. 運用斗數論財與催財秘訣 15. 運用斗數催事業與桃花 16. 結合風水催發姻緣與考運	1 年半~2 年 (每堂 3 小時)
冠元派斗數實戰論盤班	以冠元大師(BBS 帳號:gkc)，在 BBS 紫微斗數版的精彩論斷中，挑出 50 張精彩案例命盤，來當作實戰教學，以提升學員實戰解盤的功力。	25 堂課/每堂課 3 小時
報名專線: 0966-349-265		

☆冠元大師個人命理工作室服務資訊

歡迎來電或來信相約：

★紫微斗數論命服務

★陽宅風水勘宅服務（需自備平面圖）

★斗數卦問事

★擇日

★企業管理顧問

並歡迎相約指導老師與演講相關事宜！

也歡迎相約企業內訓、管理課程講座！

歡迎來電老師的手機相約個人服務 0966-349-265

下集預告~!!

★即使知道各星的特質，但有時一宮 4~5 顆星時該何解？
★各星的不同組合又有什麼特質？
★不同的盤狀況都不同~五花八門讓人頭昏，有看沒有懂？
★當格局遇到煞星時又當怎麼論？

你知道爲何古代命理的方位完全和現代相反嗎？？

你知道各種格局的邏輯和原理嗎？？

你經常會排盤但看盤卻一頭霧水嗎？？

不懂星曜特性與格局，想學好斗數就猶如『天方夜譚』~!! 紫微斗數科學下一集 冠元 大師 將對於星曜的特性與格局進行深入的剖析。讓大家一探所有星曜的秘密~!!

【冠元學術殿堂的企業社會責任】

古人云:「士大夫無恥是為國恥」。現代社會行行出狀元，因此老師更認為以現代來說，各行各業的狀元無恥皆可稱為無恥。如果非營利組織甚至是企業，不知道取之於社會還之於社會，那也不過是吸金機器罷了。

冠元大師是個非常重視社會責任的人~!!因此~創立冠元學術殿堂的同時，老師自我要求立定未來冠元學術殿堂經營上軌道。必須落實以下社會責任目標:

在回饋社會方面－只要協會有盈餘，每年必須主動提撥部分比例用來當作有特殊傑出表現學子的獎學金(例如:競賽得獎、創作、發明等等)，同時捐助清寒子弟學雜費。

在社會救助方面－如果發生重大天災、事故(如 88 水災、台南震災、高雄氣爆)這類事件，冠元學術殿堂都需捐錢或捐贈物資(不論是以老師個人名義或協會名義)。並且不得以任何理由推辭。必要時還必須主動發起命理義算活動以募集救災款項。

在社會公益方面－歡迎各社福單位接洽指導老師與公益演講相關事宜。

在環境保護方面－冠元學術殿堂經營上軌道後，需致力於節能減碳與環境保護相關推廣與活動。

紫微斗數科學(一)

紫微斗數真相大破解

國家圖書館出版品預行編目(CIP)資料

紫微斗數科學(一)/冠元大師編著
新北市:冠元學術殿堂出版 2017.3 冊:公分
ISBN: 978-986-92750-9-5
1.紫微斗數
293.11 106002299

作者: 冠元 大師
發行者: 冠元學術殿堂
老師 FB 粉絲團:
(紫微斗數最年輕大師 冠元大師)

總經銷:
代理經銷／白象文化事業有限公司
401 台中市東區和平街228 巷44 號
電話：(04)2220-8589　　傳真：(04)2220-8505

老師電話: 0966-349-265 (本書的問題要自己找答案，不要打來問喔)
老師 E-mail : imemperorgkc@yahoo.com.tw

出版日期:初版一刷 民國 106 年 3 月
定　　價: 500 元